空谷足音

寻访世间最美寺院

青青——著

孔學堂書局

图书在版编目（CIP）数据

空谷足音：寻访世间最美寺院 ／ 青青著 . ——
贵阳：孔学堂书局，2020.3（2020.6 重印）

ISBN 978-7-80770-141-5

Ⅰ . ①空… Ⅱ . ①青… Ⅲ . ①佛教 - 研究 Ⅳ .
① B948

中国版本图书馆 CIP 数据核字（2019）第 232824 号

空谷足音：寻访世间最美寺院

konggu zuyin: xunfang shijian zuimei siyuan

青青 著

出 品 人	邓国超 李 筑	
责 任 编 辑	蒋红涛 张玲玲	
责 任 校 对	黄 艳 丁 羽	
责 任 印 制	张 莹 刘思妤	
插 图 作 者	冯 杰	

出 品　　贵州日报当代融媒体集团

出 版 发 行　　孔学堂书局

地 址　　贵阳市云岩区宝山北路372号

　　　　　贵阳市花溪区孔学堂中华文化国际研修园1号楼

发 行 电 话　　（0851）85895323

印 制　　深圳市新联美术印刷有限公司

开 本　　889mm × 1194mm　1 / 32

印 张　　11.25

字 数　　227千字

书 号　　ISBN 978-7-80770-141-5

版 次　　2020年3月第1版

印 次　　2020年6月第3次

定 价　　48.00元

行到水穷处　坐看云起时

中国历史上写寺庙最著名的是北魏杨炫之的《洛阳伽蓝记》（547年），杨炫之重过洛阳，见"城郭崩毁、宫室倾覆，寺观灰烬、庙塔丘墟"，伤时忧怀，于是撰写了《洛阳伽蓝记》。当下，专门寻访寺庙的书已难见到了。原当代贵州期刊传媒集团、孔学堂书局的负责人赵宇飞先生告诉我，他们正在策划出版一本寻访寺院的书，并希望我能为此书作序。看了书稿，不禁一叹，这仿佛就是一部当代的《洛阳伽蓝记》。

作者在七八年时间里遍访华夏大地，问道终南，游走闽越，寻访了六十多所寺院。书中写到山居的隐士，寺庙里的僧人，客栈的主人，隐居茶庵里的茶师……从那娓娓道来、"乱花渐欲迷人眼"的笔端中，竟让我们看到了月下僧推门的清寂，婆罗花清妙的甘甜，有心生欢喜的开悟，也有愁肠不解的黯然……作者青青是个职业记者。她寻访僧人，偶遇隐士，谈禅论道，听经说法。世上有此奇女，此女有此奇缘。果然应了古语"心静即是净土，闭门即是深山"。

现代化使人们的物质生活水平普遍提高，可精神世界却缺少了关照。人们拥挤在快节奏、充满诱惑的现代生活中，人心浮动，没有片刻安宁。欲望在吞噬理想，多变在动摇信念，心灵、精神、信仰在被物化、被抛弃。大家好像得了一种"迷心逐物""心为物役"的现代病。"发展的列车匆匆驶过精神的站台，现实的变化把心灵的地图抛在身外。"去哪里捡回心灵的地图？空山寂历，能生道心。

这本寻访寺院的书可谓一剂清凉贴，触之生凉，读之心静。按照佛法上说，三界之中，芸芸众生，贪欲横流，都是因为无明的缘故。天下众生，虽有慧心，但被尘垢遮蔽，难以觉悟，所以终日奔走计算，被得失荣辱困扰得焦头烂额，一刻也不能享受清净的人生。你不能不佩服佛法的智慧和洞见。现在全球的生态性、社会性的灾难，很多都是由于人类自身的失范造就的。如贫困、饥荒、疾病、腐败、战争、资源匮乏、环境污染、人口膨胀、恐怖袭击、邪教肆虐、黄赌毒、自然灾害，等等，都与人类无休止的欲望密切相关。早已觉悟了的佛陀，对众生生出慈悲哀悯之心，化度众生，使之同登化境，共享清福。但人身难得，佛法难闻。这本书，或许能成为另一听闻佛法的方便之门。随着作者空灵安静的文字，我们起行漫步，但见松泉苔壁，石门篁竹，曲径通幽，清风明月，于是拄杖登眺，造访高僧，谈空说有，妙机契合，一番相叙，以消永日。

丰子恺认为人的生活可以分作三层：一是物质生活，二是精神生活，三是灵魂生活。如果说物质生活就是衣食住行，精神生活是学术文艺，灵魂生活就应该是理想、是信仰，其中当然也包括宗教的信仰追求。能有灵魂生活的人虽不多，但向往灵魂生活的人却不少。人总向往和追求彼岸的幸福。但为追求虚幻的目标而实现精神的满足比较容易，为追求实在的目标而注入精神的动力却颇为困难。虚幻的目标正因为其虚幻反不易幻灭；实在的目标却因种种原因难以兑现而常令人失望。宗教在做着容易的事——追求虚幻的目标，却经过了顽强、持续的努力，把容易的事当作困难的事去做；我们在做着困难的事——实现现实的目标，却或因重视不够（一手软、一手硬），或因认识不清（急于求成），或因功夫不深（时断时续、此长彼消），实际上把困难的事当作容易的事去做了。所以，宗教的精神追求并不简单，无论你是否信仰宗教，都不妨了解了解宗教如何进行精神追求，从而为人不可或缺的"灵魂生活"带来启迪。

古刹名寺往往藏身于青山绿水的幽僻之地，前有清泉淙淙，后有幽鸟鸣啭，既有"禅定"境界，也有幽静之美。那些红尘中的倦客转向清静的寺庙寻求超脱，在大自然的宁静中参禅悟道，以求得心灵的安宁与慰藉。就这样，文人与寺庙迎面相逢，你中有我，我中有你，犹如落花香浮，月印水底，两者之间的关系又如"羚羊挂角，无迹可求，非有妙悟，难以领略"。

青青是诗人、作家，前几年寻访过萧红的足迹，写就了一本轰动一时的《落红记——萧红的青春往事》，近年来又开始访寺。当过记者的她注重现场感，文字自然有温度，那是她一步步行到水穷处、坐看云起时的陶然忘机，也是她一处处寻找禅意佛趣，空灵寂静的执意坚定。我们随她的身影，犹如旅人，行在白云闲月下，漫步松雪青山中。她写僧房里所见所闻，跃然生动，富于禅趣。她写僧院里草木，一花一世界，一叶一菩提，内含空寂。既反映出她的浪漫气质，也时时流露出她飘然世外的神思。

林外天下喧，寺里壶中寂。寺庙不仅是佛的道场，也盛载着中国的传统文化，影响着中国人的日常生活，使中国式的生活成为一种缓慢的理想生活方式。一杯茶、一炷香、一次会心的交谈、夜幕降临前的一抹余晖，都可从中获得禅理。在清净禅者的心目中，青青翠竹，皆是法身，郁郁黄花，无非般若。空山无人，水流花开，都是在演说本来寂静清明、无生无灭的妙理。普通人到寺庙是旅游，有所求的人到寺庙拜佛是为求解脱，文人在寺庙中得到安慰与超脱，又从寺庙文化与禅宗文化中汲取灵感，以诗悟禅，以禅入诗，与寺庙结下不解之缘。

我在国家宗教事务局任局长十多年，有缘与许多高僧大德结为挚友，也看过一些佛理方面的著述。但看青青的这本书，仍觉眼前一亮。她不像一般佛理散文那样拘束，她的笔和着步履，妙曼多姿，涉笔成趣，灵动丰富，说"下笔如有神"是夸张，但她的笔尖也确有神来之时。深山古寺经她点化，就如晨光初绽，万物熠熠生辉起来。时而又停在明月深山，停在昆虫花朵上。我们被带着穿越时光，回到宋朝或者更久远的古代，满纸烟霞，氤氲着青苔的气息。僧人、隐士漫不经心说出的一两句禅语，也让你惊心动魄，回味再三，好像月光照亮了我们的心房。

请君不妨一读这部现代版的《洛阳伽蓝记》，或许她能引着你进行一次心灵之旅。

叶小文

目录

问情 人生若只如初见

I

II

目录

III

IV

目录

问 情

人 生 若 只 如 初 见

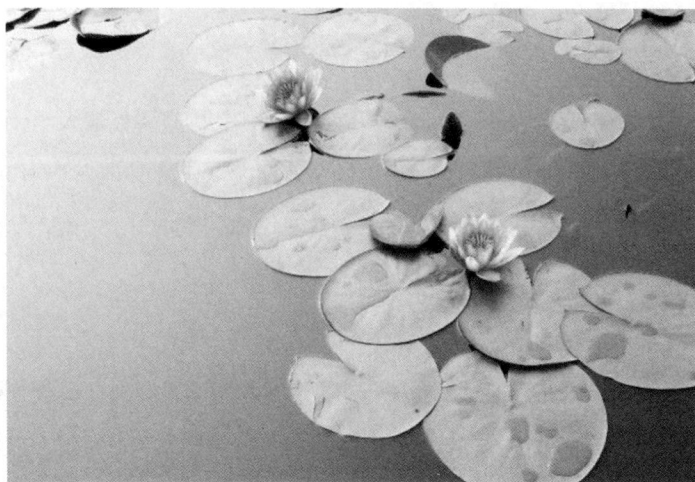

净业寺 ◎ **玉兰花下的断舍离**

　　禅宗里有一段著名的公案，说的是明中叶的武英殿大学士丘濬，某日曾至某佛寺，见四壁俱画《西厢》。丘濬惊问："空门安得有此？"僧人从容答来："老僧从此悟禅。"丘学士不解："何处得悟？"答曰："是'怎当他临去秋波那一转'。"

　　抵达西安的第二天晚上，在寺院夜雨里，听他说到净业寺的白玉兰树。有一个春天，他也不记得是他到净业寺的第几个春天，他天天在寺院枯坐，读经看云。游客少时，他就移至玉兰树下，那棵巨大的玉兰树满树花朵擎在头顶，偶尔一阵山风，花瓣还会落在书上。他觉得有一双眼睛一直在打量他，他没有抬头，等花朵落满了经书，他感觉有人走近自己，是个女孩，手里拿着手帕，希望他把花瓣不要抖在地上，而是倒进手帕里。他看着她小心地收好手帕，转身离去。似乎又隔了一周，依旧是这样一个有阳光的中午，玉兰凋谢，花瓣像是扔了一地的破布。他又感觉到了那双眼睛，不远不近，一直在看他。他抬眼看到一个修长的背影，走过寮房的柳树。他有些困倦，移至书屋里想休息一会儿，等他醒来，玉兰树下的木凳子上坐着那位女孩，膝盖上的书被风吹得卷起来了，她的头发也飞起来，一阵香气隐隐飘来。临去时，那女孩特意走到他跟前，把一本书塞进他手里。然后，她一转身，像一个受惊的小鹿一样奔出寺院。书里夹着十几封信。是夜，月光皎洁，他坐在玉兰树下看起了信，那是一个大一女学生的情愫，她爱上了他。从在玉兰树下看到他读经的那一瞬间。

她在信里写道："世界上有那么多的城镇，城镇中有那么多的酒馆，她却走进了我的酒馆。"电影《卡萨布兰卡》这句经典台词道尽了爱情的宿命。王实甫《西厢记》第一折，落魄张生路过蒲州（今山西省永济市），偶至普救寺一游，偏偏就在佛殿撞见崔莺莺。张生第一反应是："呀！正撞着五百年前风流业冤！"他"眼花缭乱口难言，魂灵儿飞在半天"，我也是在净业寺里这么一个照面，已经预感到"空着我透骨髓相思病染，怎当她临去秋波那一转"……

他明白她已经陷入单恋。他要点破她的梦，让她清醒过来。在她第六次来寺院那天，他主动要了她的电话和学院的地址，他对那个站在玉兰树下红着脸的女孩说："我会去找你的。"他真的去

来從城上峰　京寺暮相逢

徒徒語復默　微微雨灑松家

貪初軍吏年長畏閉巩蛰

前日猫拘來披衣起曉鐘

雲鳥浄山寺詩也　乙未馮傑鈔

了，他陪她在校园里散步，带她去吃她喜欢的冰淇淋，总是送她到女生宿舍的楼下，挥手再见。如是半年。女孩最初的紧张与拘谨都开始消散，她把他当成了兄长与亲密无间的朋友，生活里发生的事情都会告诉他。他觉得时机已经成熟了，终于有一天，他送她到门口时站定，他说："从此，我不能再来看你。我要进山闭关，多长时间我自己也不能确定。"她知道巨大的分别就在眼前，她却无能为力，但经过半年多的知交会面，最初那些淤积在内心的话语已然消散，那沉沉的相思已经随着他一次又一次的来见她变成了云烟。她已经可以承受这注定的结果，但她还是滚下泪来。

他真的和师父到终南山上闭关了一个夏天，每天都在砍柴、做饭、读经、打坐里度过。有时候下雨了，就坐在茅屋里看着外面石头上的溪水越来越大，满山轰轰地响着。早晨还没有开窗，白云已经从门缝里挤进来了。还没有走出门去，鸟鸣已经滴落在脸上。闭关到了最后，他觉得自己有时是不存在的，有时又大得无边无际，好像一伸手就能摘到白云。回到净业寺已经是初春，他第一眼看到玉兰，玉兰花打着苞，抿着白雪一样神秘的微笑，只等着他回来。他跌跌在树下，却看到那一双清澈无邪的眼睛，他知道一切都过去了，就像这玉兰终要开花，然后又一一落去。

"我有一段时间经常到净业寺来，有一次是春天，玉兰开得正好，我就那样坐在花下，坐了一上午，然后下山回家。"和楚人踏进寺院门，看到玉兰花如白色的毛笔毫端指向天空，更衬得寺院的青瓦蓝要滴下水来。我知他湘西少年，飘零长安，又要安顿身子，又要追求性灵，撕扯得辛苦。

净业寺是这次终南访寺里海拔最高的寺院，天律曾经在这里做了四年知事僧。而那时苏州好友青山，天天在终南山里看云访寺，听泉赏花。过着云水山居生活。而更年轻的楚人，也许是在同一时间，来到玉兰花树下，清理内心的杂芜，安顿自己的心灵。世间的因缘，竟然是如此奇妙。

从凤凰山下爬了四十多分钟，一路大汗淋漓，气喘吁吁，但山门在望，想青山与天律在这样的青石路上不知要消磨多少时光。每每在山道上坐下，就想这块石头青山必定坐过。那时年少的青山，怀有山泉之想，经常深入终南，与山僧相往来。我一直怀疑她前世是云水僧，今世梦醒，总要在山林寺庙里寻找自己。

雨后的寺院，空气透明如水晶，画眉在玉兰树深处啭唱不停，好像在呼唤玉兰快快开放。净业寺青砖蓝瓦，都好像有着亲切，好像我再往寮房走几步，就能碰到那花下读经的天律和在寺院里拍照的青山。知幻即离，离幻即觉。《西厢记》佛殿里张生撞见崔莺莺时，张生感叹道"你撒下半天风韵，我拾得万种思量"。这句好像是说给青山，也像说给我。那终南山的梵音僧语，让那个苏州女子总在思量回忆，"临去秋波那一转"，也让多情痴心的我在玉兰的花树下再次掉下眼泪。

谁敲响这春夜的
钟磬

百塔寺 ◎

青山，二十三岁在西安读书时迷恋上终南山，时常流连山中，造访古寺，拍摄黑白照片。二十四岁时索性弃学，在终南山租了民居，住了下来。终日出入僧院，与山人相往来。看寒梅著花，桂子闲落，与清风明月相伴。后回苏州著了一本追忆终南山居的书《孤独是一种修行》。她是我的博友，多年来一直有文字相往来，看过她的照片，她长得神似迟子建，笑容明澈，年轻温暖，与她素日的清寂文字倒是有参差之美。这次决定去终南山，就先与青山语，问她在终南的故人可否引荐认识。她慷慨推荐了终南山天律，说他曾在净业寺出家数年，现驻锡百塔寺，并发过来照片。我看得眼熟，原来是青山书中有他的照片。还在文中写过他：庭前的玉兰开了……他在等天黑，等游人散尽……夜深露冷，同参兴尽回房，而他不忍辜负明月花期，裹毡独卧花下，庭空人静，冷月幽花，清香拍人欲睡。心想该是何等玉人？等得见真人，还是心里一震。此公玉树临风，眼神清澈，举止洒脱，好似一英俊武生，完全没有寺院修行人身上的静穆与冷寂。

喝了一会子茶，他站起来说："我带你们到百塔寺喝茶可好？"我和楚人喜出望外，遂驰车至百塔寺。还没到百塔寺，已经看到了那棵被誉为"中国第二古老"的大银杏树。巨大的树冠遮挡了寺院，一群喜鹊正站在枝头点着长尾巴。寺院很小，也许算是我见过的最小的寺院。天律说只有一亩二分地。站在树下的天和师父，长着关中人敦厚的脸，他说："这银杏树可神奇了，雌雄同体，年年都结好多果。"说着，他从地上拾起一颗果实，掰开让我嗅。"好臭。"他却也不嫌臭，把腐烂的果肉剥掉，露出奶白色的果实。他让我看，肯定地说："你看这个白果就是母的，只有两棱，如果是三个棱就是公的。"我是第一次听说银杏的果实也分雌雄。然后三人进屋喝茶。掀开门帘，幽香扑面，案上袅袅点着沉香。天律说有一次他和同学进终南山，在山里宿夜，早晨推开窗户，大团的白云涌入屋内，密林里百鸟啭唱，突然间觉得仙境也不过如此。也许就是这一刻决定了他在净业寺度过四年旧时光。他说自己能决然抛下尘世，在山上静坐诵经礼佛，完全是夙缘。很快他就喜欢上了寺院的山居生活，粗布青衣，素食山茶，日里打坐念经，夜里酣睡如泥。"那你为什么后来又还俗？""还不是因为我那个娃。"他是河北人,只有这个浓浓的"娃",让人听出了异乡对他的浸染。

记得青山也在书里对他的还俗生出许多怅惘:营扰半生,我知他终是找到了归宿。然而我始终记得数年前那个暮春的夜里,他穿着青棉袍,立在廊檐下,独自凝神的样子。月光落在灰色的檐瓦上,山寺更深,万籁沉沉……他这样解释说:"出家是缘,离寺也是缘。"他与寺院的缘仍然没尽,他与师父圆源再次一起到了百塔寺。我们很自然地谈起了青山,像谈自己的亲人。他说青山那时背着个相机,老是偷拍,被他训得站在墙角。后来二人遂成好友,两年后,他为青山那一箱子黑白照片在净业寺搞了个摄影展。

夜雨敲窗,不觉已经更深。窗外突然钟声轰然,星星似乎被震落在院里。天和师父声若洪钟,在佛堂唱起了《叩钟偈》:"……干戈永息甲马休征阵败伤亡俱生净土——飞禽走兽罗网不逢浪子孤商早还乡井——无边世界地久天长远近檀那延福寿——三门镇靖佛法常兴土地龙神安僧护法——父母师长六亲眷属历代先亡同登彼岸……"喝茶聊天的人都静了下来,只有案上的沉香还在轻飘青烟。

我走出茶室,天空乌蓝,大雄宝殿内长明灯摇曳不定。门前两棵高高的雪杉在钟声里掉下了旧衣,细雨清润,似有若无。银杏树合抱着寺院,一片静谧安详。我推开大雄宝殿的门,吱呀一声,我看见了佛祖。一束光打在佛祖雕像的脸部,美得惊人,突然我热泪盈眶,无法自抑。回到茶屋,天律倒掉壶里茶滓,为我和楚人倒了两杯白水,起身又在香案上点了两炷香。看了看我说:"浓转淡不易，但最后的一切都是淡滋味才留下来，所以让你们最后喝白水。"我们喝着白水，品着人间清欢。苏州的青山在微信上写道：这样的雨夜，想起山中人，还有落花一样的往事，真是无限怅惘。友人去南山，此际正与我故人，剪灯清谈。她说："我们谈起你，如谈亲人。"多温柔的话呀！

好时光都是快时光。转眼已是子夜，三人谈兴未尽，站在寺院的细雨里继续着清泉一样的话语。一院子的黑暗，只有大雄宝殿窗子透着紫红，夜鸟在黑夜里发出梦呓一样的唧啾。古人说劳生如旅泊，暂寄而已。这一夜停留在百塔寺，喝茶清谈，得半日清闲，也是幸事。正如楚人写的："玉兰满庭春雨后，草堂禅声问佛心。几度相逢凭君笑，殊途竟是有缘人。"

光孝寺 ◎

这棵菩提树早就在等一个人

　　湖边的砖缝里，她挺立着小小碧绿的身子，努力地从砖石的挤压下挣扎出来。

　　她是如何到这里来的，许是不远处母树上的种子被风刮来，也许是小鸟儿啄来的。在印度的菩提迦耶，我在大菩提寺的湖边与一棵小菩提树相遇，在那一瞬间，我起了贪心，我想带她回到中原，种在我的小院子里。好像佛祖在怂恿着这种想法，旁边就有一个小袋子，我从砖缝里拔出来，用湖边的泥巴裹住根部，我把她紧紧地揣在怀里。从那一时刻起，在去拘尸那罗和瓦拉纳西的一路上，我都像带一个婴儿一样小心翼翼。在飞机上，怕她闷气，我一直抱在怀里，她那憔悴的小叶子上散发出好闻的青涩而香远的味道。

艾云年轻时像极了波伏娃，脸上有一种清冽沉思的静气，额头饱满，眼睛大而明亮。

等我在《落红记——萧红的青春往事》（以下简称《落红记》）的研讨会上见到她，她也是繁华落尽的年龄，但她笑容干净明丽，眼睛仍然明亮清澈，头发高高的扎起来，露出光洁饱满的额头。她是那种无法猜出年龄的人，你可以说她是四十岁，在她疲惫时你也可以说她是五十岁，但有时你在她的笑容里又看到少女的坦直与活泼。

她原是中原的才女，去岭南已经二十多年，一直没有停止写作。相见除了谈写作，我向她谈了自己的困惑，她三言两语，拨云见日，让我那颗纠结的心完全放松下来。我这一生总是在寻找灵魂知己，怀着绝望也怀着热望，就像是六祖南下在猎人队伍里藏身，知道有遇上的那一天，但那一天是漫漫长路无尽头。视野里有山谷里的草在摇晃着，让人怅惘。

去光孝寺之前，我和海燕去了艾云的家。一进门，有一个与客厅隔开的三平方米的小房间，她说："这是我的书房。"噢，她揭开蒙在桌子上的一块扎染的花布，露出两大叠子白纸订的手稿，还有各种形状的小纸片。我们忍不住拿起手稿看了又看，反面都是办公室的文件、表格，一个作家用这样的纸张在写作，这在当代都是少见的吧。

在客厅里坐定，吸引我们目光的是琴凳上、电话上和茶台上的各种方巾，墨绿、靓青、宝蓝都特别好看。艾云抽给我们看，都是她手工做的，用料有茶叶盒里衬布，一些高档礼品的包装布。艾云拉开抽屉，里面有许多小包包，都是用各种花布缀成的。看得我和海燕爱不释手。"孩子的小衣服，家人的旧衣裤，棉质，透气，顺手做成各种布袋，用起来都很方便。"她拿起一个象牙白的大布袋，袋口挽着好看的绳子——喏，都是从礼品盒子上拆下来的。她笑起来："我每天都带着这袋子去买馍，卖馍的老妇人都会笑着喊，又给我省食品袋钱了，好人噢。"

走进她的厨房，她从壁柜里取出一个大的灰色的布包，里面鼓鼓囊囊，艾云打开让我们看："猜猜是什么？"海燕嗅了一下说："是茶叶。""对呵，都是茶叶滓，家里喝完茶，我把茶叶晾干，集中到这包里，茶叶吸味，放在厨房里特别好。"哎呀，我和海燕都惊叹起来，一些无用之物经艾云的手，都化石成金，熠熠生辉起来。

阳台上放着一个老式的缝纫机，台上还放着没有做完的衣物。这真让我吃惊，因为，只有我的妈妈和姐姐会手工缝纫，我和自己的女友们几乎都是仙女级的，家务事完全是个外行。艾云说："写作是个特别枯寂的事情，写累了就坐在阳台上做衣物，做袋子，清空一下头脑。"在她的洗手间里，我看到了一个城市生活里更加罕见的物什——搓板，旁边还有艾云正在搓洗的衣物。"一日不作，一日不食。必须保持劳作的习惯，再说啦，搓洗衣物可以让自己心静下来。"一个作家家里，没有电脑，没有WIFI，没有博客，微博，更没有微信。闭门如深山，她像个古代人隐居在广州这个喧嚣的现代化大都市里。过着简朴、环保而沉默的生活。

艾云的丈夫是个大老板，虽然不是荣华富贵，却也十分殷实，为何自己却独简朴，她悄悄地说："我多次梦到我的前世是一棵菩提树，菩提近佛性，也许是前世带来的习气。"

光孝寺六祖殿前的那棵高大茂盛的菩提树，看上去暗沉沉的，好像一朵要下雨的云朵停留在院子里，鸟鸣如雨一样从树上流下来，但树叶太密了，看不到她们跳跃的身影。据史籍记载，此树是公元502年，僧人智药三藏从西竺国（今印度）带入中国，并亲手种植于广州王园寺（今光孝寺）内。这就成了中国历史上有记载的第一棵菩提树，被誉为菩提之祖。

也许这棵菩提树早就在等一个人，这个人怀里揣着禅宗信物——袈裟钵盂，心里装着伟大的理想，他藏身在深山里，栖居在密林中，有时与猎人们在一起，干着粗笨的力气活，吃着肉边的菜蔬，忍受着那猎人们带有膻腥味的呼吸，在无边的黑夜里他时时想起五祖交代自己的话：逢怀则止，遇会则藏。

唐乾封二年（667年）正月初八，他进了广州城，远远地他看到了法性寺（今光孝寺）的菩提树，菩提树的叶子在星月下闪着碎银一样光泽，好像在欢迎疲惫的远道人，他朝着这菩提树信步走去，嗅到了熟悉又陌生的沉香味道，他走到寺门，门在月光下自动地开启，好像一切都在久久地等待他的归来。印宗法师正在寺内给僧众讲《涅槃经》，慧能混在众人之中，认真地听法师讲解。一阵风吹来，寺院内悬挂的旗幡随之飘动起来。印宗法师即景说法，向众僧提问："到底是风在动？还是幡在动？"众僧于是议论开来，一僧曰风动，一僧曰幡动。慧能答："不是风动，不是幡动，仁者心动。"印宗法师闻知，便请慧能上座，请问其深义。见慧能回答得

馮傑　於中原聽荷草堂

言简理当，不依文字。印宗法师知其慧根实深，便试探着问："久闻黄梅衣法南来，莫非就是行者？"慧能说："是。"印宗法师作礼曰："请出衣钵，令众瞻礼。"慧能出示衣钵，印宗法师及僧众皆欢喜赞叹。于是在正月十五，印宗法师召集四众弟子在寺内菩提树下，开坛为慧能剃发，又于二月初八集诸名德为慧能授具足戒，并在菩提树下为众人说法，这就是中国佛教史上所说的"开东山法门"。

是夜，光孝寺里菩提树一夜都在发出微妙的响动，好像是天人在演奏音乐，周围的市民都在这微妙的音乐中做了美梦，第二天起床个个容光焕发，嘴角噙着无法抑制的笑意，他们朝光孝寺看过去的时候，看到了那棵菩提树突然在正月初开出了满树白花，她那毛茸茸的花蕊，迎风抖动，散发着幽香。就在此夜，慧能把十五年来经历的潜伏与等待都告诉了印宗法师，也把多年来对《金刚经》的思考也一股脑告诉了印宗法师。印宗法师感慨道，智药三藏种树时预言："吾过后一百七十年，当有肉身菩萨于此树下开演上乘法门，度无量众。"据你今日来到寺院，推算时间，恰好是一百七十四年。世间事，可有巧至此矣！

又是一个春天，光孝寺里的菩提花开得格外旺盛，好奇的人纷纷到寺院来看个究竟。六祖在大雄宝殿的墙角发现了一棵菩提树幼苗，他伏地诵经，恭请菩提树与他一起到曲江曹溪宝林寺去弘法，站在寺院门口送别他的僧人，看到那棵小菩提树在一顿饭工夫里长出一个小枝条，在六祖的脑后像旗帜一样高高飘扬着。

六榕寺 ◎

每逢暮雨倍思卿

苏轼（字子瞻，号东坡居士，世称苏东坡）在岭南留题甚多，其中在广州的六榕寺，留下了端凝"六榕"二字，此寺也由净慧寺改名为六榕寺。

据良人说，当时寺内并无榕树六棵，只是子瞻不知为什么想到六字。顺手就写下"六榕"二字。现在，寺门两边有幅"一塔有碑留博士，六榕无树记东坡"的对联，记下了六榕寺与苏东坡的这一段因缘。

六榕寺内起初并无六棵榕树，苏轼却不由自主地下笔写下六字，这是情不自禁。因为，离这里不远的惠州，还有一个六如亭，让他耿耿在心。北宋绍圣三年（1096年）七月，苏轼的爱妾王朝云不幸遭染时疫，一病不起，临行前念《金刚经》的"一切有为法，如梦幻泡影，如露亦如电，当作如是观"这四句偈而殁，时年仅三十四岁。八月，她被葬栖禅寺旁（今西湖孤山南坡），寺僧作亭覆之，榜曰六如亭。盖取《金刚经》四句偈之意。其后，苏轼更远则贬谪到儋州，北归之时，苏轼"心似已枯之木"矣！在净慧寺（今六榕寺）榕荫之下，苏轼深感世人受色、声、香、味、触、法"六尘"蒙蔽，眼前的六株古榕恰恰能遮蔽尘世间的"六尘"之烦恼，由此题书"六榕"二字与惠州所题"六如"相互辉映，也是苏轼内心情愫的曲折流露。

苏轼为何内心对王朝云怀念不已呢？王朝云是浙江杭州人，乐伎出身，苏轼与王朝云的初见是在杭州。

那天，王朝云妆容清丽，歌舞曼妙，恰到好处的细雨霏霏，不禁触动了苏轼的诗兴，于是苏轼提笔写下这首《饮湖上初晴后雨》：

> 水光潋滟晴方好，山色空蒙雨亦奇。
>
> 欲把西湖比西子，淡妆浓抹总相宜。

这年王朝云刚刚十二岁，本是孤儿，被卖进青楼学习歌舞，苏轼可怜她身世凄苦，便收为侍女。

王朝云聪慧美丽，在苏轼的调教下，书小楷，学佛经，颇通文辞，元祐初年，苏轼被旧党排斥，做起了杭州知州，一日饭后，他指着自己的肚子问周围侍女们："汝辈且道是中何物？"一人说

"都是文章"，又一人说"满腹见识"，苏轼皆不以为然。至王朝云，乃曰："学士一肚皮不合时宜"，苏轼捧腹大笑，也暗暗称赞王朝云的冰雪聪明，与众不同。

王朝云聪慧，几年下来，已通诗词，可以与大学士以诗唱和。熙宁七年，苏轼因公事而往润州（今江苏省镇江市），王朝云给苏轼寄过一封回文锦书。当时苏轼独身在外，适逢春节，当收到王朝云的来信，见绵绵情意流于香笺之上，不禁欣喜万分，立即赋词《减字木兰花》一首：

> 晓来风细，不会鹊声来报喜。却羡寒梅，先觉春风一夜来。
>
> 香笺一纸，写尽回文机上意。欲卷重开，读遍千回与万回。

苏轼被贬惠州时，家中侍女跟随者只有王朝云一人，苏轼念她正值妙龄，不忍她受苦，劝其留在江南。苏轼道："岭南风土不好。"王朝云道："妾曾记得先生在黄州时，定国自岭外归，携侍柔奴，去看先生。先生问'岭南风土应是不好'。柔奴道：'此心安处，便是吾乡'。先生当我竟不如柔奴吗？"苏轼听了，感叹不已。苏轼给朋友去信道："余家有数妾，四五相继辞去，独王朝云者，随予南迁。"于是又为她写一首诗：

> 不似杨枝别乐天，恰如通德伴伶玄。
> 阿奴络秀不同老，天女维摩总解禅。

经卷药炉新活计，舞衫歌扇旧因缘。

丹成逐我三山去，不作巫山云雨仙。

更难得的是她一直到死都对苏轼"忠敬如一"，陪伴在他身边，追随他长途跋涉，翻山越岭到英德，直至惠州，死前拉着苏轼的手道："妾事先生二十三年，如沐春风，此生无憾！"苏轼亦视王朝云为知己，为王朝云取字子霞，与子瞻、子由并为三子，可见王朝云在他心目中的位置。

《林下词谈》记载，苏轼在惠州时，与王朝云闲坐，时青女初至，落木萧萧，凄然有悲秋之意，命王朝云把大白（酒杯），唱"花退残红"。王朝云歌喉将啭，泪满衣襟。子瞻诘其故，答曰："奴所不能歌，是'枝上柳绵吹又少，天涯何处无芳草'也。"子瞻幡然大笑曰："是吾正悲秋而汝又伤春矣。"遂罢。王朝云病逝后，苏轼终身不复听此词。

王朝云的离开令苏轼悲伤万分，他在《惠州荐王朝云疏》中痛苦地写道："轼以罪责，迁于炎荒。有侍妾王朝云，一生辛勤，万里随从。遭时之疫，遘病而亡。念其忍死之言，欲托栖禅之下，故营幽室，以掩微躯……"

"不合时宜，唯有朝云能识我；独弹古调，每逢暮雨倍思卿。"王朝云殒亡，时年三十四岁，苏轼也是六十多岁的老人，"伤心一念偿前债，弹指三生断后缘。"再没有执手，再没有伤别，患难知己王朝云在惠州永远离开了苏轼。

从钱塘到岭南，朝为云而暮为雨，世事漫随流水，算来真是浮

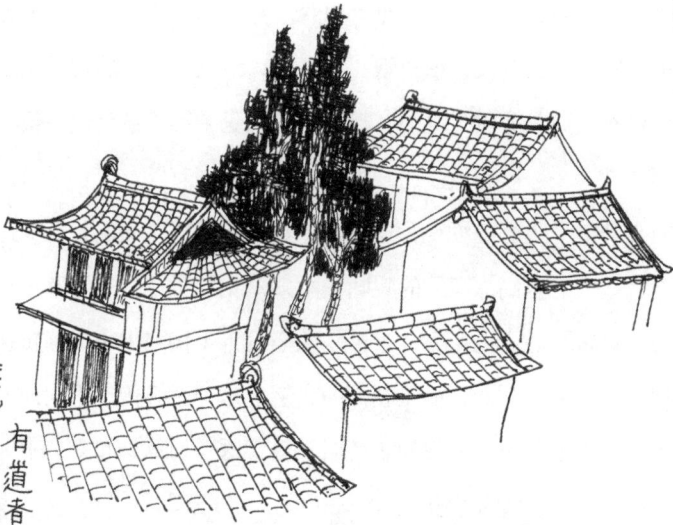

有道者得
無心者通
慧能句也　中原馮傑
語出六祖

生一梦。

据记载苏轼在六榕寺住了一夜，这一夜，窗外风声飒飒，夜雨敲窗，青灯孤卷，那些几年前的往事潮涌而来，问汝平生功业，黄州惠州儋州。

为何他独独写下惠州，因为惠州葬着他的知己爱人。细想起来，与王朝云可谓与君相见有前缘。嘉祐四年（1059年）苏轼与其弟苏辙随其父苏洵，取道岷江、长江，经三峡再度出蜀赴京，过巫山谒神女庙，苏轼《巫山》诗："攀缘见神宇，憩坐就石位。巉巉隔江波，一一问庙吏。遥观神女石，绰约诚有以。俯首见斜鬟，拖霞弄修帔。人心随物变，远觉含深意"。苏轼《巫山》诗"远觉含深意"，有些高深莫测的暧昧，不知感觉到了什么"深意"和"拖霞弄修帔"。十五年后，宋神宗熙宁七年（1074年），苏轼在杭州遇到12岁的王朝云，而王朝云的名字也是神女峰传说里朝云暮雨之意，后来他给王朝云取的字就叫子霞。这一切计算起来，不能不说其中有一种宿命的意味。

《红楼梦》第二回，曹雪芹借贾雨村之口，说宝玉为情痴情种，如"红拂、薛涛、崔莺、王朝云之流"。苏轼与王朝云的感情为历代文人所艳羡，清朝诗人何绛在游王朝云墓时曾留诗：

> 试上山头奠桂浆，朝云艳骨有余香。
> 宋朝陵墓俱零落，嫁得才人胜帝王。

这一夜，苏轼应无眠，前尘纷纷事，都奔来眼前。一别经年，他想起她"玉骨冰肌"，想起她"美如春园，眼如晨曦"，想起她唱歌舞蹈时"霭霭迷春态，溶溶媚晓光"。不知道为什么，苏轼想着想着，一行老泪竟然无声流下，儋州三年，他已经做好了死的准备，不想有生之年，自己还能活着回到大陆，他是劫后重生，有一种庆幸之感。然而海岛溽热的气候还是严重伤害了他的健康，看见他的朋友写道："东坡自岭海归，鬓发尽脱。""余在海南，逢东坡北归……视面，多土色，厣耳不润泽……"他离开海南，回望茫茫海峡，还带有怅惘："我本儋耳人，寄生西蜀州，忽然跨海去，譬如事远游。"走到江苏，人问："海南风土人情如何。"他答："风土极善，人情不恶。"

走到常州，苏轼病倒，宋徽宗建中靖国元年（1101年）七月十八日，苏轼自感去日无多，对守在床边的三个儿子说："吾生无恶，死必不坠，慎无哭泣以怛化。"七月二十五日，他在杭州期间的老友惟琳方丈，前来探望，一直陪伴着他。二十六日，索笔书："昔鸠摩罗什病亟，出西域神咒，三番令弟子诵以免难，不及事而终。"并出一贴云："某岭海万里不死，而归宿田里，有不起之尤，非命也耶！"盖绝笔矣。二十八日，呼吸衰弱，惟琳叩耳大声曰："端明宜勿忘。"公曰："西方不无，但个里著力不得。"钱世雄曰："至此更须著力。"答曰："著力即差。"说完溘然而逝。

张爱玲说起自己死去的亲人："他们只静静地躺在我的血液里，等我死的时候再死一次。"现在，苏轼死了，那生动地活在他心里的子霞也随着他的死再死一次。而那留在六榕寺与六如亭之间的秘密也被带到了黄土深处，孤独地闪亮。

如星子夜值

慈云寺 ◎

那是个黄昏，我的心里塞满了悲伤与黑暗，还有窥见人性之恶后的恶心与战栗。在此之前，我已经很多次来过慈云寺，这天，我像个无助的女孩，在遭遇这个世界的嘲弄与侮辱后，只想找一个温暖安全的地方，来舔伤口。

慈云寺正在上晚课，十几个僧人端坐大雄宝殿的蒲团上念经，夏天特有的白云在寺院的天空上被风吹成一只凤凰的样子，好像刚刚涅槃之后浴火重生，振翅鸣叫。空气是如此寂静，我好像看到那些金色的尘埃载浮载沉。从那件事发生的夜晚，到此刻已经过去了三天，我像个被施了魔咒的人，被这巨大的打击彻底震惊了，我头

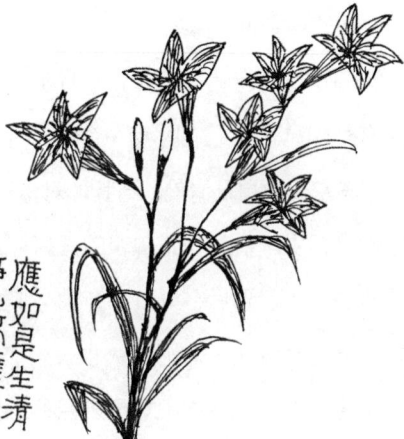

應如是生清淨心不應住色生心不應住聲香味觸法生心應無所住而生其心

敬錄方中原馮傑

聽荷草堂

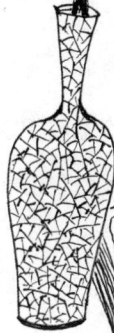

木木的，像被大铁榔头狠狠地敲了一下，看着鲜血从伤口上一滴滴地流下来，却是不觉得疼。空气震裂了，木鱼与磬的声音让这水晶一样的空气裂开一个口子，大悲咒如珍珠一样开始撒进黄昏，我的头脑开始明澈，我开始哭泣，泪水像急雨一样顺着脸滚滚而下——像一个委屈的孩子见到母亲。

从2009年与延超师父结缘，一直喜欢到慈云寺喝茶，有时好友二三，有时知己一二，有时我一个人。这日又去，延超师父等在那里，茶香满室，他眉眼清俊，与我们对坐讲经说法。

他说十五岁时看到一张佛祖的黑白照片，突然感到亲切，觉得自己是他的亲人。然后在寺院手持繁体竖排的《金刚经》，出口成诵，好像早已经背熟。他刚刚从北京大学哲学系研究生毕业，满腹华章，正要吐露。说话间不觉日影西移，天色将晚。出得寺院，新月一弯，就在山顶。黛青色的山如沉梦境。

久违的幸福如水一样浸润全身。好像这月色从我内心向外溢出，身体如同漂浮在水中轻盈清凉。他写的诗文装在我的衣服侧袋："谁与青山在，天花落纷纷。"另一偈语也在口袋里："宝剑出鞘。"好像我就是那匣里的宝剑，在苦苦等待那扬眉出鞘的一天。

此后几年中，有事无事，总要去慈云寺坐坐，头一两年每每见了师父，还要问许多问题，师父慈悲，总是耐心解答。后来再去，只是在白衣阁里沉默喝茶，不问一句，师父也不多言。有时他站起来，开始临帖，寂静的空气里甚至可以听到彼此的呼吸声。书完让我看，然后相视一笑，几乎忘言。一个夏天没有进山，那慈云的青山经常入梦，竟是电话也日日近无。入了中年，人也枯寂起来，近两年没有见延超师父，他更加从容笃定，沉潜有力。说了一会子话，出了寺庙。

是夜宿于慈云山庄。烟光日影中，坐至门前，山风徐来，如同泉水滑过胳膊。而最奇妙的是，那山风竟然一股是温热如喧，一股清凉如泉，如同大地深处同时冒出的泉水。坐于风中，几而忘忧，顿感化日舒长，为人生一快。当夜食罢，天色如墨，星汉灿烂，秋虫喧唱，空山愈寂。四人相伴，向着山的深处行去，蟋蟀和夜鸟的声音好像使整个山都在颤动，转过山，完全没有了灯光，夜山黑沉沉的如同沉睡，星子闪烁，更加皎洁，玉露凄清，夜气渐浓，才返。

去得多了，慈云寺犹如老家，过一阵不去待一天，心魂不宁，如同丢失了什么。这日，与某人一起入寺，出寺时天空冥暗，忽然大雨倾盆，刚刚走出几步的我们又折步返回，站在庙门前的檐下避雨。几年中十余次入寺，遇雨在我是第一次。听着风声从五十三峰的山谷里轰然升起，雨声穿过我的身子，积聚一个夏天狂暴的力量。这一夜，二十分钟醒一次，窗外雨声潺潺，就如住在溪边，想起张爱玲那个夏天等桑弧，写道："雨声潺潺，像住在溪边。宁愿天天下雨，以为你是因为下雨不来。"她爱胡兰成爱得热烈，爱桑弧爱得小心翼翼。她道与桑弧是初恋的感觉。《小团圆》文中处处有暗示，他是这样青衫磊落的有成青年，家世清白，相貌英俊，在他面前，她自惭形秽（她与汉奸同居，分手），一块去看电影，出来时，她感到他的脸色变得难看了，她照照粉盒里的镜子，发现是自己脸上出了油。那粉盒，也是认识他之后才有的，她为他试着学习化妆。

在胡兰成面前，她开始甚至是骄傲的，那个中年男人，倒是在这个家世贵族、行为乖张的女子面前有一丝自卑。而在桑弧这里，她这样的小心，这样的郑重，可见张爱玲对桑弧的感情。但终因家庭原因，两人不能走在一起。在她与桑弧恋爱的夏天，她凭着这雨声，来压抑自己对他爱的渴望罢了。

当日，我写道："慈云寺，山寂而宜禅，群山如莲，青龙潭萦绕，群木萝户，映以环溪。有延超住持，如星子夜值，定而无喧，朴乃知足。夕云朝秀，占尽风情。最奇当属佛光阵阵，令人赞叹不已。"萍子在其后写道："佛光普照人亦静，山中日月思犹长。"

明福寺 ◎

谁藏起了你的青丝

　　我怅然立在桥头，桥下是永济渠的河水在骄阳下闪亮，顺河街就像是梦幻里来过的。我似乎看到小小的自己手心里攥着五元钱，在这样古旧、破败的街道上走过。我前世似乎来过这里的。这是甲午的夏日，滑州（今河南省滑县）道口古街。

　　太阳刺在头顶，天极热。只有冯杰、鲜明和我下得车来，在这寂然的街道上转悠，仨人一起转进一个院落，木门紧闭，荒草长得及膝。院子里放着被主人废弃的瓦盆、瓦罐、铁锹。冯杰捡了一个瓦盆说要回去养荷花，我捡了一个被泥巴涂得看不出颜色的瓷罐准备回家插花。回家用清水洗了，是一个鼓腹小罐，下半截是黑色，

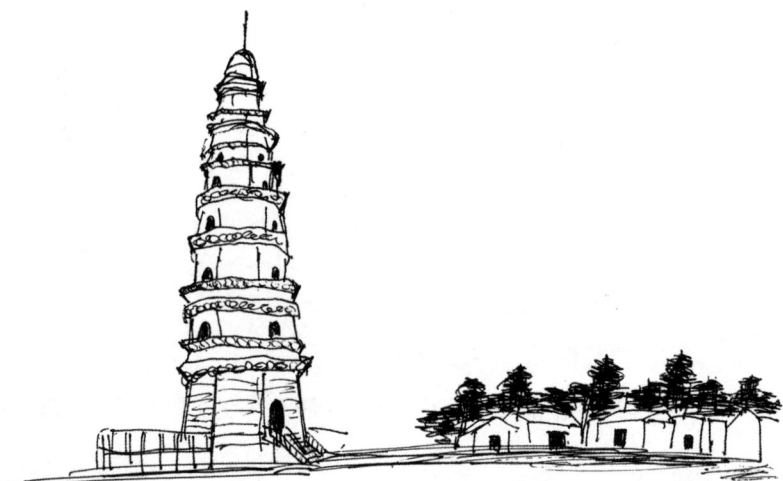

故郷塔上的風鈴
聲聲只有
在郷音
裡滴落
乙未秋
於中原馬傑

上三分之一是咖啡色，古朴安静。如果一大捧野菊花放进去，殊是相宜。这罐上还有一道浅浅的裂缝，好像一双神秘的眼睛在注视着我。夜梦，我六岁时被送一古街人家，少妇穿月白上衣，青裤子，眼如星子一样闪亮。她揽过我说，你就是我走失的女儿，一个道人说会有一天，被一个驴子带回家。今天一大早，我眼睛一直在跳，知道是有人要来。我亦不认生，从驴背上下来，径直钻入她怀里。突然我在她的条几上发现了一个油罐，与我白天清水洗过的罐一模一样，一惊，我醒了。

白天，我赶紧去看这个从滑州带回的瓷罐，里面放着一大捧从湖边采来的野菊花。还散发着幽幽的香味，难道这香味是个药引子，引出我的前世今生。

关于前世今生，滑州的明福寺塔里的记载最奇。明福寺的名字就是因了一段关于前世今生的缘分。说是隋时，滑人有叫杜明福的妻子，生前常诵《法华经》，去世后转生为名叫崔彦武的一名男子。崔三十岁时为滑州太守，突然有一天通晓了自己的前世，他对随从说自己前世是这里一人的妻子。"'吾昔为此郡人妇，今知家处。'因乘马抵城闉（瓮城），入修巷，指门而呼。"那个杜明福已经垂垂老矣，急忙开门迎接来人。这崔太守指着东墙上隆起的地方说："我生前诵读的经书和金钗都藏在这里……"大家惊诧地敲开墙，果然有。然后他又指着院子里的树说："我那梳头掉下的头发，都藏在树洞里。"大家惊异视之，果然。杜明福感慨流泪说："这个与我亡妇所记一模一样。真真奇矣。"知道眼前这个年轻的太守竟然是自己前世的妻子，杜明福做了一个决定，舍宅建寺，因号明福。

明福寺已经不在了，空余下这高高的明福寺塔，立在滑州的欧阳修广场上。在这个众鸟低飞的秋天，因了欧阳修，一行诗人又去滑州参加欧阳修文学笔会，这莫名的缘分实在奇巧。有些地方，你非得一去再去，让有些感情发酵酝酿。欧阳修于1040年到滑州任武成军节度判官，1042年秋任滑州通判，两次任职滑州，时长一年。并建"燕私之居"，名曰"画舫斋"，后创办欧阳书院。据说两次到滑州都在秋天，也是个闰九月，他环视北中原，一片萧瑟，"风吹城头秋草黄，仰见鸣雁初南翔"，被贬的失意与感慨，让他在滑州写了著名的《秋声赋》。那"初淅沥以萧飒，忽奔腾而砰湃，如波涛夜惊，风雨骤至"的秋声，其实也是人世苍茫的秋声呵。

是日滑县，半夜起大风，一阵寒意把我吹醒。大夜迷茫，风声飒飒，是为秋声。难不成文忠公灵魂有感，让秋声相迎。我隐约间听到明福寺塔上的风铃在秋风里阵阵响起，摇动我心间万千心绪，问问明福寺，这人世纠结的缘分，是顺从还是抗拒。风声阵阵，似在回应："道法自然，顺从命运，来亦不拒，去亦不忧，如山涧流泉，一路流香滴翠，任山花倒映，飞鸟相与还……"

追师记

法海禅寺 ◎

入夏的一天，夜里无眠，推窗见月，如水银泻地，抓起床头的《世说新语》，正好翻到"雪夜访戴"："王子猷居山阴。夜大雪，眠觉，开室，命酌酒。四望皎然，因起彷徨，咏左思《招隐诗》，忽忆戴安道。时戴在剡，即便夜乘小舟就之。经宿方至，造门不前而返。人问其故，王曰：'吾本乘兴而来，兴尽而返，何必见戴？'"我一向总是照顾别人情绪，任性而行的事绝少，不知为何，突然想去法海禅寺。第二天，就坐了汽车去淅川。

一路上在想几年前与友人访寺之情景。

"尼师哪里人呵？"空寂的法海禅寺只有她一个人，还有三只猫，一只黑的，一只白的，一只花的。三只猫看到人都躲藏到禅房或者石头后面，圆而明亮的眼睛时而从黑暗处偷偷瞄来。

"东北四平。"果成尼师大约有四十多岁，高的结实的个子，微丰的嘴唇，长圆脸儿，剃度过的头皮泛着青光，着月白长衫，灰蓝裤子，黑色布鞋。

"你为何会在这里？"一个东北人，跑到南阳这深山老林里，我们一行好奇心重。

"追我师父呵。他是我的皈依师，也是我的剃度师。我从五大连池的钟灵禅寺见他之后，就再也没有见过。后来听说他到吉林的吉祥寺修行，我去了吉林，等我赶到，他又去了山东的古观音寺，我到山东，他又到了南阳的燃灯寺。2002年又到法海寺任住持，我今年春天到这里，听说他又去南方了。这次我不再追他了，我住下来，等他。"我听得焦心，不由为她暗暗难过起来。想这千里云月与风尘，一个女子，在青灯与经书陪伴下，一心念着师父，一路追赶着师父的行踪，该有多么寂寞与孤独，又该多么真挚与坚定。

"我在这住了三个月了，第一个月有天晚上，窗外突然有喵喵的声音，我疑心自己听错了，起身一看，是一只白猫。绿眼睛在夜里闪闪发亮。它趴在窗外的青檀树上，叫一声，粉红的舌头看上去让人心痛。好像它是师父派来陪伴我的。我就放它进来了。"我是猫陪伴长大的，对猫有着特殊的感情。同行的田桑与森子也是喵星人爱好者，我们都瞪圆眼睛准备听下文。

"它跳进来就在我腿边蜷成一团，嘴里嗡嗡地念起了经，好像专门来为我做伴。第二天，一开门，门边蹲了两只猫，一只黑的，一只花的。你说神奇吧。三只猫大小差不多。"她说的时候，三只猫从禅房和石头后面偷偷地露出半边脸，警觉而机灵。特别是那只白猫，任凭我怎样深情呼唤也不出来，等我不叫它了，它却是一点点地挪过来，从墙后偏出半个脑袋，定定地望我。那只黑猫，被两位美女抚爱半天，已经与这群人混熟了。田桑抱起小猫，这个内心世界柔情似水，外表豪迈的男人身上，顿时有了母性的光辉，小猫在他怀里，犹如小儿。最可爱的是，当田桑抬头时，这只羞涩的小猫竟然也崇拜地仰望着，好像与他心意相通。

法海禅寺在淅川猴山半腰的悬崖上，一条高高的栈道连接起了寺院与山外。印象最深的是寺院后面的竹林，风过时，窸窸窣窣，如禅声梵音，竹林里有个溢满苔藓的泉，人们称为八菱泉。泉水翻花喷珠，顺着竹林那条幽静的小石渠流过，流到了佛洞的右侧势成瀑布，甚为奇观。1997年我第一次参加黄河诗会时，也到过法海禅寺。我穿深蓝带白纹的裙子，他站我身边，伸手摸摸裙子："裙子好看，妹妹更好看。"我白他一眼。他笑，坏坏的。在法海禅寺，他学起了电影《青蛇》上的小青与白素贞在西湖边的模样，一边扭着细腰，一路逶迤走来，嘴里还一个劲地叫："扭呵扭，扭呵扭，扭呵扭呵扭。"惹得众诗人大笑。而结着大辫子的向阳白净典雅，安静美丽，犹如仙女。犹记她站在大雄宝殿外低头默然许愿，黑而沉重的大辫子垂在背上，白底撒淡黄色花朵的裙子在幽暗的殿里格外明亮。

那年夏日与果成尼师分别时，她依依送我们出了寺门，又走过曲折的门前竹林，直送我们到寺边的台阶口，合掌停下，那只黑猫也一路依依送行，直到竹林边。下午的光线已经暗淡下来，回头望时，竹林寂寂，山门深深，尼师灰色的身影，黑猫灵异的相送……我按动快门，记下这个终生难忘的瞬间。

入夏的法海禅寺，空山寂寂，蝉声嘹亮，我顺着栈道一路寻来，许是夏天太干旱，瀑布不见了，只有一丝细小的水流从崖上垂下来，若游丝一样跳着。我想遇到果成尼师，想坐下来和她谈谈。走入这个依然破败的寺院，只有门前的银杏还是那样绿荫满地，屋后的竹林还在风里飒飒地响着，果成和她的师父妙法都不在寺里。也许果成又到另外一个寺院追寻她师父去了。寺里的三只猫还在院子里，它们都长肥了许多，长高了许多，看见人走进来，马上警觉地停下来张望，迅速消失在房子后面。只有那只白猫从石碑后警觉地露出一只眼睛，见我不动，它试探着过来，可能嗅到我身上的猫味（家里养着一只大白猫），它马上依上我的腿，在我身上绕来绕去，像是见到主人。

我坐在空空的院子里，一阵风来，青檀树上的叶子悠然飘下，像是果成尼师给我留下的手信，大青石头上面还有青苔，可见这里真是少了人迹。我已经习惯寻人不见，如果那个人真的对你重要，那么他时时都与你在一起，见与不见没有分别。坐坐他坐过的石凳，闻闻他留在空气里的鼻息，翻翻他留在屋前的经书，我们好像倾心而见，喁喁而语。分别后明心见性，满心欢喜。这样的见面，几类于雪夜访戴，乘兴而行，兴尽而返。

我在竹林里呆坐半日，一群鸟飞来了，喳喳一阵，又呼啦一声飞走了。泉水涌出时，静寂里听到咕咕的声音，像是地下有一只鸟在叫。更远的地方，有动物的吼声，低沉断续。一只戴胜飞到我裙子边，也许把我当成了一块石头，它大胆地啄啄我裙子上的花朵，黑而圆的眼睛灵活地转动，我屏住呼吸，生怕它离开。一只绿色的螳螂从草丛里摇摇晃晃地出来，在一个小竹叶上停了下来。戴胜看到了它，立即趋前，螳螂伸出绿色的"大刀"，挥舞了几下，戴胜连连后退，我笑起来，它飞走了。螳螂悠闲地朝一朵蓼蓝花爬过去。

走出寺门，依稀仿佛，果成尼师亦然站在竹林边，她青色的长衫被风吹得鼓动起来，好像一片白云落在竹林边上……

山寺夜茶暖

普陀山 ◎

连日夏雨，送来了清凉。听着窗外的雨声，竟也起了愁肠。想起他陪我普陀山一游，行吟寺院，待月海滩，旦暮相从，信宿乃去。才逢又别，还没有到别时我已经伤感难过，情绪黯然。临到分手，他却是拱手作别，一径走开，不再回头。留我这痴肠人泪眼婆娑。"古今交道纷然，唯一淡字可久。你我之间看似淡然，其实竟是奔着长久，这良苦用心，你亦懂得。"回想他写给我的信，也就渐渐冷了心肠。

这个夏天，我常约他坐荷塘边嗅荷的清芬，看满湖新箭，前一天还打着绿结，今日就水面清圆，雨珠滚动。"你看别的花都是瞬开瞬落，只有这荷花且开且败，这边起着骨朵，那边盛开如碗。叶子底下又暗结了莲蓬。生坏住灭，示现在此。""无常败坏，无物可免。知幻即离，离幻即觉。""幻也识得，哪能即离！"他说着佛法，我做着清梦，一个智慧明白，一个痴情糊涂。

早阴，间洒微雨。兀坐小室，呆呆望着窗外，这样清凉的夏天，不绝的夏雨，让我不由得怀念起过去。那十几年前普陀山旧事，清晰如昨，仿佛举步就能回去。

那时自己在金城上学，前程不测，整日郁郁寡欢。随家人到普陀山上小憩，滋养身心。是夜，住在普济寺后边一小旅馆里。闷热难耐，待家人睡下，独自一个踩着自己的影子，朝向小岛深处那座古老的观音塔行去。大榕树沉沉如梦，叶子间漏下几点灯光，绕过买纪念品的小街，再向前走就是海边。我看到了一个破旧的观音塔，自然没有普济寺里那样辉煌，塔下有清寂的院落，低矮的瓦屋，小小的寺庙，宛若山家。我独自塔下，想着天涯茫茫，命运波折，一会子像林黛玉一样开始自伤，呆滞如木人，泪水也不知什么时候淌满了脸庞。夜月寒露，正在悄悄降下。野草里不知什么鸟儿嘎的一声向着月亮飞去。只听得木门吱呀一声，一位老僧推门出来。"进来喝茶。"我也不说什么，就跟脚进了屋子。

屋子里一灯，一床，还有一堆经书，一个断了腿的眼镜放在木桌子上。他什么也不说，只顾伺候炉火，炉子上坐着一个铁壶。他掀开盖子，从一个盒子里摸出一把茶叶，投放进去。一时间茶香弥漫，满屋氤氲。然后他摆开两个粗陶茶碗，倒了满碗。我只管喝茶，但仍然忍不住泪水。"没有大不了的事，只管吃茶。"我嗯嗯有声。一碗热茶入肚，胸中那苦闷之气已破半。"有苦你即随它，不要逆它，时过境迁，就不是苦了。就像这茶刚入口甚苦，好茶回甘。"我伸头又喝了一大碗，头上也微微出了汗，身心感觉一畅。

"师父一个人在这里修行？""哪里是一个人，你看今天晚上，有月亮、星星、窗外的夏蝉、草丛里的蟋蟀，还有你。""你觉得这样的生活苦不苦？""我每天都喝茶，吃饭睡觉你说苦不苦。倒是你们天天心上事情很多，那才叫苦。"他说中了我的心。我低下了头。待添了四五次水后，再也煮不出茶味了，我才告辞。

再去普陀山是几年后的冬天，我已从西北回到中原，如大河至中下游，波澜渐平，红尘里的日子一日挨过一日，我已经隐约地看到了时间的苍茫，不知道自己走下去该到达哪个渡口。红尘里事情让我纠结，无法放下。我去那天正好下雨，当晚就住在舟山市海边。正是收网时节，推窗看到的是千帆静泊，远处是海，天色开始转暗，不远处的小岛上万灯齐亮，如同海面上漂浮的宝珠，刹那间发出最璀璨的光芒，摄人心魄。

第二天是我的生日。我微笑不语，独自享受着这个秘密。在沈家门码头坐船，海上风浪颇大，快艇如浪里白条，颠簸不定，可喜的是窗外浪花翻卷，扑打在窗棂之上，散开。好像是一大朵花瞬间开放又凋落，又一浪头扑上来，如此反复，人如同在美丽的花朵中飘浮。再往远处看是苍茫的大海，苍苍无边，一二小岛在雨雾之中隐约可见。到了普陀山，果然小雨如纱，淅沥不断。在普济寺，许愿之后，我想买莲花。三朵莲花，竟然有一朵是粉红的，刚刚开放，娇艳无比，能看到黄色的花蕊上橘红的花粉。另外两朵含苞待

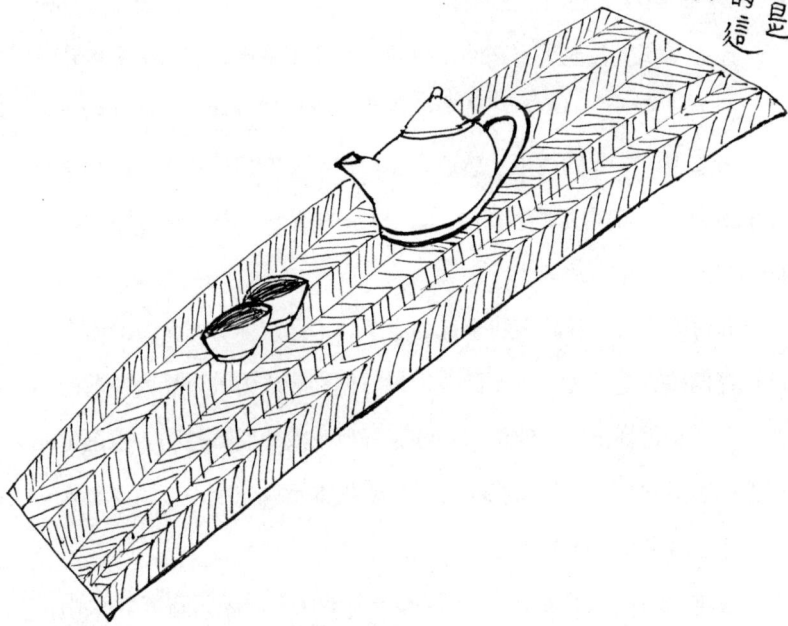

世上最好的茶
所謂的佳茗就是
當下与你正飲的這
一杯　中原馮傑

放。郑重放在佛祖塑像两旁的花瓶里。大殿里正在做佛事，只听到一片诵经声，肃穆安静。我在心中悄悄地说："佛菩萨，保佑我所有的亲人和朋友平安健康吧。"

当晚，我又一个人朝着海边的树林走去，夜雨不停，游人都躲进旅馆，只有一些小饭店灯火幽暗，还传来渺茫的歌声。一只小猫跟着我走走停停，直跟到一丛野草跟前，消失不见。塔下的瓦屋还在，门上却是落了锁，院子里的野草长得齐腰，雨声响满了院落，好像灌满了寂寞与回忆。不远处池塘里的青蛙忍不住雨中的欢喜，一会儿叫一阵子，然后悄然停下。

他去了哪里？他是不是回了故乡？我问着夏雨，问着沉沉的夜幕。没有人回应。只有稀疏不停的雨声灌满我的身体。我索性蹲下来，听着空旷清灵的雨声。感谢十年前这院主的两碗热茶，融化了我的心结。我记得那晚我的泪水，那茶的温热，那千转百回的愁肠，那无人言说的孤闷。

面对陌生人，我吐露我全部的心事。"姑娘你有好命，沿着自己选择的路，走下去，不要回头，最后你终能成为一个受人尊敬的人。"还记得临出门时他依依叮咛，好似亲人一般暖心肠。也还记得他的手又软又厚，好像棉花团一般，根本不像一个六十多岁老人的手。触之生春，让人温暖。

我本为与故人相会而去，怎知一下子跌进那幽邃古澹、夜雨淅沥的情境里，恋恋不忍去。"这儿真好，要是天天在这就好了。""那就剃了头，留这儿当和尚。"时隔多年，再想起临去时普济寺的老和尚对我说的话，蓦然惊心。尘世虽苦，于我到底还有留恋。这每年春天满院花开，这几夜宿雨后满湖白莲花，都让我不舍，更不消说那远方人温静的信，还有他柔软有笑窝的双手，我六根未净，尘心不减，那条寂寞的长路，不知何时我才能甘心情愿地踏上？

他要来看我，
夏至这天

普救寺 ◎

他要来看我，夏至这天。

我调整着呼吸，干着别的事，但其实我什么事也干不下去，一直在想着他从山里，怎样坐汽车，怎样转火车，怎样走路。这样热的天，会不会忘记带茶杯？他来后，去哪里吃，到哪里看景致……等到车站相见，我也只是微笑问好。

第二天他提出去普救寺看看。"就是西厢记里的普救寺吗？""是呀，离这里不远。"他好像胸有成竹。

我住的这个边城就在三省交界处，过了黄河就是山西运城，普救寺就在古蒲州的西北角。原来他是做了功课的，我原以为他散淡又是念佛之人，一切都顺其自然呢。

路上，他说起普救寺叹道："蒲州住着一个老友，一起在明月寺待过。听说得了病，我想顺路去看看。"我想顺口问一句是男是女，又觉不尊，就闭了口。

"佛教禁欲，而普救寺却是西厢记的发生地，这也太冲突了吧？"路上，随口问。

他看了我一眼，好像早就知道我会问这样的问题。他慢悠悠道：据说明中叶的武英殿大学士丘濬，某日曾至某佛寺，见四壁俱画《西厢》。丘濬惊问："空门安得有此？"僧人从容答来："老僧从此悟禅。"丘学士不解："何处得悟？"答曰："是'怎当他临去秋波那一转'。"

我好像听说过这个禅宗公案。正在沉想。他道："你倒说说如何悟得？"

"不可说，不可说……"我故意气他。

他是沉静安稳之人，不轻易笑，但他还是笑了起来。我喜欢看笑意从他嘴角缓慢地荡漾开来，露出白牙齿。

"秋波一转，以心传心，相当于佛祖与迦耶拈花一笑。"

他更是大笑了，眼角有了纹路。我一直以为他没有皱纹。

"你有慧根。"这次他是真表扬了。

普救寺位居山西省永济市蒲州古城东三公里的峨嵋塬头上，远远地就可看见莺莺塔，和着塬上的烟树很有古意。青砖山门上书"普救寺"三个浑金大字，连同两侧对联："普愿天下有情，都成菩提眷属。"均为赵朴初手迹。

願天下有情人終成眷屬

這句話最早起源於這裏
塔尖尖上風吹即落

馮傑□

　　广场里植了两棵合欢树，正在开花，满树粉红的"小扇子"随风摇晃。大雄宝殿内供奉着三尊形态健美、眉目端庄的大型石雕佛像，资料显示它们是在普救寺修复时期从殿基一米以下出土的南北朝文物，加上唐朝的舍利塔，这才是真正的寺院遗物。更多的人围在张生跳墙处，等着模仿跳墙。正如孔老夫子感叹的：吾未见好德如好色者也。

　　出来后我们就去永济城区看故人。过蒲州古城，可以看到明朝的城墙荒草茂密，下车在古城门边盘桓半日。他站在南门楼下，读着那些漫漶不清的对联：对酒对歌好寿句，临风相见理玄诗。据《蒲州府志》记载，蒲州古城高八丈、方圆一千六百步，比现今的平遥古城大两万余平方米，是山西境内最大的古城。但现在人去城空，一片残破。

　　县城是三门峡大坝修建后迁的新城，和中国所有的县城一样凌乱繁华。他要找的故人住在北郊，一片土色平房，他站在阳光里，扣着手机。"怎么也不回短信，电话也不接？""也许没有看到，我们喝茶等着。"东西张望，小街边有一个茶摊。坐在凳子上，要了两杯茶。约莫过了一个小时，他有点焦急神色。

　　"再等等，也许在念经、打坐。一两个小时也是有的。"我安慰。

　　他伸手去拿杯子，却把杯子碰掉在地上。幸亏是土地，茶水洒了一地，杯子却还好好的。他又摘掉了帽子，在手里晃着。

　　"来之前明明答应见我的，她说自己老了。今年又病了。"现在我听明白了，是个女性。

　　我开始向茶摊主人打听。一个女的，五十多岁，单身。茶摊主人热心地续茶，一边说："是翁婆婆，她经常一个人去寺院，没儿没女，也从来没有亲戚，是个怪人。"我问他最近见过她没。她说："几个月没有见了。咦，就是，她可能病了。"他指指身后第二排一个院子，院子有棵大梨树。

　　他大步走向那个院子，几乎跑起来，他的头发被风吹起来，已经不少花白了。一阵急切而轻轻的敲门声，院子里寂静无声。他垂着头，夏天的黄昏就要来了，西天上的晚霞绚丽无比。

　　车子启动了，他又摇下车窗，向那个紧闭的木门深深看了一眼。

　　"临去秋波那一转……"我轻轻笑道。

金鸭子在塔下嘎嘎叫

福胜寺 ◎

诗人幸临古城邓州，我随其回了故乡。是夜，是农历八月十二，月亮虽是大半个，也是妖媚洁净，如同银色的花朵。我带一行人走走古街。古街已于20世纪90年代拆除殆尽，现在只是个仿古街。我边走边惆怅，那时我经常走在这街上，青石板路的石缝里长满了草，青瓦上长满了瓦松。早晨，店铺的主人会抽开一个个木板，晚上再把木板一个个插上。黑暗关在了外面，木板缝里都是灯光，我走在那样黑暗窄小的街道上，经常会被那橘色温暖的光刺伤。

过了大十字街道向西，这里保存了一些古建筑，窗户黑着嘴巴，房梁倾斜，一片破败。一处院落门口还歪歪扭扭地写着"旅社"二字。沿一小巷道向南，已经看到黑黢黢的塔在月光下静默地站着，好像在等我们去看她。碎石满地，荒草齐膝，蟋蟀在草丛里弹奏着初秋的夜曲，几只小狗冲我们叫了一下，突然噤声，退回黑暗里。下一斜坡，看到七层古塔披了一身月光，我听到她看到我的一瞬间，轻轻呀了一声。

小时候，奶奶经常讲起这座塔，她三十岁左右住在大十字街。听当地的街坊说，塔下有一个井，有人在井里看到过金鸭子，还有孩子听到井里鸭子嘎嘎地叫。有个调皮的孩子把自己家里的鸭子放进井里，这鸭子在井岸游了一圈就不见了，后来有人在东海里看到过这只鸭子。所以人们都叫这井"海眼"。奶奶还说，其实井里锁了一只东海里的蛟，这只蛟老家在邓县，每次回邓县探望母亲，便会带来冰雹、雷雨，百姓苦不堪言。此事被玉皇大帝知道后，立刻请如来佛将其锁在这座千年古塔水井下，所以福胜寺塔内古井下有块大铜锁。

其实，据邓州当地志书载，福胜寺在北宋时是一座极为兴盛的寺院。在香火最盛时期，寺僧达千余人，并有寺中高僧被皇帝赐予紫袈裟。从地宫中的文字记载，古塔原为龙兴寺塔，创建于北宋天圣十年（1032年）。又据《嘉靖南阳府志校注》和《嘉靖邓州志》记载，寺庙毁于元末战火，十三级浮屠仅存七级。至明洪武七年（1374年），邓州知州孔显以提议、僧子颜主持监工，在此重建福胜寺。天顺年间又对残塔进行了整修。1950年，政府拨粮食七万斤维修了塔基。1985年，政府再次对古塔进行了维修，至1989年12月竣工。

1988年，河南省古代建筑保护研究所，对福胜寺塔进行维修时发现了古塔的地宫。地宫平面呈六角形，坐南向北，有一长方形的坡道通向塔外。地宫虽经千年风雨，依然保持完整。考古人员在地宫内发掘出土了一批国宝级文物，有金棺、银椁等。其中金棺内放置有佛顶骨舍利、佛牙舍利等佛教圣物。据专家介绍，金棺、银椁在全国仅发现三处，而用银器层层包裹的成套佛牙舍利乃国内首次发现，是世界佛教文化的珍贵遗产。

上高中时，同学大文家就在古街上，她家后院可以看到这座塔。我和大文曾经坐在她家的青藤架下，喝着她奶奶送来的红茶。那时她父母分居，她和我一样缺乏爱与温暖。两个寂寞的女孩经常在一起，好像两只在冬夜依偎取暖的小鸟。她奶奶信奉基督教，戴着眼镜坐在后院看《圣经》，塔上的喜鹊会突然飞到她家院子里，大胆地落在我面前，长尾巴一点一点，黑白相间的翅膀有着油亮的光泽。有一次，她父母吵架，她坐在塔下的草丛里哭，我站在她旁边，颓败的塔上长着野生茂盛的构树，塔角长满了杂草，一个大马蜂窝吊在树上，几百只大野蜂在上下嗡嗡地忙碌着。她哭的声音太大了，几朵花悠悠地落下来，掉在她头发上。我用手梳理她的头发，她的头发又细又软，像玉米刚刚吐出的缨，那细软的头发也满含了悲伤。

萍子绕塔三匝，合掌拜佛。天空宝蓝深远，月亮澄澈明亮，塔已经被多次修葺，那棵长满红构桃的树已经不在，那只大马蜂窝也不见了踪影，它们都去哪里了呀？那掉满了女孩眼泪的小野花去了哪里呀？我在月光下走着，一股热的水从心口翻着，瞬间波涛涌起，穿过林梢。我看见那座为风霜剥蚀的塔，它静静地安坐在月光里，从宋代直到如今。山僧老去，旧院花凋，千年也不过一梦。

旁边是一堆人在打扑克，收音机里放着豫西的曲剧，那悲凉的胡琴与板胡，把一院子月光都拉得颤抖起来。一老人坐在月光下吸烟，他脸上有着漠然与世隔绝的表情，好像这月光与打扑克的人与他无关，一只猫偎在他脚下，绿眼睛在月光下闪着灵异的光芒。他指指自己的家，就在塔院西边，说："孩子们都在大城市住，我住不习惯。夏天经常坐在塔院里凉快，这里安静，风大。"

想他孤身一人，坐在塔下，花月灯影，虫子长鸣，但那夜雨长灯，又如何消受。如果病了，又是如何在长夜将息。"有月亮看月亮，没有月亮就睡觉。"他说完，起身西去。那只绿眼睛的小猫一路随着他的裤腿，在月影下消失了。

我恋恋不舍地离开，又听到月亮下的福胜寺塔轻叹了一声。

在月下繞塔
一時月光蹭
得紛紛
作响
乙未秋於
中原
冯杰

坐在石头上的
唐上上

延庆观 ◎

　　远远的，我看到了那块石头。一块赭色的石头在延庆观的门口
左侧白蜡树下。这石头是谁运来的，为什么专门放在闹市中，难不
成是青埂峰下那块顽石？还是一块被丘处机这位全真派高人专门放
置在道观门口的美玉？

　　这是几年前的秋天，我和诗人萍子去开封，特意让中森老师带
我们去延庆观见见唐上上。传说这位曾经的诗人，今日的清修者就
隐在延庆观旁的这块石头上，每天独坐，已然十年。大隐隐于市，
我对这个在红尘中独坐的女性有隐秘的兴趣，古都中寻找隐者是此
行的目的。唐上上没有手机，不上博客，也没有微博，几乎与这个

现代世界绝缘，寻她只有按照最古老的办法，就是踏雪寻梅，嗅香而去就是。

我已经看见她了，她端坐在延庆观门口的石头上，瘦削，隐忍，安静，漠然。她的发辫又细又黄，垂落在肩膀上，头顶上一层白发浮动如霜，一件暗蓝的长毛衣，紫红布裙子，赤脚穿着一双布鞋。她旁边就是车来人往的观前街，更远处是有名的炸鸡店，许多人在排队。汽车在街道上发出吱吱的声音，过街的学生尖叫着追打，风掠过树叶，扬起一阵灰尘。她微闭着眼，好像这一切都不存在，也许她觉得自己也不存在。"上上，上上。"我和萍子轻声唤她。她如梦初醒，微笑着睁开眼："嗯，有缘人。""我是萍子。"萍子的笑柔软干净。上上笑了。"上个月绿萼说你们是好友，就一直想着你。"她伸出手抓住我和萍子，她的手又凉、又硬，像是一截枯枝，或是结满霜的草茎。她说，她是1999年正月初六来的开封，开始在包公祠边，寻觅了很久，看到延庆观的这块石头，"冥冥中它好像在等我，我在这里坐下了，坐了十年。刚开始的半年，我每天只能赚三元钱，一元吃早饭，一元吃晚饭，一元住店，这样的生活我过了半年多。我是个对物质没有概念的人，觉得这样就很好。"

她拍拍自己坐的石头，挪挪身子，让我们坐下。我凝视这石头，褐色，上面落满黑色的麻砾，表面已经磨得发亮。上上的紫红色布裙子在寒风里显得薄了，有几处看上去几乎要破了。"这裙子是我从垃圾堆里捡来的，这样的紫颜色多神秘，多美。不知道是哪个女子身体曾经温暖过，我洗洗晾干，好喜欢。"上上看我注视她的衣着，就说起来。"这蓝毛衣是一位居士送我的，她看我坐在这里，担心我冻着。这样的蓝像天空一样凝重、缥缈，也是我喜欢的颜色。我的大部分衣服都是别人送的，也有从垃圾堆里捡的。我喜欢旧物，都有记忆，也许上面还附有灵魂，陪伴着我。"她絮絮地说着，高高尖尖的鼻子，薄的嘴唇，清澈的眼神，这样的女子，注定来世上是体验精神生活的深度的，而不能如凡妇一般生儿育女，相夫教子。

"相对坐在这里占卜，我更喜欢坐在屋子里，冥想、读经。原来只想每天三元钱，现在总是超过这个数字，有时候看着大家丢下来的钱不知道该干什么，就把钱送到教堂或者寺院里，总会有地方需要它。命运就在那里，知晓也好不知也好，总归会发生，不会早一步，也不会晚一步。"她笑着又指了一下石头，"我和他三生有缘，这石头也一直在等我，还要在这坐多长时间，我自己也不知道。"

"现在还写诗吗？"我终于小心地问出自己的心里话。"有时候也写，在地上捡个纸片，或者别人丢掉的烟盒，我就写在上面。有时候，看到一截粉笔头，就写在石头上。写完就算了，丢在风里。随它去吧。"我心中一激灵，或许，如若不是命运，坐在那个石头上的或许是我。她说她本是兰考人，从前写诗，叫唐露丹，她说离婚后改名唐雪灵，在兰考焦裕禄陵园的石头上坐了半年，在那里读经、悟道，希望自己的心在悟道中解脱，冰雪灵秀。那为什么改名唐上上？她开心地笑着道："叫这个名字，是神谕。上上，让心，天天向上。"

我听罢，不由感慨："这个女子，清明澄澈，不染尘埃。人之一生，如风萍浮影，从唐露丹，到唐雪灵，再到唐上上，真是非上上智，无了了心呵。"

她从口袋里掏出一片纸，上面是她的诗《关于开封》：

我只是一个过客

坐在她的边缘

远处相国寺金钟浑厚

旁边玉皇楼铁马叮当

驿站的凉棚是如此得体

从兰考到开封

我是谁的棋子

在此停留

石座如莲

我处一隅

权且扮一个

占卜吉凶的巫者

宽衣大衫

朴拙如村妇歇脚

无语迎来　少言送往

日子从刀尖上滑过

梦醒得有些过早吗

春天还是没有消息

独倚一城秋色

枯守半街苍茫

我偏师左处

未敢妄动

西边

嵩山在雾里等我

　　她看我认真地看，有点害羞地低下头："诗不好，所以就不写了。你们可以到我的屋子里坐坐，有凳子，条件好一些。"我听绿萼说起过，她住在一间别人废弃的破房子里，比僧人屋子还要简朴，一床，一桌，书全堆在墙角。但在她眼里，全是好。她所看到的世界，无所不好。

　　依依告别她，进了延庆观。全真教七子之一丘处机为他师父修的著名的玉皇阁，耸立在秋天漠漠的天空下。一言止杀的丘处机在师父成仙后又到陇州（今陕西省陇县）龙门山潜修六年。这期间，他"烟火俱无，箪瓢不置"，"破衲重披，寒空独坐"，生活极为清苦，但"静思忘念，密考丹经"。恍然间，看到这位白须飘洒的高人独坐道观，一会儿又幻化成瘦削的上上坐在石头上。我揉揉眼睛，疑心这坐在门前的上上是丘处机转世。

　　出得门来，已经不见了上上。日色转暗，街道上一片茫茫秋意，那石头不言不语，仍然在树下安卧。几片黄叶打着旋落其上，让人起了玄思。想起《楞严经》最后一卷："来无所黏，过无踪迹。"回想刚才所见所语，恍恍惚惚，如梦乍回。所思间，最后一抹秋阳突然大放光明，把蜂蜜一样的金色涂上了石头与道路，一时间，市声退去，周匝寂静，我竟然定定地站住，怕惊扰了瞬间的梦境。

奉先寺◎

卢舍那的微笑

　　老洛阳人都管龙门石窟叫奉先寺，至于为什么叫奉先寺，也没有人去追究。回想起来，我听说的最早的寺院就是奉先寺。那时养父母把我奉若掌上明珠，住在洛阳涧西延安路的那个红砖平房里，高大的梧桐覆盖着房子，下雨的时候，红砖上都长满了青苔。平房是没有自来水的，平房对面马路边是个大水池子，水池子几乎是平房里工人们早晚聚会的地点。早晨人们端着洗脸盆，满嘴都是牙膏沫子，脸上是一夜沉睡压的痕迹，打招呼时都会含混不清。晚上是女人们洗衣服的好时候，大水池子周围都是家庭主妇，一边谈着丈夫与孩子的不是，一边麻利地在搓板上洗着衣物。上公厕的人从身边来来去去，不时有刺鼻的尿臊味从厕所里飘过来。天黑了睡觉，天亮了骑自行车去上班，日子好像流水一样长得看不到头。

那时，年轻的父母周日会约上同事到奉先寺去。那是伊河边，除了成群的羊在啃草，蝴蝶在闲闲地飞，上山采药的人偶尔闪现的身影，几乎没有什么人。他们把我放在河滩的草地上，开始唱歌、野炊、打扑克。输了的人脸上贴满了白纸条。漂亮的养母一个人在卢舍那大佛前上香、磕头，风吹起了她浓密的黑发，我都看呆了。不过很快我被草地上的蚂蚱和蜜蜂吸引了，然后被山崖上巨大的卢舍那大佛吸引了，几只大喜鹊站在她的耳朵上吵架，吵得不可开交，那大佛却是微微地笑着，好像回忆起了什么美好而秘密的事情，她的脸如满月一样放着光辉，低垂的眼睑如同星子浸在雪里，从哪里飘来的钟声，顿时响彻天空。

在洛阳，武则天是个绕不过去的话题。她称帝后，定都洛阳，在洛阳一住就是二十年。满街上雍容的牡丹花说是她让人种的，还说这偏脾气的花，武皇让她冬天开她偏不开，武皇大火烧之，但第二年春天，还是开了满园子的大花朵。武皇大喜，遂命人广种之。上大学时看了许多闲书，多次陪男女同学去奉先寺玩。越看越觉得这微笑着的卢舍那大佛特别像武则天。武则天的长相，"方额广颐"，面如牡丹，堪称"国色"。这卢舍那也有这样饱满的额头与脸庞，静穆安详的面相，多了一份人间的甜蜜与慈爱。"卢舍那"在梵语里是智慧广大、光明普照的意思，武则天取名"曌"，也是光辉满天的意思。洛阳民间广泛流传卢舍那大佛就是武则天的模拟像，是武则天为政治需要而塑造的。其根据是武则天曾让白马寺僧怀义等伪造《大云经》，诡称其为弥勒佛下界，为改唐为周做舆论准备。建奉先寺时，武则天曾"助脂粉钱二万贯"，卢舍那佛像完工，武皇还专门率领众臣为大佛开光，可见她对这佛像所倾注的情感和重视。

洛河、涧河、伊河、缠河，绕着整个城市流过去，北邙岭环抱着这个被很多皇帝看好的城市，西山远远地露着青色，卢舍那端坐在青山之巅，似笑非笑，眼睑低垂，无尽的神秘和美丽。她勘破了多少人命运，但她仍然微笑；她看透了人心的无常，她照样慈悲。几十年后，一切都如佛法说的：凡所有相，皆是虚妄。养父母离婚，我被送到乡下奶奶家。等我再来洛阳时，延安路的平房里更换了女主人，多了一个妹妹一个弟弟，我像个客人一样住下来，让我端坐不让我做事情，而小我四岁的妹妹却要去帮助母亲打扫楼梯。这位养母是佛教徒，小的平房子里一角供着菩萨，有时候我看到她在上香，也许祈祷自己的丈夫不要总是那样粗暴，或者想让菩萨保佑自己再美丽一些，让丈夫不去想念自己的前妻，专心地与自己过日子。

他们都上班时，我就翻开那一摞经书，每一卷经书打开都会有这个偈："无上甚深微妙法，百千万劫难遭遇；我今见闻得受持，愿解如来真实义。" 这样的句子是那样流丽，那样欢喜，好像无数世中累积的善意都开出了花朵。这是哪一个女子或者男子，面对佛经中的深广的智慧而生出的叹息。萍子告诉我这偈是武则天作的。这四句偈实在作得太好了，以后的许多高僧大德想再做一首偈代替它都没有得逞。武则天是虔诚的佛教徒，她尤喜《华严经》，总觉得晋译的六十华严欠缺得太多了，不完整。后听说于阗国的三藏法师有这个本子，她就连法师一起请到中国来。这个法师叫实叉难陀，武则天专门为法师安排了翻译班子。译场规模也非常大，武则天自己也常常去参与翻译。译成之后，武则天初阅《华严经》时，因体会佛法的高妙稀有，非常欢喜，故有感而发，给这部大经题了一首开经偈。

黄昏的时候，无数的麻雀都跳到了平房的梧桐树上，在越来越暗的光线里叽叽喳喳，好像在商量着什么重大的事情。母亲低声商议着第二天去白马寺的事情。走之前她要为丈夫包好饺子。她时时在照顾他的心情与身体，他却浑然不觉，只因那无明塞满了他的心。他思念着他漂亮的前妻，他对当下的一切都觉得不如意。生下第一个女儿时，孩子都七个月了，他天天紧紧盯着她的大眼睛，连声说这个孩子不会眨眼，是个睁眼瞎或者是个白痴。最后委屈的妻子只好抱着女儿到医院抽骨髓检查。后来妹妹上中学成绩不好，经常在我面前埋怨父亲——都是抽骨髓抽的，人变得越来越笨。他被妻子宽容宠爱，越来越自私，经常是在饭前自己守着两个冒香气的菜喝酒，孩子们却在窗外汲溜着口水。喝酒高兴了陪着孩子们翻跟斗，稍不如意就瞪圆眼睛厉声怒喝，家里顿时静得连一根针掉地上都能听见，识相的孩子都贴着墙根像见了猫的老鼠不见影子，他一个人像个孤独的英雄在空屋子里转着，叫着，渐渐声音低下去。

那是冬日的一个黄昏，洛阳城内风声里藏着剑影。张柬之等人发动政变，杀掉张氏兄弟，逼迫武则天还位李氏。这个年轻时被太宗和高宗唤作媚娘的不凡女子，睡思沉沉，一种黑暗的力量在拉着她的肉体沉入泥土，她知道一切都是空，包括自己。这是她多年研习佛经得到的智慧。江山、爱情、生命都是梦幻泡影，她在风烛残年，平静地留下最后一道诏书："去帝号，称则天大圣皇后。"她一生总揽朝政达五十年之久，其中穿戴皇帝衣冠，端坐金銮宝殿，指挥满朝文武长达二十一年。上承"贞观之治"，下启"开元盛世"，暮年垂老，接受宰相张柬之意见，鞠躬下台，让位与中宗，把政权奉还与唐室。神龙元年十一月，武则天病逝，后与唐高宗合葬乾陵，立无字碑于陵前。那个巨大的暗黑色的石头顶部有一块凹陷的地方，无言站在长安的天空下，一片雪又一片雪落下来，后来雪狂暴地横扫长安和大半个中国，大地陷入白茫茫一片，真干净。

在养父去世前一天，突然接到他的电话，言称自己很好，问我工作，说了几句，挂掉。我还在疑惑，疑心自己听错电话。因为我与他之间从来不通电话。第二天中午，正在办公室忙碌的我接到妹妹的电话，她哭着说："十点半我还打电话给他说中午一起吃蒸面条，等我下班过去人都凉了。姐，太突然了，我受不了。"她失声痛哭。我半天无语，心口像被石头砸了一下一样剧烈地疼起来，疼得我几乎站立不住，只好蹲在走廊里。我赶到洛阳，他已经装在太平间的冰柜里。因为自己第二天要参加单位竞聘，只得在太平间与他告别。他明显缩小了，头部结了白霜，脸色严峻，好像仍在与这个世界生着气。但他的圆眼睛再也不能睁开，再也不能开口与我说一声再见。

我去洛阳高铁站，坐在广场外的石头上，伊河水上飘着白雾，对面的香山寺里梵音阵阵，还有隐隐的钟声。卢舍那大佛看上去如坐云中，她仍如千年前初生时一样静默，微笑，带着恍惚的沉思。尘世已经很老很老了，朝代更迭，人世沧桑，我也是微尘中一粒，在时间的大风里来了又去，与我有关的人也渐如烟云消散，也许永恒只有石头化成的卢舍那，她在奉先寺里永远地坐着，伊河水打着漩汤汤地流着……

静安寺 ◎ **我心静且安**

那年和女儿去上海，就住在静安寺西边的百乐门酒店，早晨推开窗户就看到静安寺的院子。院子里静悄悄的，一个僧人推开大雄宝殿，他看上去眉目清秀，还是个少年。只见他手持扫把，郑重地一下一下地扫院子。早晨的阳光把他的身影拉得很长，那虚幻的影子跟着他，不离不弃。扫了一会儿，我看见他蹲下来，好像在地上捡什么，那样专注，也许是看到一个小虫子，也许是小蚂蚁，他放它在手心，把这些小生灵移到已经清扫过的树根。他做这一切的时候，是那样自然，好像他与这小生物原来都相亲，或者都认识，我吃惊一个年轻的人心里有着这样的慈悲。等我叫女儿来看时，他已经不见了。

　　静安寺位于繁华的南京西路，上海地铁二号线的静安寺站出口。金碧辉煌，气度雍容，一副"大隐隐于市"淡定与独守。静安寺黄的瓦，像河里淘出的赤金，静静地，洗了尘。这温静的黄，点缀在冬日里整片浅黛色的高楼大厦的巨幅衬景中，像旧的黑白照片上一抹赤线描的唇，跳跃却不显突兀。也许，这就是上海吧。就像张爱玲的热闹和孤独——她的家总离不开最闹的市，她创作最丰盛时就住在离静安寺不远的常德路。在她最后居住的洛杉矶市区西木区的一隅小小公寓里，她人走后七天才被发现的公寓里，除了墙壁，只有一张床，兼书桌。

　　朋友的单位就在静安寺边，来上海他总要陪我看静安寺。他是我年轻时就喜欢的诗人，大眼睛、腼腆的他与他澎湃的诗情总给我一种差异之感。他说这静安寺历史早于上海许多年，早在西晋时，传说吴淞江上浮起两尊佛像，背上有佛名，吴县信士把佛像迎到了重元寺。唐朝改寺院名为永泰禅院，宋朝始改为静安寺。寺院的原址在吴淞江（今苏州河）北岸，因江水波涛冲击，危及寺基，乃于南宋嘉定九年迁至这里。有一次从地铁站出来，站在南京西路上，他笑嘻嘻地指着脚下说，这下面就是静安寺著名的"涌泉"，传说此泉昼夜沸腾，状似温泉，又名海眼，深可通海。至抗战起，涌泉停止了吐泡之声。抗战胜利后，又疏浚涌泉，并在泉旁建一印度阿育王式梵幢。1966年9月，梵幢被毁，涌泉被填没。

　　从清朝起，每年的四月初八，静安寺浴佛节，四众云集，车水马龙，形成有名的静安寺庙会。"三月三到龙华（看桃花），四月八到静安（逛庙会）"成为上海民俗。六十多年前，喜欢市声到听不到电车声就睡不着的张爱玲，和姑姑住在这繁华商业区的公寓。她喜欢逛静安寺庙会。她脚踩青布鞋，身穿玫红色的"闻得见香气"的布旗袍，踏过红尘，挽着胡兰成，慢慢走到静安寺路192号6楼，再换上布拖鞋。这旗袍、这布拖鞋都是从静安寺庙会上买的，因为胡兰成说喜欢，她总是穿着它。

静安寺的东北角不远处常德路公寓（当时叫赫德路），她与姑姑住在6楼605室，转角是宽大的弧形阳台，张爱玲最喜欢在这里俯瞰静安寺路，傍晚看"电车回家"——一辆衔接一辆，像排了队的小孩，嘈杂、叫嚣。深夜，"百乐门"飘来尖细的女声"蔷薇蔷薇处处开"。年轻的张爱玲热爱繁华与闹市。胡兰成在《今生今世》里写道："第二天我去看张爱玲。她房里竟是华贵到使我不安，那陈设与家具原简单，亦不见得很值钱，但竟是无价的，一种现代的新鲜明亮几乎是带刺激性。阳台外是全上海在天际云影日色里，底下电车当当地来去。张爱玲今天穿宝蓝绸袄裤，戴了嫩黄边框的眼镜，越显得脸儿像月亮。三国时东京最繁华，刘备到孙夫人房里竟然胆怯，张爱玲房里亦像这样的有兵气。"

但二十年后，历经沧桑的张爱玲完全过起了隐士或者苦行僧式的生活。她伸手关门，在洛杉矶的闹市里如同住进了深山，完全进入了如僧人般闭关静修的生活。这几十年里，她经历了失婚、离乡、打胎、贫困，丈夫瘫痪在床，她独自写作撑家，烦恼即菩提，不磨不成佛。长的是磨难，短的是人生。她在文字中修行，一字字一行行如同念经，最终她修成了自给自足、自我吐纳系于一纸一笔的近似僧人的生活。也许她比住在山里的僧人还要简静，不见人，不与外界接触，与极少人保持着书信联系。台湾的水晶写道："她的起居室有如雪洞一般，墙上没有一丝装饰和照片，迎面一排落地玻璃长窗。""张女士的起居室内，有餐桌和椅子，还有像是照相用的'强光'灯泡，唯独缺少一张书桌，这对于一个以笔墨闻世的作家来说，实在不可思议。我问起她为什么没有书桌，她回说这样方便些，有了书桌，反显得过分正式，写不出东西来……"

由于搬家频繁，身外之物，张爱玲几乎全部丢完，她还剪了头发，几乎不穿鞋子。林式同第一次见她，写道："她送我走出办公室，在门口向我挥手致别，我走了几步再回头看时，她还是含着笑，站在那儿，透着飘然出世的气氛，这时我才发现，她脚上套了一双浴室里用的拖鞋。"还有一次，在她公寓里看到过她的背影，林式同写道："这次我注意她戴假发，而那双浴室拖鞋还是留在她的脚上。"其实她已经在很早之前与这个世界作别了，那些物质的累赘她丢完了，然后，她丢自己的头发、衣服、鞋子，她几乎是一无所有，而她又拥有了最富足平静的精神。也许早年静安寺的梵音在晚年时为她敲响，不断回旋，色即是空，空即是色，索性早早开始丢掉物质的累赘，最后这具皮囊也是四散而去，她平静而去，在月圆之夜。

与女儿住在上海的那几天，每天早晨出了酒店，在静安寺边的小公园里转悠。想那年轻时的爱玲一定经常在夜里听到静安寺的诵经声吧，或者嗅到过空气里沉沉的梵香。或者，她应该和胡兰成到静安寺里为自己的爱情祈过福；或者，她在那个大阳台上独坐时，一定经常望向这里。心里竟是一阵乱，不肯再想下去。"墙壁上一点斜阳，如梦如幻，两人像金箔银纸剪贴的人形。"1944年，张爱玲与胡兰成结婚，婚书上写："胡兰成张爱玲签订终身，结为夫妇，愿使岁月静好，现世安稳。"有点像决心书，对纷乱的世道同仇敌忾。张爱玲却有"对人生的坚执"，她说："那时你变姓名，可叫张牵，又或叫张招，天涯海角有我在牵你招你。"

静安寺边有个小巧的静安公园，公园一角有静安八景园，静安古寺历史上曾经有过的八景浓缩在这里："赤乌碑，陈朝桧，虾子潭，讲经台，沪渎垒，涌泉，芦子渡，绿云洞。"除了埋在南京西路下的涌泉，还有一株陈朝桧，据说是从寺院里移来的，看上去郁郁寡欢的样子。《上海志》记载，静安寺有两株桧树，为陈朝祯明时所植。北宋时，媚臣朱勔绘图进呈，有旨遣中使取之。时中使欲毁山门运出，一夕风雨震雷碎其一，另一随迁寺时移植，明初尚存。

每天早晨转完静安公园，回来时都要经过静安寺，晨光乌蓝，寺院的红门紧闭，地铁口涌出一股股漫漫的人流，涌到寺院门口突然四散而去。只见一个高挑而瘦的女孩，身着桃红旗袍，在寺院门口默默站立。我从侧面望去，吃了一惊，那侧影像极了张爱玲，好像她从那幽深的地下回到了人间，来寻找自己的青春时代了，这静安寺可是她前世的第一站？

"时间变得悠长，无穷无尽，是个金色的沙滩，浩浩荡荡一无所有，只有嘹亮的音乐，过去未来重门洞开，永生大概只能是这样。"我想着她的句子，再一回头时，竟然只有空空的大门，不见了那桃红旗袍的女子，我使劲地眨眨眼睛，疑心自己看错了。这时吱呀一声，静安寺的大门拉开了，那个我曾经看到的扫地的僧人，像是被风吹着飘然出门。他的身后是千重万重的金黄色的大殿，更远是水泥丛林黑嘘嘘的大怪物一样静默地趴在四周，远处梅龙镇广场、恒隆广场的香水味道随风袭来。我有一种迷乱感，直瞪瞪地看着僧人脸上带着恍惚的笑，进入地铁口中，大地像是长开了大口，吞没了他及一切。

请喝了这杯
梅花茶吧

石窟寺 ◎

我生于腊月，我妈说我出生时，天朦胧放亮，窗外赶早集的牛车叮当作响。在一阵阵剧烈疼痛中，她嗅到窗外那株蜡梅发出的阵阵幽香。她忘记疼痛，对身边傻呆呆站着的父亲说，快到院子给我折几枝梅花来。等父亲捧着一大捧幽香彻骨的梅花回来，我已经在哇哇大哭，母亲自己起身在血泊里剪下了脐带。她像做针线活一样，灵巧地用中指与食指一挽，在我的肚脐上系了一个好看的结。这结是我与她亲密相连的通道，从那一刻就被她掐断了。我七个月后就离开了她，开始了一生的漂泊，我怨恨她，在内心也自怜着自己。直到她晚年，我已步入中年，我们才和解，当然这是后话。

　　我妈说，我小时候，头发乌黑，圆眼睛明亮，很是健康，就是偶染咳嗽，总是无法痊愈。她每年冬天都摘蜡梅花阴干，放在箱里。我咳嗽时，用开水煎服，几天喝下来就好了。大哥手烫伤也是用蜡梅花研成末拌到腊月冻过的狗油里，拭涂几次，即可痊愈。后来我离开了谷社寨，槐树营没有梅花，得了中耳炎吃药总也不见好，其实蜡梅花兑冰片研末也是可以治愈的。这是母亲后来唠叨的。她不在我身边，自然无法照顾得周全，关键是那棵蜡梅也不在我身边。

　　我四十岁的生日是在石窟寺过的，和一群诗人。那天石窟寺里蜡梅盛开，我站在梅花下，笑弯了眼睛，好像那一树繁盛的花朵都是佛祖的特意安排。近日，我独自经常到小区湖边的梅林里散步，蜡梅那清冽的香气让人忘尘。当日做一梦，梅花树下，放了几块青色的石头，其色温润，莹洁干净，润泽的光泽像是有一层水雾罩在上面。我一块一块地看，然后，出来两个字："玉想。"是石头想变成美玉，还是所有的玉都想回到石头？这个时候，一阵风来，梅花花瓣像鸟的翅膀一样张开，然后，带着一股清澈的香气落在石头上。墨绿配金黄，美得惊心。远远的一个穿古装的女子在唱着小曲，细听，可以听到词：

　　　　阳春二三月，杨柳齐作花。

　　　　春风一夜入闺闼，杨花飘荡落南家。

　　　　含情出户脚无力，拾得杨花泪沾臆。

　　　　秋去春来双燕飞，愿衔杨花入窠里。

醒来，我直挺挺地躺着，回忆着这首凄婉的诗，怕一翻身自己就忘了（有人告诉我梦醒时不要翻身，否则会忘记），觉得这首完整的诗不像是梦里所得，应该是古诗十九首里。

2015年冬天，陪某人去石窟寺，蜡梅树下站一僧人，着灰袍，背对我似在诵经。我走近，他抬头，我们几乎同时惊呼："你在这里？"他是相国寺的监院释源玄，前些日子，我还到苏州去寻过他，想想着在这石窟寺里见面。他说他带泉州的开元寺师父们来开封，顺带就到了石窟寺，不想与我有缘。

石窟寺初建寺称希玄寺，唐初改称净土寺，到宋朝改称石窟寺。红尘紫陌，荣枯沧桑，不变的是洛河奔流、黄河浩荡。建此寺院的应该是北魏皇太后胡充华。她自小与姑姑在一起，受姑姑感染，笃信佛教，一生中数次转折都化险为夷，她认为是佛力加持所致。北魏王朝惯例，为防止妇人干政，立太子时必杀其母，因而皇后、嫔妃无人愿生太子。她在佛前发愿，愿为皇帝生子，即使舍命也在所不惜。后来宣武帝宣布废除立太子弑母的诏令，她冒险成功。

胡太后，北魏宣武帝嫔妃胡充华，安定临泾（今甘肃省镇原县郭原乡）人。孝明帝元诩生母，孝明帝立，尊为皇太后，两度临朝听政。性聪慧，多才艺，后为权臣尔朱荣所杀。能诗，存一首，即乐府诗《杨白花》。

我听师父讲到《杨白花》，心下一惊。连忙拿出自己记录的梦中之诗给师父看，他莞尔。"太巧了，就是这首。"杨白花，北魏名将杨大眼子。其武艺出众，相貌魁梧。其时正孀居的宣武帝妃胡

充华，即临朝称制的胡太后，与之发生私情。杨白花惧祸，逃奔南方梁朝，改名杨华。"胡太后追思之不能已，为作《杨白华》歌辞，使宫人昼夜连臂蹋蹄歌之，辞甚凄断。"即是此首诗。

"你说这世上什么东西最难调伏？"师父亲手为我斟茶。他的茶茶汤红亮，犹如蜂蜜，在阳光下明亮地晃眼。

今年冬月不冷，但石窟寺的蜡梅还是在大雪日就盛开了，一直在想念着寺里的梅花。今日得见，还是和师父一起，心下大乐。

我刚刚读过《金刚经》，就胡诌道："人心最难调伏呵。"师父点头。梁武帝时修寺甚多，"南朝四百八十寺，多少楼台烟雨中。"但当他把自己建寺的功德向达摩表功，达摩淡淡地说："没有功德。"两人话不投机，达摩只好一苇渡江而去。

北魏除了大兴寺院，还开凿石窟，洛阳的龙门石窟、大同的云冈石窟、巩义的石窟寺都是北魏时期开凿的。整个洛阳城里大大小小的寺院竟达一千余所，其中尤以胡太后所建的永宁寺为最。学佛要求诸内，这些皇帝太后却求诸外。"肉身真常，不自恭敬，却崇土木，实为颠倒。"师父说了两句《楞严经》里的经文。

我似懂非懂，频频点头。师父交我一个信封，里面竟然装着十几颗蜡梅种子。"是寺院里这棵蜡梅的种子，到春日用温水浸泡二十四小时，种入院子里。"

说完，他径直走出院门。我一直注视着他的背影，盼望他能回头看我，但他浑然不觉，那消瘦的背影一会儿就消失在冬日的庭院外。一朵梅花嗒地落在我的肩膀上，看到素心圆瓣，仍如初放。一缕幽香，如同她的魂魄，在我鼻息间缭绕。我低头，一地金黄的腊梅花，想起母亲说蜡梅可治久咳，还可治中耳炎和烫伤，随蹲在地上捡起落花，一会儿就拾了一小袋子。

　　说来也稀罕，夜有梦，在石窟寺蜡梅树下与人清坐。他隐约咳嗽，我捡拾一地落花放入布袋，然后取十几棵花瓣泡茶。他轻啜一口说有新鲜的刨木味道。我望着他点头。喝第二道时，他说茶中添了幽凉还有辛香的刺激。此时梅花细蕊在水里起起落落，好像一场奢侈的花雨。花下人恍若旧识，从始至终他的眼睛没有看我，只看着茶里的梅花。我认得他，早在很久很久以前，久到我已忘了自己是谁。在漫天花雨里重逢，然后别过，不动声色经历又一世的轮回。"平生有债都还遍，只欠梅花数行诗"，"别后相思空一水，重来回首已三生"。而这个与我一起喝梅花茶的人，是不是我前世的亲人？

达摩挑着自己的草鞋向西

空相寺 ◎

　　我的养父，他已经去世三年了。十月初五的早晨，我突然醒来，再也无法入睡。他站在我的床前，下垂忧伤的嘴角，狠狠地向下撇着，两手扎着腰，像活着时一样，咖啡色的毛衣扎进腰间，眼睛向上，看着天空。

　　突然，他拉着我的手，掉下眼泪。像小时候，无数个黄昏一样，他喝了两杯酒，雾一样的薄暮让他开始忧伤怀念他的前妻，这种隐秘的感情他不能透露给妻儿，只有来找我。我是他与前妻生活的见证者，曾经我与他俩组成一个小家庭，在洛阳延安路那个平房里，过着神仙一样的小日子。她，他的前妻，人长得美，削肩长脖，双目含情，披着一头乌发、抱着脸蛋红润的我，这样美好的一家人，一定被他的工友羡慕的。现在，前妻已经嫁人，与他结婚八年不能生育的美人，一连给那家人生了三个儿子。他经常怀念她。

那时我也就五六岁，却已经知道了世界上有种无望的感情。我也不知道我为什么那样早熟，小小的人儿已经看透了大人们的心。

白天，他看我的眼神是挑剔的、甚至是厌恶的，我在祖母的宠爱下，任性霸道，爬高上低，完全没有他希望的女孩子的样子。他不喜欢我，我能感觉得到。他向我走来时，我都要躲开，甚至有一次他与我狭路相逢时，我钻进了草丛里，出来的时候，满头挂满了苍耳子。他回了下头，看到了我可笑的样子。我等着他来打我或者骂我，但他没有，他哈哈大笑，笑得弯下腰。我也只好跟着莫名其妙地笑起来。

黄昏是那样到来的。

先是一层苍苍的白雾从田野上升起来，白雾越堆越高，像一堵虚无的白墙。突然，这虚无的白墙倒下来，以极快的速度弥漫开来，田野在雾气里漂浮着，暮色随着雾气灌进我家院子，大榆树上开始冒着白烟。梨树的叶子颤抖着，好像被人拖进黑夜，她是不情愿的。

他从洛阳回来一般都是在秋天，他的妻子无法一个人干完地里的农活，他向工厂请假，他暂时成了槐树营的农民，有时是半个月，有时是二十天。花生从地里搬到院子里，玉米黄澄澄地铺满了院子，梨树上挂满了玉米，远远看去，像是黄金堆起来的一样。黄昏时，妻子会给他炒两个菜，他坐在梨树下孤独地喝酒，孩子们远远地看着他，汲溜着口水，没有人敢走到他身边。他喝完酒，像变了一个人，他会把他的儿子抱在腿上，给他读诗，他把剩下的菜让他的孩子们吃，脸上是和善的笑意。院子里的空气都变得柔软起来，蟋蟀在花生壳子下细细地唱起来。他会走过来，拉起我的手，这时天完全黑下来，他脸上强硬的胡子也隐藏起来，他开始无声地流泪，大滴大滴的热泪掉在我手上。我开始是恐惧甚至是惊异的，但他每天都这样，我已经习惯了，任他哭着。最后，他把头抵在我脸上，好像我不是他女儿，而是他的妈妈或者妻子，他的眼泪弄湿了我的脸。

他离开后，我的脸总是黏糊糊的，我跑到脸盆前，认真地洗了脸。

就在11月26日凌晨，我清楚地看到了他。他哭得像个孩子，他一生浸在"求不得苦"里，他爱他的第一个妻子，但她从他身边离开了。他爱他的儿子，但他在八岁那年死去了。最后，他活在酒里，他成了一个地道的酒徒，嗜酒如命，喝完酒的他成了一个泪人，他哭着、喝着，像是失意潦倒的孤独的诗人。就在这个清晨，我突然感受到了他的苦，我甚至为他的悲凉所击倒。在黑暗里，他的一生像电影胶片一样从我眼前掠过，我开始流泪，最后放声大哭。

我几乎一夜无眠，早晨看到三门峡的博友旅人在发微信，是空相寺的照片，是达摩祖师诞辰的纪念大会。

空相寺是达摩始祖圆寂之地，我几年前去过，那时候寺院还破败着，只有达摩灵塔在土坡上耸立着。一位穿灰蓝色僧衣的人坐在塔下合目打盹。他指着屋檐下大约三尺的一个檐缝让我看，说有一条大蟒蛇曾经在这里待过，是他和邻居大道师父共同的邻居，它一直盘绕在屋梁上。有一次，它在师父的屋梁上露出胳膊粗的一点尾巴，他推测说它可能有一丈多长。又有一次，在屋檐下读书，它就在书桌上面的檐隙里吹气，那个气吹得呼呼响，好像一个肚子里满是委屈人的喘息，但它始终不肯以全身示人。他说达摩的灵塔在冬天的黄昏会发出古琴的声音，呜呜咽咽的，让人神思昏沉，摇摇欲睡。

他看我听得十分有兴致，就又说道："有一年冬天，大雪封山，他在达摩殿里打坐，听见门外有响声，似有脚步由远及近，他心里打了个妄念，想这样的雪天动物也要避风雪，如果走进来可以让它避一避。正这么想的时候，外面的来客似乎能通他的心念，脚步就移到路边的小洞去了。第二天，风住雪停，门前雪地上有脚印大如盘子，既不像老虎，也不是野猪。"

空相寺引起我兴趣主要是因为达摩。据说，达摩是南天竺国香至王的第三子，刹帝利种姓。当他东渡来到中国，先是在南京与梁武帝意气不和，一苇渡江后，到嵩山少林寺，"面壁而坐，终日默然，人莫之测，谓之壁观婆罗门。"达摩在中国始传禅宗，"直指人心，见性成佛，不立文字，教外别传。"佛陀拈花微笑，迦耶会意，被认为是禅宗的开始。

之后，他与弟子继续传法，最终因中毒不救而死。葬于熊耳山下，起塔于定林寺。但是又传，在他圆寂后三年，魏使宋云自西域回国时，又在葱岭遇到他。见他手携只履，翩翩独逝。当时宋云问他："大师到哪里去？"他的回答是："回西天去。"宋云回朝立即将此事报于皇帝。皇帝闻之，命人挖开达摩墓塔，只见只履空棺，方知大师已脱化成佛，遂将定林寺更名为空相寺。

晚上，我独坐灯下继续翻看微信，看到旅人又发空相寺纪念会现场照片，一眼就看到参加纪念大会的净业寺的洞彻尼僧，她的双眼清澈明亮，像山中溪流，见之忘俗。好像她的一双眼睛已洞彻了人世所有色相。旅人在诗中唱道：

> 洞彻，洞彻
>
> 回来的路上，我默念这两个字
>
> 恍惚中，站立不稳
>
> 一个貌美如花的女子
>
> 斩去青丝，在青灯古佛前洞彻人生虚相
>
> 爱情虚相，万物都是假有
>
> 她的眼里没有忧郁
>
> 为什么我却饱含热泪
>
> …………

我读着诗，看着洞彻的眼睛，不知为何，昨夜夜半的惆怅再次袭来，在达摩诞辰的当夜，我却恍惚中看到养父，这其中有什么神秘的联系，是祖师哀我、渡我？让我洞彻生命的幻相，了脱生死之轮回？

　　我一时怔忡不明，但我感觉到，有一股清流从我胸中激越而过，胸中怨气已经涤荡干净，只留下一丝又甜又酸的回忆，仿佛空相寺上空熊耳山上的白云，来去无定，也如一声声梵唱，在远山上缭绕。

禅枝堪清烦恼障
僧昧顿悟菩提心

以人衔渡空相李为
乙未冯傑

寻 道

只 缘 身 在 此 山 中

雨声潺潺，
就像你在诵经

香积寺 ◎

来西安时，身边带着美国汉学家比尔·波特的《空谷幽兰》和《禅的行囊》，犹记读完《空谷幽兰》后，时时有山林之想。这次来终南访寺，是我几年来的向往。来西安的第二天，楚人与天律都有事情，我探头看了看窗外，春雨淅沥，似无停时。我决定独自去离住处最近的香积寺。

说起香积寺，不能不提大诗人王维，他在其著名的诗篇《过香积寺》描绘："不知香积寺，数里入云峰。古木无人径，深山何处钟。泉声咽危石，日色冷青松，薄暮空潭曲，安禅制毒龙。"与我喜欢的陶渊明相比，王维是个不彻底的隐居者，他一生也没有像陶渊明那样决绝地辞官，做个农民。他半官半隐，在终南山购得宋之问的蓝田山庄后，更名为"辋川别业"，还作诗道："不到东山向一年，归来未及种春田。雨中草色绿堪染，水上桃花红欲燃。"从此，打马过南山，在长安与终南山之间往返。王维常年素食，到晚岁则更加严格，《旧唐书》说他"斋中无所有，唯茶铛、药臼、经案、绳床而已"。王维中年丧妻后终身未再娶，史称"三十年孤居一室，屏绝尘累"。岑寂的独身生活，唯有到林泉中寻乐。特别是在经历了安史之乱的惨痛遭遇后，他感叹"一生几许伤心事，不向空门何处销"，彻底皈依佛门。可以想象他经常会到沿途的寺庙拜佛，香积寺是净土宗的祖庭，他也许流连更多。

雨声潺潺，香积寺里寂然，我独自撑伞踱进寺院。小径幽深，梵音阵阵，我先到大雄宝殿上香礼佛，看到经案桌边告示要重修坐禅堂，心生随喜，便随手捐了一张钱。这时，一着青色僧衣的僧人从我身边擦身而过，风姿潇然，飘飘欲仙，他信步雨中，也不撑伞，风掀起僧袍一角，露出黑色的裤角。然后向西过角门。蜡梅已经残败，但枝头仍有梅花挺立，不减盛时风姿。善导大师的灵塔在寺院的西北角，风里塔角的铎铃泠泠作响，更显得周遭宁静。雨繁密如注，院子里的桃花在雨里静静地坠落，落花盈地，香气怡人。看塔人见我准备绕塔，连忙冒雨来给我开了塔前的小门，还悄悄告诉我说："你可以绕七圈，回向你的家人。"有一棵玉兰树就长在塔的西北角，我第一圈走到她跟前，她的花骨朵微微打开，好像刚被雨声惊醒，等我绕完七圈，定睛再看她时，她已经开放。

这个叫宽明的僧人看我在花前流连，招手让我进小屋子暖和，小屋里佛龛上供着一幅壁画，宽明指着壁画上的两个人问我："你知道他们是谁吗？"我摇头。宽明说："那个站在云端里的就是善导大师，那个向他致礼的就是日本净土宗创始人法然上人。"他翻出案上的书指到一页让我看。"一夜梦紫云大起，遍覆四海。云中出无量光，光中百宝众鸟，翩翩飞散。时予陟高山，有一高僧，出于云中，住立吾前。予即敬礼，瞻仰尊容。腰下金色宛如佛身，腰上缀衣如寻常僧……""这可是法然上人自己写的，他做梦梦到善导大师了，梦里善导大师授之以法。几年前，寺里来了几百个日本人，给寺里带来了几箱子经书，还捐了善导大师的塑像。"看我听得认真，宽明絮絮讲开了："善导大师访道绰禅师时，正逢玄冬之首，寒风凛凛，旅途重重，风飘落叶，填满深坑。乃入中安坐，一心念佛，不觉已度数日，忽闻空中有声音说：'可得前行，所在游履，无复挂碍。于是忘疲出坑，至道绰禅师之玄中寺开始学道。大师念佛之精至，达到口念阿弥陀佛一声，即有一道光明从其口出，百声千声，光出亦然，所以后世称他光明和尚或者终南大师。'"

我说我想起来这个善导大师了，我故乡洛阳的龙门石窟里的卢舍那大佛就是这位法师监造的。敦煌千佛洞中《观无量寿佛经》曼荼罗的成立，即是善导大师亲自作画，流传于世。我说的这些，宽明显然不知，这回轮到他呆呆地望着我。

从塔院出来，雨似乎更大了，我只好站在塔西边的寮房长廊里避雨。烟雨空蒙，举世苍茫。塔前的紫玉兰还打着花苞，更远处的终南山已经被云雾吞没。雨声打在瓦檐，淅沥不断，如珠玉滚动，泉水奔流。我站在这寂静的寺院，体会到独立苍茫的孤独与安静，好像那滴滴春雨，皆是梵音，片片落花，皆是法身。这终南山里初春的上午，让我生出出尘之心。我开始理解那些一辈子都坐在寺院诵经的人，在某一时刻，望着落花满地，烟云四起，他们也许都会看到自己的内心，那无边的孤寂与满足。

进门时看到的那个着僧衣的修长身影再次出现在蜡梅树下。他背对着我，口里喃喃有词，我以为是在诵经，听到的却是王维的诗。"木末芙蓉花，山中发红萼。涧户寂无人，纷纷开且落。"（《辛夷坞》）"文杏裁为梁，香茅结为宇。不知栋里云，去作人间雨。"（《文杏馆》）他也许刚刚做过早课，对着春雨落花，竟起了诗思。大自然的一切都是那样清寂、静谧，既生灭无常，又充满无限生机，无牵无挂，无缚无碍，一任自然，自由兴作。佛门里的人通过美也得到了解脱。

我望着他，希望此刻他能走近我，谈谈那个共同喜欢的诗人，听听塔角上滚落的春雨，但他读完诗后，竟然穿过竹林，径直消失在长廊尽头，留我呆呆地站在花影里……

鸠摩罗什隐进了竹林

草堂寺 ◎

路两边的桃花和美人梅隐在雨里，美人如花隔云端，又如国画里晕染的水彩，氤氲空灵。那杨柳含烟拖翠，依依相送，左手的终南山隐在雨雾里，一会儿缥缈无形，一会儿露出黛颜。通向草堂寺的路上几无人烟。楚人开着车，双眼恋恋望着窗外，突然像是想起了什么似的，说："青青姐，我两天前做过一梦，梦里之景与眼前之景如此相似，都是桃花江水，阡陌青青，寺院清寂，石壁龛佛，金刚菩萨立于两道，遇人拱手襄礼，目视一笑。我当时觉得奇幻不真，不知何意。却原来是因你要来长安，我有感应呵！"我看看身边已相识八年的朋友，彼时见他，他刚刚毕业，眉目清俊，如松生

090

幽谷；八年之后的他沉着多了，细看已经有了白发如星，时光的沧桑让人不忍相视。我亦不敢问他眼里的我是不是老了许多，我们只能默然相对，那飞逝的时光如头顶上的闪电，一时间照得心口如雪一样又惊，又凉。

草堂寺在西安之南的终南山下，此番经了雨洗，更显清幽。我们一进寺院就被两棵高高的玉兰树吸引了目光。满树的玉兰花像停满了白翅膀的鸟儿，正振翅欲飞。夜雨打落了一地玉兰花，如雪覆地。正在花树下留恋，只见一僧人，到水池边接了满钵，步履拘谨，小心翼翼地端着向寮房走去。他那郑重的样子，让我以为他在干一件特别重要的事情。到了寮房前，他复又蹲下，在一小碗内注了少许，我趋步向前，施礼问道："这是干嘛用？""给猫喝的。"这位叫宽成的师父看我对此等琐事有兴趣，说：他在寺外碰到了一只流浪猫，他叫了几声，这猫随脚跟进了寺院，到寺院后就卧下不走了。宽成走到哪里，它就跟到哪里。宽成夜里读经，它就躺在蒲团边打盹。说话间，一群猫从寮房里向外探头探脑，宽成笑着指其中那只尾巴特别蓬松的，"就是它，这些都是它生的娃。"宽成说他从山东到终南山二十年了，住过茅棚，也云游过十来个寺院，到草堂寺时间最长，算来也有七年了。每一个寺院他都是做饭，打柴。他说最喜欢到山里打柴。春天打柴最快，那些发芽的都是不好折的，那些枯黑无动静的都是可用的柴，有的轻轻一折就断。山里有花看，还有鸟叫。秋天也好，山里有许多野果子，总是装满了身上。有一次圭峰下背柴走迷了路，突然遇到一个长得很好看的村姑，一直把他领到山下，等他回身道谢，却只见峪口满树桃花，不见村姑。他揉了半天眼睛，觉得像是做了个梦。

我在大雄宝殿拜佛，老觉得有一双眼睛在看我，犹如一道月光一样清澈。回头看时，只见廊下坐一年轻法师，他叫宏修，刚从佛学院毕业，我说自己也在学佛，但也常常迷茫。他说道，我和你一样，这是功夫不到。功夫到了就是浑然相忘，无法可讲。比如有僧问曹山："朗月当头时如何？"曹山说："犹是阶下汉！"僧说："请师接上阶。"曹山说："月落时相见。"月亮落了如何见呵，那就是心中非空非有。我似懂非懂，只是连连点头。我问鸠摩罗什舍利塔在何处，他和宽成都指一个角门。楚人和我出了角门，只见千顷新竹，滴清摇露，连空气也骤然成了青色的。一条小路在竹林里蜿蜒蛇行，把我们引到了一个井边。修得高高的井口正神奇地冒着白烟。"你俩真有福气，这两天雨大，也许是佛菩萨的加持。"不知什么时候宽成已经在亭子一边，"我怕你俩找不到舍利塔。喏，就在那里。"

鸠摩罗什是我十几年前在甘肃武威就知道的。那时我困在西域，不得回中原，经常忧伤思乡，几乎抑郁。有一天在武威采访，在北大街看到一座古塔，就坐下来呆看。一位老人说这是鸠摩罗什舌舍利塔。"他在咱这儿弘法十七年，圆寂后嘱咐把舌舍利藏在武威。今天不巧，下过雨后能看到五彩佛光。"老人身上有一股莫合烟味。让人想起童年时夜雨敲窗，奶奶唤我在油灯前为她点烟，我迷迷糊糊起身，对着跳跃不定的油灯为她点烟，那蓝色烟雾的味道。一时间，眼睛起了雾气。老人只当我是因佛光感动。他说："我看你慧根深具，说不定也与佛有缘。"因缘奇妙，十几年后竟

佳萬
在
閒衣
音
筜 修
乙
箇玉
於秋
藤
圃
堂

馮
刻本
超
然

然在西安草堂寺拜见高僧舍利塔，真是因缘殊胜呵！鸠摩罗什被吕光困在后凉，弘法十七年，又被后秦皇帝姚兴迎至长安，于圭峰山下逍遥园中千亩竹林之心"茅茨筑屋，草苫屋顶"，起名草堂寺。鸠摩罗什到草堂寺时已经五十八岁，以后的十多年岁月中，他凝心静气，只做一件事情，就是佛经的翻译，共翻译经籍九十四部四百二十五卷，直到公元413年在草堂寺圆寂。

我发着呆，雨浥轻尘，杨柳含烟。春雨里的草堂寺呈现了迷离朦胧之美。我们不知不觉走出了寺院。在门口迎面碰上了宽成，他满面含愁。"师父，你怎么了？""刚生几天的一只小猫死了。"他声音里满是悲戚，我这才看到他手里提着小铲子。他指指墙角，"刚刚埋了。""出家人不是了脱生死吗？""我眼看着他生下来，小眼睛亮晶晶的，我凑近，他就吃我的手。唉，不知道为什么，说死就死了。"他摇着头，头上的白发，和雾气绕在了一起。不俗即仙骨，多情乃佛心。到底是血肉之躯，他修行日久，也在生离死别面前无法淡定。那么在这样的雨天里，我突然想起远方那个静默的人，是不是也不算罪过？

我这样想着，兀自笑了，楚人悄声说："这个情节我梦里也有，真是神奇！"

　　顺着永泰寺右边那长长的石块铺就的甬道一直向上走，路开始倾斜着伸向密林里。竹林瑟瑟，树影摇晃，一股小溪流从少室山的子晋峰里流下来，在树丛里时隐时现。鸟群栖藏在密林里，看不见它们跳跃的身影，但能听到啾啁不定的声音，使这山谷平添了几分幽静。

　　她，屈玉荣，一个把自己的身心性命都投在这永泰寺的女子，就住在这山谷里。此刻，她低着头在擀面，旁边的案板上放着即将入笼的馒头。这些白莲花一样的馒头，酵母在面里正奇妙地蠕动，这些被手揉过的面团有着甜得沉醉的味道，好似即将开缸的米酒。

西沉的阳光从方形的窗棂里射进来，她被浸泡在金波里。地上堆放着土豆、豆角、萝卜、葱、冬瓜，还有放在布袋里的面粉、米、粉条、小米、苞谷糁，大多是居士们从各地背到寺院里的。她是这山谷里的母亲，孩子们的老师。每天，她都要花几个小时在这高大空阔的厨房里给永泰文化家园国学班的孩子们做饭。厨房对面的一排平房即是国学班的教室，而旁边一个不足十平方米的小房子，则是她和母亲的住处。

她一边做饭，一边竖着耳朵听这十几个孩子背诵《弟子规》的声音。俊利的声音甜甜的像是露珠，国峰的声音嗡嗡的像是风刮进了缸里，小珠最小，声音还奶声奶气，像小羊咩咩叫。面条擀好了，撒上玉米糁，散放在案板上。她开始切胡萝卜丁，再把木耳和豆腐也切成碎丁。这时馒头已经在蒸笼里发出香甜的味道，厨房里水汽弥漫。屈玉荣掀锅，水汽里馒头长大了不少，像是大雨过后暑热的池塘，白莲花灿灿怒放。她捡起四个，郑重地放在托盘上，出了厨房，穿过月门进了寺院，上了台阶，到皇姑楼里，恭敬地放在香案上，跪下。口里念叨："三位皇姑，好好闻闻香气，这是今年新麦馍呵。"

她仿佛听到明练公主笑嘻嘻调皮地说："姐姐放下就是，等我扫花烹茶，玉成韵事。"这位明练公主，是南朝梁武帝萧衍的女儿，出家后，法号总持，拜佛教禅宗初祖菩提达摩为师，和道育、道副、慧可为达摩四大弟子。明练生卒不详，其圆寂后，在子晋峰下建造墓塔，塔碑为赫询望所写。她是佛教禅宗第一女僧，因明练得名的明练寺，是佛教禅宗第一女寺，即尼僧祖庭。那个面容幽静的转运公主则开口赞道："女子难得有禅气，贵在卓然有丈夫气，玉荣你一人修得二气，可不敬哉？"这位转运公主是北魏文成帝时，崇佛入山，在此结庐修行。"清昼闲帘，炉香茗碗，再有玉荣居士这白莲朵朵，可谓满室春风矣。"永泰最具公主气质。屈玉荣在这二十年里无数次地看到过她。北魏永泰公主的父亲宣武帝和哥哥孝明帝在洛阳的后花园嵩山都有离宫，永泰随父兄到此，萌生出家心愿。为满足妹妹的心愿，孝明帝诏令为妹妹敕建该寺，并允许她"兼度庶女等百人为尼"。

永泰寺，寺内牡丹被昨天一场雨雪打落一地，落红如血，惊心动魄。只有几株仍然开着，屈玉荣折得九朵送于众女友，大家如奉神明，小心地捧着。那硕大幽香的牡丹沾了佛光，散发着让人惊艳的美丽。皇姑楼供奉着三位在永泰寺出家的公主，转运、明练、永泰都是慧根深具的人，能从皇宫到嵩山里，青灯长卷，木鱼禅心，然后自度度人，实在让人感佩。深吸花香之后，我们都祭拜了三位公主，把牡丹花恭敬地献上。

院内永泰寺大雄宝殿前，有一棵奇异的佛树——娑罗树。树高二十多米，树形俊雅，风神洒落。我们来时正是春深之时，娑罗树郁郁苍翠，像历史上一代代尼僧清影跹跹，心静影寂，气质独然。此树一一铭记，并把所有的秘密潜藏于心。这株娑罗树，据传是公元521年永泰公主出家为尼时，手捧树苗，亲植于此。娑罗树枝有七叶，花如小塔，花形如豆，白如绒，气芬芳，花能泡茶。此刻，娑罗树上结满了青色的花骨朵，状似葡萄。坐于娑罗树下石凳上，春雪后的寺院无人迹，静无声。耳边回响的是《红楼梦》中惜春判词——《虚花悟》："将那三春看破，桃红柳绿待如何？把这韶华打灭，觅那清淡天和。说什么天上夭桃盛，云中杏蕊多。到头来谁把秋捱过？则看那白杨村里人呜咽，青枫林下鬼吟哦，更兼着连天衰草遮坟墓……似这般生关死劫谁能躲？闻说道西方宝树唤婆娑——上结着长生果。"

夜宿永泰精舍，精舍位于寺院一侧茂林中，是屈玉荣居士家族在修葺永泰寺后修筑的，一侧临幽静的山谷，西望子晋峰、望都峰。人与万事万物都是因缘和合，奇妙难言。1991年7月，屈玉荣到少林寺游玩，偶然从当地朋友那里听到"永泰寺"的名字，便来一看，这一看如电光石火残垣断壁，刺痛内心，便心生大愿，要修修这座公主出过家的千年古寺。她把自己早年做生意的二百多万元全部投了进去，1996年一期工程竣工，修复了山门、天王殿、中佛殿、皇姑楼、围墙等主体建筑。后期又贷款上千万元，全又都砸了进去。接下来又开办了永泰寺国学文化学习班。她是老师、是组织者、是厨师、是服务员。她为大家做着、笑着，平常得像姐姐，高贵得像公主。

晚上我们在永泰斋房吃素斋，她招呼之后，坚决离去，说要去陪国学班里的十六个学生。众人快要宴毕时，她匆匆赶来，看到盘中食物未尽，她举箸自食，吃尽。众目睽睽，她亦自若自在。盘里最后剩下的一小点油饼，她也边小心用纸包了，边说："拿回去，国学班里的孩子们晚上吃。我不能看着餐桌上剩下一点食物，须要吃净才是慈悲。"食毕，顶着升起的月亮，参加学员们每天的晚课。众人似乎都能明心见性，坦陈自错。课毕，已是晚十一时，月上中天，如水银泻地，银光乍闪，四周树影如藻，一地花荫。冷风飒然，夜鸟惊啼。在茶房沏上娑罗花茶，一股木香袭来，壶里那如佛手一样的白花在沸水中复活，望之如雪。被寒气浸得缩在一起的胃，在花香的抚慰中慢慢舒展。心灵亦如此。

"国色天香绝世姿，开逢谷雨得春迟。"牡丹花也叫谷雨花，是花卉中唯一一种以节气命名的花。第二天一大早离寺至洛阳，直奔国花园。大门口落红一地，牡丹不禁昨夜雪，美人难捱明日灯。再向前走，看到大片盛开的牡丹，锦绣团簇，姹紫嫣红，像一群端庄自持的美人。花美惹人狂，唯有牡丹真国色，花开时节动京城。一脸如枯槁的老翁，躲在花丛里，让亲人拍照。其态让人既笑且敬。一白发苍苍的老太太也蹒跚着走入花丛里，如少女一样偎在花前。那些平日里沉醉功名的男士们，竟也在花丛里流连忘返，好像这个世界上只剩下看花是最重要的。所有人都有着恍惚的笑，像是微醺的人，为着名花而迷乱晕眩着。只要花开着，就值得我们继续活下去。

我做梦，一大朵牡丹嗒地落下来，稗书上说，落花如斩首。梦里的那朵花掉下来，完整得如在枝头，但到底是落了。不像与众友在洛阳看的牡丹，一地落红，散乱无章法，只是颓唐在地，如红颜凋尽的妇人，有着不可言说的绝望与反抗。第二天，众友皆散，空余我独守门前花草，心里回旋苏轼的词《南乡子·和杨元素时移守密州》："东武望余杭。云海天涯两杳茫。何日功成名遂了，还乡，醉笑陪公三万场。不用诉离觞，痛饮从来别有肠。今夜送归灯火冷，河塘，堕泪羊公却姓杨。"

苏轼说，他就是那只蜜蜂

南华寺 ◎

嵩山待仙谷里。当巨大的圆月从山谷里慢慢升起，谭盾的大提琴随之苍凉地响起来，几十个小和尚坐青石头上，用他们童稚的声音唱道："菩提本无树，明镜亦非台。本来无一物，何处惹尘埃。"那月亮在我的注视下，随琴声缓缓变缺，好像那一日少似一日的人生。大提琴低沉、缓慢，好像一个老人走在暮色苍茫的长路上，胸腔里都是风声。

自我学佛以来，也参禅问道，四处云游，还装模作样地背诵《心经》，诵读《金刚经》《法华经》，但日日诵读，却也还时时困惑丛生。某人看我那又苦恼又可怜的样子，说了一段公案：神赞悟道归来，有一天，业师在窗下读经，一只蜜蜂扑撞着窗纸想飞出去。神赞见此情形说道："世界如此广阔，不从空处出去，偏要钻故纸堆，何年才出得去！"他讲完，半天不语，让我悟。我实在冥顽，像块石头，风吹不动，并没有感觉。一时两人散去。

那天在韶关丹霞山，一直缠着要去南华寺，山主经不住我一说再说，就派车送我们去。一路上岭南风物殊异，虽然清明时节，已经有些燠热，树叶子都像手掌一样大小，在风里自在摇摆。樟树、菩提树与水松是南华寺三种最有名的植物，南华寺黄色的墙体藏在高大的香樟树林里，那些绿沉沉的香樟看上去有几百岁了。据说慧能大师开坛时，经常会有老虎之类的猛兽前来听经，伏在大师面前，温顺如小儿，就连前庭的那一棵香樟树也听得入神。当六祖慧能圆寂的消息传来时，曹溪那只常来听经悟道的伏虎也长啸呜咽于山林，以后再也没有了踪影。那棵香樟树也日渐憔悴，没有了当年的华彩。树犹如此，人何以堪？寺院里游客不多，树荫匝地，凉意袭人，好像与外边的红尘是两个世界。

想当年六祖初赴湖北黄梅谒见五祖弘忍的时候，即问："居士从何处来，欲求何物？"慧能说："弟子是岭南人，唯求作佛！"五祖遂命他随众劳动，在碓房舂米。后来他听到师兄神秀所作之偈"身是菩提树，心如明镜台。时时勤拂拭，勿使惹尘埃"，作了著名的四句偈："菩提本无树，明镜亦非台。本来无一物，何处惹尘埃？"他以这四句偈语而得禅宗代代相传的法衣。六祖殿内供奉着六祖、憨山和丹田和尚的不坏肉身。殿内外人头攒动，无法近身，我只好在殿外举香深拜。

记得有一天，我和某人在闲谈的时候，就说起了苏轼与禅宗。说到五十九岁的苏轼再次遭贬，南迁途中，经曹溪南华寺。见到六祖慧能真身，苏轼不禁老泪纵横，作《南华寺》："云何见祖师，要识本来面。亭亭塔中人，问我何所见？可怜明上座，万法了一电。饮水既自知，指月无复眩。我本修行人，三世积精炼。中间一念失，受此百年谴。抠衣礼真相，感动泪雨霰。借师锡端泉，洗我绮语砚。"

苏轼已老，白发萧疏，立于六祖庭前。面对着六祖真身，泪如雨下。大半生的际遇，文才冠天下，到头来，失去了什么，又得到了什么？"我本修行人，三世积精炼。中间一念失，受此百年谴。"苏轼如此总结自己生平并不是空穴来风。早在杭州时，苏轼曾与朋友参寥一起到西湖边上的寿星寺游历，苏轼环视后对参寥说："我生平从没有到这里来过，但眼前所见好像都曾经亲身经历过似的，从这里到忏堂，应有九十二级阶梯。"叫人数后，果真如他所说。苏轼对参寥说道："我前世是山中的僧人，曾经就在这所寺院中。"此后，苏轼便经常到这所佛寺中盘桓小憩。

元丰七年（1084年）四月，苏轼在抵达筠州（今江西省高安市）前，云庵和尚梦到自己与苏辙、圣寿寺的聪和尚一起出城迎接五戒和尚，醒来后感到很奇怪，于是将此梦告诉了苏辙，苏辙还没开口，聪和尚来了。聪和尚说："我昨天晚上梦见我们三人一起去迎接五戒和尚了。"苏辙抚手大笑道："世上果真有三人做同样梦的事，真是奇怪啊！"

不久，苏轼的书信到了，说他现在已经到了奉新，很快就可以

蟬與禪一席之隔
乙未秋天於聽荷草堂馮傑

同大家见面。三人非常高兴，一路小跑赶到城外二十里的建山寺迎接苏轼。苏轼到了后，大家对他谈起了三人做相同梦的事，苏轼若有所思道："我八九岁时，也曾经梦到我的前世是位僧人，往来陕右之间。还有我的母亲刚怀孕时，曾梦到一僧人来托宿，僧人风姿挺秀，一只眼睛失明。"

云庵惊呼道："五戒和尚就是陕右人，一只眼睛失明，晚年时游历高安，在大愚过世。"大家一算此事过去五十年了，而苏轼现在正好四十九岁。前世今生的故事总让人感叹，苏轼在杭还写过一篇《僧圆泽传》，说的是最著名的"三生"传奇。惠林寺住持圆泽临终前告诉李源缘分未尽，十三年后中秋夜，天竺寺见。十三年后，月圆之夜，李源如约到来，他四处张望，寻找那可能熟悉也可能陌生的身影。远远的，有个牧童骑牛而来，边行边唱："三生石上旧精魂，赏风吟月莫要论。惭愧情人远相访，此身虽异性长存。"李源热泪盈眶，他知道那就是圆泽，来和他相会了！他猛地起身，想上前和老友叙旧，忽听牧童又唱道："身前身后事茫茫，欲话因缘恐断肠。吴越山川寻已遍，却回烟棹上瞿塘。"歌声未散，不知所终。

许是岭南多雨，也许是寺院内树木繁密，南华寺内石头上都结着青苔。那些带着小脚的青苔还悄悄地沿着石缝爬上了树身。我一路独行向寺院后边走过去，远远看到那高过屋顶的几棵大水松，许多游客挤在那里掬水喝。上书"卓锡泉"三字。

苏轼曾题写《卓锡泉铭》并序，铭中感叹："祖师无心，心外无学。有来叩者，云涌泉落。问何从来，初无所从。若有从处，来则有穷……"我站在树下口诵碑文，想九百多年前的子瞻曾经坐泉边，也许我亦踏着了他的脚印。此刻我看到一位青衣男子跪在地上，泪眼蒙眬，他说："我前世就是在此修行的。"他不断地叩头，不断地祈祷。没有人知道自己的前世从何处来，更不知道自己今生向何处去。

据说虚云和尚的前世是憨山，虚云晋院的那一天到各个殿堂拈香礼拜说法，老和尚在憨山大师肉身像前拈香礼拜的时候，他的法语是这样说的："今德清，古德清，今古相逢换了形。法运兴衰听时节，入林入草不曾停。"憨山大师的法号是德清，虚云老和尚的法号也是德清。当年憨山大师以一个"服刑者"的身份去中兴南华寺，把六祖道场振兴起来。虚云老和尚重修南华寺的时候，六祖曾三次托梦召他。1934年，虚云前来主持南华寺的重修。1943年，工程接近大成，他交移弟子，自己又前往乳源主持云门寺的修复去了。五年之后，他又将本焕禅师请来做了南华寺的住持。

归来时，从寺院边小路上走回来。这条小路上全是高大的香樟和榕树，旁边是一尼寺，寺门紧闭，门口一树三角梅正艳如火焰。三角梅边是一大荷缸，缸里的白莲俱放，香气怡人，沁人肺腑。我正看得出神，却见刚才那个寻找前世的青衣男子正失魂地走在尼寺边的小路上，我望着他伤心的背影，想若真如他所言，这小路上的古木也许见过他的前世吧。他那拓落的身影，好像经受着前世灵魂的牵引，我看着，也不由得沉思起来。

走了半天，也有点累了，就坐在尼寺门边的青石上休息。这时，我看到了一只蜜蜂，嗡嗡着想从窗口飞出来，但窗门半掩，它徒然地撞击着，我一时心疼，就顺手推开窗户，小家伙嗡的一声飞了出来，电光石火间想起了那禅诗："空门不肯出，投窗也大痴。百年钻故纸，何日出头时。"再看那小蜜蜂，早消失在苍茫绿色林间，举眼望去，只有雾霭烟岚在飘荡……

应无所住而生其心 国恩寺 ◎

冬青树正在褪着老叶子，枝头鼓起了嫩芽，这使树看起来有点疲惫。高大的木棉树正在开花，硕大艳丽的花朵"嗒"的一声落下来。同行的海燕说，岭南人会拾木棉花，阴干后煲汤喝。木棉清心败火，这是三月底的岭南，空气湿答答的，看不到明丽的重生一样的花朵，我第一次觉得南方的沉闷。三年未见良人，偶尔会在微信上问候，总是微笑不语，知道我四下访寺，遂让车带我们去云浮的新兴县看国恩寺，"六祖生于斯，圆寂于斯，难得"。你叮咛着，不停地给我夹菜，好像我是个小孩子一样，可自己并没有吃什么，只是好脾气地呵呵笑着，我像个得宠的孩子一样向你讨书法。

雲臥蓮宮經寫色
空騎鶴雲去竹雨
甚風亂
馮傑記

"写什么呢?"你看定我问道。"'妙法莲华'吧。"去国恩寺路上,司机交给我你的书法,还散着好闻的墨香味儿,一幅"妙法莲华",一幅"出尘"。

我一路想着"云浮"两个字,觉得奇异,一个天才诞生绝不是悄无声息罢,六祖出生的地方,名字就很虚幻,云浮,青空下的云朵,载浮载沉,来去自由。就像他在《坛经》上讲的:"若见一切法,心不染著,是为无念。用即遍一切处,亦不着一切处。但净本心,使六识出六门,于六尘中无染无杂,来去自由,通用无滞,即是般若三昧,自在解脱,名无念行。"窗外岭南的春天一片单调苍绿,不似中原的田野喷花吐玉,蒸腾起一片浓郁得化不开的色彩。正在遗憾间,国恩寺到了。走过曲折的放生池,国恩寺不同于别的寺院一样山门、伽蓝殿、大雄宝殿一路排列下去,我们是从侧边台阶拾级而上,几丛三角梅慵懒地开着花。小的山门就像六祖贫寒的出身不给人来势汹汹的压迫,亲切如回家门,进天王殿,抬头看门匾,却是武则天手书的"敕赐国恩寺",含写书法的武则天为何给国恩寺亲题匾额,来过此寺的艾云姐告诉说,因当时国师神秀经常在武则天面前提起慧能,讲他比自己悟高一筹,笃信佛教的武则天在神龙元年(705年)正月十五日,下诏书奉请六祖进京弘扬顿悟禅法,其诏书对慧能表达了十分尊崇的心情:"恨不赴陪下位,侧奉聆音,倾求出离之源,高步妙峰之顶。"同年,武则天与唐中宗又遣内侍薛简携带诏书抵宝林寺,召六祖进京供养。六祖以年迈足疾婉辞,并托薛简将祖传信衣袈裟呈送皇帝。武则天大喜,赐六祖故居寺额"国恩寺"。

六祖在宗教史上是个奇特的人物,几乎是个天才。老子、孔子和慧能，被称为"东方三圣人"，慧能与老子和孔子不同，人家是学者，他是个不识字的砍柴人，到了寺庙也就是个舂米的和尚，三岁丧父，家境贫穷，以卖柴为生。一天听人诵《金刚经》至"应无所住，而生其心"时，心有所悟。之后经人介绍往黄梅参学五祖弘忍大师。弘忍大师通过与他的对答看出他是法门龙象，为了保任他，让他到厨房舂米，后因要选继承人，五祖要求每个弟子都写一首偈语。当时神秀是教授师，大家都认为只有他才能有资格继承五祖的衣钵。故神秀只好写一首偈子："身是菩提树，心如明镜台。时时勤拂拭，勿使惹尘埃。"后来慧能也在神秀的偈旁边请人帮他写了一首偈："菩提本无树，明镜亦非台。本来无一物，何处惹尘埃。"五祖弘忍独具顶门正眼，传衣付法于慧能。造就了佛教历史上的一桩奇闻佳话。

在佛经里，《坛经》情节心理描写深刻，像是看一部电影，人物性格鲜明，画面感强烈，心理刻画富于张力，悬念重重。《坛经》写神秀与慧能出偈及弘忍传钵于慧能的经过生动细腻，动作心理曲折委婉，犹如小说情节，每每读来，总是破颜。等到南宗大势已定，《坛经》又像长篇随笔，言辞优美，佛理清澈，行云流水，读之忘机。我把这感觉告诉同来的海燕和艾云，她两个瞪着美丽的眼睛，同时轻声叹息。天五殿与大雄宝殿的院子里，花影婆娑，楹联：

　　　　花飞净界香成雨，月照禅心色是空。

　　　　鸟纵忘机知客到，云如有意带僧归。

　　　　壁立无尘云匝地，窗依有影月移林。

我们被楹联里的风花雪月里禅机所迷住，久久不愿移步。举目看到长椅上一黄白相间的猫在阳光下睡得香甜，好像这个世界是不存在的。风声、梵呗、鸟鸣，人影幢幢，都是不存在的，它伸展四肢，小脑袋舒服地歪着，一只尖尖的牙齿露在粉红的嘴唇外，好像在说"我的牙齿只是个装饰"，萌态可掬。我蹲下来，忍不住轻抚，它动了一下眼皮，似看非看，然后又闭目睡去。难不成这猫也听了六祖的开示，深深明白：菩提自性，本来清净；但用此心，直了成佛。

后院有高高的报恩塔，开始登塔时，微风不动，登到五层时，突然起风，塔角铃铎丁丁作响，犹如梵乐入耳。身体里的百节百窍都开了缝隙，我在这风里一浪一浪的梵铃声里想起慧能对门下弟子说："念念之中不思前境。若前念、今念、后念、念念相续不断，名为系缚。于诸法上念念不住，即无缚也。此是以无住为本"。这铃声也在不停地说前念、今念、后念，念念不住，即无缚也。

据说先天元年（712年），六祖感知阳寿不久，他命弟子速回新州国恩寺建报恩塔。建塔的目的就是要归藏佛舍利。报恩塔如期于次年夏落成。唐玄宗开元元年（713年）七月初三，六祖召集寺（宝林寺）中徒众："今年八月，我就要离开人世间……"到了初八，六祖又吩咐门徒说："赶快办理船只，我要回到故乡新州（今广东省新兴县）。"宝林寺的人们都哀求挽留。六祖说："有来必有去，这是事理之常。我这副躯体，终于要有所归宿。"

众人又问："正法眼藏，传付何人？"

六祖说："有道者得，无心者通。"

　　八月初三，六祖在国恩寺，刚吃过饭，便对众徒说："你们静坐下来，我就要离别你们了。后世迷人，假若识得众生，即是佛性，若不识得众生，万劫见佛难逢！"

　　六祖一再嘱咐弟子后，便端端正正坐在蒲团上，没过多久，说了一声："我去了。"

　　门徒循声走近一看，只看六祖眼睛闭上了，用手探一鼻息，六祖圆寂灭度了。

三天竺 ◎

三生石畔

麦子是杭州一小友，有一日，她在微博上找到了我，言说她在灵隐寺图书馆做义工时，看到了《访寺记——走进红尘中的隐士》（以下简称《访寺记》），一看放不下，就借阅回家细看，然后到微博上来寻我等。写字的人遇到这样的事情都如同艳遇一样无法抗拒，我自然满心欢喜地加她为好友，还约好去杭州了一起访寺。

这次去杭州，走之前与她相约，她列了好几个寺院，其中她特别强调三天竺。"这是遇到你作品的地方，一定要去。"那天在杭州百合花酒店等她，她穿着牛仔裤，高高的个子，皮肤奶白。我们坐汽车去三天竺。窗外是层层叠叠的绿，车子好像行走在大海里一样，从密密的枝条间劈开无边碧水，我轻笑，在杭州坐汽车也是好的。麦子在车上还絮絮地说："三天竺是灵隐寺的下院，灵隐寺的图书有时候要搬一些到三天竺，那天本来不去，后来不知为什么又去了，伸手第一下就摸到了你的书，这三个字如同磁石，一下子吸住了我。后来……后来就找到你了。"她笑，嘴角有两个小豆子一样的酒窝。"不过今天你去可能见不到师父了，寺院在做三坛大戒，师父们都忙着呢。""见不着以后再见，杭州我会来许多次的。"说着，就下车。

一条小溪从山上沿着路淙淙流下，其声清越。溪边几棵娑罗树正开花，白色的，如一个个小白塔高高举起来，香味一波一波地从树上涌下来，让人有点晕晕乎乎。麦子拉着我向坡上走，香林茶苑在望。刚刚进茶院，麦子就呀了一声，"师父，你怎么在这里？""我刚来两分钟，就是上来看看。""你好像是专门来等我们的啊。"麦子吃惊、兴奋得脸都红了。我看到一个比丘尼，嘴唇微厚，眼皮厚厚的，穿着海青，露出一截脖颈，她神态安详，正在书架边翻书。麦子拉我到书架前，我一眼就看到红色书脊的《访寺记》插在满架书的中间。此刻，我看这本书比任何时候看到都格外亲，好像在异乡突然看到了自己的孩子一样，我的心竟然也狂跳起来。打开书扉页上灵隐寺馆藏印章，赫然。"一想到自己写的书放在寺院里，就像看到自己葬在喜欢的山里。"脑子里不知为什么冒出这样的句子，单曲循环。心下如同一个黑暗里的人看到星光一样狂喜，我第一次为自己是个作者而骄傲，自己的书代替自己去了灵隐、三天竺这样清净庄严的地方，此生足矣。

　　吃了杯茶，宏明师父要下寺院去带受戒的尼僧们学习。我与麦子出门去看三生石。三生石就在香林茶苑门外一角，一片灰色嶙峋的石头，不起眼的石头上刻有红色的篆书体的"三生石"及《唐·圆泽和尚·三生石迹》的碑文，碑文记述着"三生石"之由来。

　　唐朝隐士李源，住在慧林寺，和住持圆泽交好，互为知音。两人相约去四川峨眉山游玩，圆泽想取道长安，从北部陆路入川。但在李源的坚持下，两人皆从长江水路入川。在路上河边遇到一个怀孕三年的孕妇。圆泽看到这个孕妇就哭了，说他就是因为这个原因不愿意走水路，因为他注定要做这个妇人的儿子，遇到了就躲不开了。他和李源相约十三年后杭州三生石处相见。

　　当晚圆泽圆寂，孕妇也顺利产子。十三年后，李源如约来到三生石，见到一个牧童唱道："三生石上旧精魂，赏月吟风莫要论。惭愧情人远相访，此身虽异性长存。"李源与之相认，牧童说他就是圆泽，但是尘缘未了，不能久留。

　　后来苏轼觉得这个故事有趣，又写了《僧圆泽传》，从此杭州天竺寺后山成为三生石传说中的确切地点。麦子说，前一段电视剧《三生三世十里桃花》热播之后，许多青年男女到这三生石上刻字，寺院为了保护石头，专门设了许多木牌，让大家刻字留念。我翻看了一下这堆在一起的木牌子，都是痴男怨女，情炽难捺，写下的不可信的情话。有的虽然幼稚，却也动人。很少有愿意与父母三生三世永远不分离的，看来人的情感中，情欲是最强烈的，尤其在年轻时候，情欲遮盖了亲情与友情，成了生命中最动人心魄的事情，"直教人生死相许"。

《红楼梦》也是从三生石畔开始的因缘故事。在第一回中写道，"只因西方灵河岸边三生石畔，有绛珠草一株，时有赤瑕宫神瑛侍者日以甘露灌溉"，"后因此草受天地精华，又加雨露滋润，脱却草胎木质，修成个女儿身，只因未酬报灌溉之德，故其五内便郁结着一段缠绵不舒之意。恰近日神瑛侍者凡心偶炽，意欲下凡。那绛珠仙子道：他是甘露之惠，我并无此水可还，他既下世为人，我也去下世为人。但把我一生所有的眼泪还他，也偿还的过他了。'"书中又说"因此一事，就勾出多少风流冤家来陪他们到人间去了却此案。"

我坐在三生石畔发了会儿呆，想起与远方某人交往中的种种神秘，不能不相信世间是有因缘二字。前几日梦中见了其母，她扯我衣襟，嘱我要对他好一点儿。其实，我对某人的情感已经超越了男女之情，更加广阔博大，似乎是疼爱，也不尽然。我从未与他讨论过，他不喜欢言尽，我愿意欲言又止，两人各自意会，更好。也许，我们前世是三生石上的旧精魂吧。

从香林茶苑到寺院要经过一小径，一只白猫双眼灼灼地看着我，它是谁的前世，又是谁的今生，可能我们曾经在某一空间相熟，有许多话没有来得及说，今日相见，皆当欢喜。我招手叫猫，它已经隐去。可能就在刚刚对视的一瞬间，万语千言已经倾诉。

三天竺也叫下天竺、法镜寺，是个尼僧寺院，也是杭州佛学院的女众部。今年正好是弘一法师在灵隐寺授具足戒一百周年，灵隐与三天竺都在举行一个月的三坛大戒，二百多名女性戒子在寺院学习仪规，接受戒律。我与麦子拜完菩萨，但听木鱼一声，经声如云

匾额：三竺空濛

鳥道不
過門此
馮傑記念
卓原

天四起，从月洞门款款走出身穿海青的戒子们，她们年轻清净，庄严美好，合掌缓行，目不外视。我无法听清她们在诵什么经文，但那清澈如梵的唱诵已经深深打动了我。院里游客也都庄重注目，各生欢喜。

唱诵完毕，她们如女学生一样涌出经堂，有个长相清秀的尼师俨然还是个姑娘，但她这一生不用生儿育女，侍奉丈夫，她只需要在这青山中，静坐读经，或者发呆，我不由羡慕起来了。能找个理由住在这样山泉清灵，密林相拥的山寺，安静地看云，喝茶，过了一生，是怎样的仙呀。

"我带你去一个更仙的地方。"麦子好像看透了我的心思，在三天竺用完素餐，我们沿着一个上山的小径，娑罗花一树一树怒放着，整个山谷里都是那洁净幽远的香味。每周一、三、五晚上，麦子都会到山谷里的杭州佛学院学禅茶。她满心欢喜地向我说起老师们优美的样子。因为麦子的一个师兄在佛学院读研究生，专业是佛教艺术，主攻雕塑，这样我得以和她一起进入佛学院。佛学院背依北高峰，四周环湖，远远学院杏黄色的墙倒影在水里。水里浮木上，龟安静地晒着太阳，青蛙在草丛里偶尔咯咯一声。一个僧人手持经卷坐于水边，安静如同入定。师兄徐旭明坐茶台后给我们倒茶，他嘻嘻地笑着，他说昨夜有个蚊子一直在他耳边嗡，他睡不着写了首诗。题目叫《警告》：蚊子，如果你再敢吻我，我就告诉你男朋友……我说："万一是个男蚊子呢？"我们一起大笑起来。屋子很小，一床一桌一个小小的书架，床头一个小小梅瓶里养着两枝纤弱的铜钱草，我们都说草太细弱，旭明说，正好，长肥了不好看，他会拔掉。床头有字，我说写得不好。还有一幅画，是个猫头鹰，像是个雏鸟，萌萌的。他说自己画这个是练习着玩的，画完就丢在了一边。有一天，在废纸堆里发现了，一看，用笔稚拙，但形神兼备，就留下来裱了。他带我俩去雕塑室，雕塑室在后山上，门前一棵茂盛的娑罗树，高高地护着院子，他的三位同学正在专心地做佛像泥样。我们进来，他们也没有抬头。

临走时，他送我一个他题有静心的团扇，上面一竹枝一鸟，鸟好像正张嘴鸣叫。"有鸟叫，如何静心？"麦子说，"有鸟鸣才静心。"我觉得两人在说偈语。他送麦子的团扇上画有两棵麦穗，一个重金色，一个淡黄，我说："还差半晌南风——""南风来时人已还。"旭明对。

旭明送我们下楼，几个僧人正在打球，旭明也不与我们摆手，立刻抢过球玩去了。好像我们不来不去，又好像刚刚喁喁私语都像被风吹走了，我们已经了无关系。倒是那个挂在大门棠棣树下的鹦哥突然开口给我们打招呼："你好，你好"。惊了我一跳。紧走几步，那明黄色的房子被树遮住，只能看见北高峰上的白云从山谷缓缓升起，好像刚发生的一切都是仙人一遇，虚幻不实。

何处无莲，
何处无青

青莲寺 ◎

　　我居住的小区，有一小片湖水，物业慈悲，种了半湖荷花，第一年布了半湖新绿，没有荷花。第二年零星地开起了花，碧叶上白玉杯高擎，风不来，端然不动。风来，也是从某一处开始摇，叶子轻轻翻卷起来，有点毛茸茸的白，风一过，叶子马上恢复平静，好像这世界上从来没有风声。不像我窗外的杨树叶子总是哗哗地响着，风都过去了，还在不停地颤动着。贵族与草根区别就是安静的程度。

　　许多年前去过青莲寺，那时还在媒体做旅游。参加旅游节，人群熙攘，每到一个地方都像是蜂群炸窝，忽尔成群，忽尔散去。时间久了，我恍惚把这个寺院记成莲花寺。记得寺在山腰，有上下寺之分，寺内的唐朝彩塑，丰润饱满，色彩明丽，令我倾慕不已。

和某人多次谈过这个寺院，我说晋城有个莲花寺，清幽古朴，不可不看。他平生极喜禅，说是定要前往。很多次要启程时，不料尘事牵绊，日日向后拖。直到这日，我远行归来，多日不见，随携手去山西看寺院。

去的那天正好是6月13日，农历五月初九。初夏的阳光清澈亮烈。由于走错了路，到青莲寺门口时僧人正要关门，一个僧人端着海青碗，黄澄澄的小米粥有幽香冒出来。"都关门了，没有啥看了哈。""我们走了好远的路，就是来看看这些老建筑和树。"他们互相望一眼，放我们走进去。院子里青砖老建筑在夕阳里轻轻地呼吸着，阴影里的青草舒展了腰身，几只喜鹊站在塔上点头。佛殿前的子抱母柏高高停在半空，一株撑出半天的绿云，一株枯槁已干，但因它们紧紧依在一起，却也无法判定这满天的绿云到底是哪一株的树冠。一个僧人正托钵而过，看我们举头观树，停下来说道："相传百余年前母柏枯槁，寺院决定次日将其砍伐。当天夜里，一株幼柏攀着母柏的躯干缠绕而上，紧紧将母柏抱住，寺僧见之，以为神意。就不再砍伐了"。

走过大佛殿，我们开始上山，山坡上一大片端午锦，又是粉又是玫红，烧成一片。我们在一片碎瓦砾上低头寻找着，瓦砾在阳光下折射出炫目的光波，好像时间碎了一地。我们在寻找时间，那些消失的时光，是被我们带在身上，还是埋藏在这瓦砾深处。就像我们爱过一个人，那种隐秘热烈的感情像火一样烧着心，甚至呼吸的时候，那空气里都好像有刺，从鼻孔扎到心里来。我们以为自己困在这样的网里无有时日，但，且慢，这种感觉会在时间里消融，甚至有一天消失，空气又安静下来，你重新看见了自己。那个过去的我已经碎裂，像瓦砾的碎片一样落在尘土里。

青莲寺分上下寺，古青莲寺叫下寺，与青莲寺相距一里地，在丹河岸边，古青莲寺比青莲寺年长近三百年。站在新寺看古寺，藏在山腰里的白色藏式寺塔若隐若现，像是仙境。我和某人沿着山腰的广济桥曲折向下寺走去。一股清苦芳香的荆花味道充满了黄昏，山路上迎面走来一个山僧，他扛着锄头，腰里的唱佛机正在轻轻念着佛号，他面色清和，一派安闲。再看，初九的新月就正好挂在他的锄头尖上，好像月亮带着他一起到山谷里去。我羡慕地望着他，一直看他到看不见为止。

下寺大门紧闭，我遗憾地对某人说："可惜来得太晚了，寺里的唐朝彩塑特别美，衣饰上的颜色还特别鲜明。那尊释迦牟尼佛肩披袈裟，头饰螺髻，面庞饱满俊朗，双腿自然下垂，坐在须弥座上。好像他结法印的衣饰还在飘动着，一阵风都吹拂到人脸上的。"他微笑道："这就很好了，这就如雪夜访戴，吾本乘兴而行，行尽而返，何必见戴！"我仍然嘟哝，他笑道："这些塑像一直都等在这里，如有缘，定会再见的。"

时间已近黄昏，我们站在下寺门口，浩浩的风从脚下的丹水上升，先是掠过碤石山上的青檀树，又拂过珏山上空的白云，最后吹彻我的身心。这风既有荆花的香气，又有山谷里各种植物喷出的清芬，让人尘襟荡涤，身心透明。寺院东部一堵山崖壁立，崖上平坦

如台，长宽各约丈余，相传是高僧慧远禅师注《涅槃经》的掷笔台，明朝王国光有诗云："高僧云卧到莲宫，台上传经写色空。落笔山头乘鹤去，老松犹响雨花风。"台南端建有款月亭，中秋之夜，登亭东望，皓月从珏山峰间冉冉升起，故而名为"珏山吐月"，亭内壁上还嵌刻有许多历代文人墨客赏月的题诗。初九的月亮已经在白云里游弋，让人想象中秋时满月清辉，把山谷盛得满满的梦幻之境。

往回走的时候，我仍在追问："你说皇帝赐这个寺院叫青莲寺，既没有看见湖水，也没有看见青莲花，为何以此命名？""你可真是个呆子，何必见莲，何必见色呢？既有寺院，必有莲花，这莲花只开放在隐秘的地方，你既有缘来，即是青莲，也可能是白莲呢。"一句话惊醒梦里人。世界是心的幻影，心存莲花，处处净土。我等愚痴，执着表相，非从寺院寻出个青莲来，才能安心。

是夜，宿晋城，梦里碧水万顷，荷叶田田，清芬揖人，忽听耳边人语："你可去过青莲寺，见过慧远？"待我抬头，满池都是青莲花，并不见人。我耽于这罕见的青莲，嬉戏其中，忘记归路。"花中迷路，月下忘归，这样的人可能学佛？""耽于美与读经效果一样，都是忘我呀！"我梦里隐约听到有人替我作答。我恍惚知道是故人来到，与我同游，句句知心，清芬弥漫，我亦先醉了。一怔，醒了。窗外，夏雨淅沥，天快明了。

承天寺 ◎

世间再无张怀民

　　那夜月亮极好，遂起兴到湖边走走，一个人绕湖，荷香沁鼻。初秋新凉，桂子欲放，已经有隐约的香甜在空气中飘散。忽有斯人可想，想起他心里一片寂静。这样淡得近乎于无的感情也许会在这喧哗的尘世里长久保存下去吧？"古今交道纷然，唯一淡字可久。"他总是淡淡的，淡到他好像不存在了一样，也许他只是奔着长久，才刻意求淡的。我说他是矫情，他说这是他的习惯。好吧，最后竟然依了他，好东西慢慢地品尝，就这样保持着若有若无的友情吧，像小溪在林间自在地穿越，云卷云舒，去留无意，这也许才是生命的最高境界。

有时也会任性起来，看到月亮就想像子瞻一样欣然起行，寻张怀民，"相与步于中庭。庭下如积水空明，水中藻、荇交横，盖竹柏影也。何夜无月？"年龄越大，能寻到一起看月亮的人越少，这样风雅的事情也就想想而已。但"承天寺"这三个字牢牢地印在心里，好像它代表了一种人世间的心意契合，默然相通。

那年在银川，也是中秋节前，清晨六点火车到了银川，几个人先在街头吃了热乎乎、香喷喷的牛肉面，然后在这个塞北的城市里转悠。空气既干燥又清冷，皮肤突然紧起来，像是有婴儿的小嘴巴在吮吸。我们转悠着，就这样在绿树林里看到一座塔，比嵩山的嵩岳寺塔还要高，但没嵩岳寺塔宏大，像宋塔一样秀美轻盈，向着虚空的天空倾斜着插入。大家走进院子里，竟然是个寺院，一位僧人正在花池里打田畦。他的脚边放着青萝卜、油白菜的种子袋，他自己专心得几乎把身子贴到土地上，用手指细细捻着碎土。

"种菜干吗？"我没话找话。"种菜自己吃，不劳上街去。"他笑，看也不看我一眼。"修行是不是在山里最有效果？""如今无处觅深山，但得心闲即闭关。"他终于抬起头来，一张看不出年龄的脸，脸上少有皱纹。"这承天寺可是苏东坡的承天寺？""姑娘差矣，张怀民住的承天寺在黄州（今湖北省黄冈市），子瞻一路贬向南国，从来没有到过塞北。"我们频频点头。僧人放下手里的活计，直起腰，捶了几下说："西夏国，你们知道么？西夏建国皇帝李元昊死后，皇太后没藏氏为了'幼登宸极'的小皇帝李谅祚祚江山常在，历时五六年修建了承天寺和承天寺塔。"

又是一个女性亲修的佛寺！读经书，知北魏的胡太后大修永宁寺，武则天用脂粉钱铸卢舍那大佛，这个没藏氏也是亲力主持修承天寺。女性之身躯柔弱，精神也较男性脆弱，特别当野心像火焰一样腾腾燃烧时，会需要一种神秘力量的支撑。无独有偶，她们都自然地靠近了佛教，以发愿修建佛寺佛塔来获得佛力的加持，使得她们更加理智与坚定，以期在政治与权力的角逐中获得胜算。

没藏氏，党项族美女，原为西夏大将野利遇乞之妻，后西夏皇帝李元昊见其貌美动人，便与其私通，并大加宠幸。野利皇后听说后，连哭带闹，李元昊只好令没藏氏出家为尼，赐号"没藏大师"。没藏氏随李元昊出猎，在两岔河边的营帐中生下一子，以河为名，取名宁令两岔（党项语，宁令为欢嘉之意），后改名李谅祚。后没藏氏兄妹挑唆太子行刺李元昊，然后借刀杀人，除掉太子。李元昊死后，没藏氏兄妹将未满周岁的李谅祚推上皇位，是为夏毅宗。没藏氏因两度出家，故十分好佛，从天祐垂圣元年（1050年）开始，不惜耗费巨额资财，动用大批人力，兴建规模宏大的承天寺。当时被奴役的兵民多达数万人，历时六年才告完工。

李谅祚年幼，没藏氏主政，与两个情人皆好，二人出入后宫如入无人之境。没藏氏"先私于守贵，复与吃多已通"，有了新欢、忘了旧爱的做法，令"守贵忿"（《西夏书事》）。没藏氏遂被旧情人所毙。

《红楼梦》里，一僧一道告诫灵性已通凡心正炽的灵石："凡间之事，美中不足，好事多磨，乐极生悲，人非物换，到头一梦，万境归空，你还去吗？"顽石曰："我要去。"无数人和这块好奇的顽石一样，向着这个充满欲望的世界奋力而去，经历繁华凄凉，最终一切成空。徒留下黄土一抔，残塔几座，石像默然。太阳底下无新事，人类生生不息，如戏台上的演员一样纷至上台，又倾盖而逝。

那年在银川盘桓很久，还在影视城见到了我敬仰的作家张贤亮，并激动地与他合了影。他高大、儒雅、帅气，还有一点公子哥的不羁。他的眼神是漠然的，像是猛兽的眼神，目光向着遥远的地方，面对一切都不置一词。镇北堡影视城，悬挂着一幅张贤亮的书法《弥勒菩萨偈》。里面还有一尊弥勒的佛像，两边的对联是："满堂珍藏不及身心康泰；万千事业何如家室平安。"横联为"常乐我静"。2013年，他接受某报记者采访时说："平复内心冲突的是佛教，一切皆空，佛说要破执，佛教真能安人心。"

十岁之前的张贤亮，生活在上海租界的花园洋房里，晚年的张贤亮回忆少年生活，就像一部电影的开头。"晚上，吱呀一声，大门缓缓开了。汽车在铺了砂石的路面上缓缓而行，两边的路灯一下子雪亮，整栋房子也都亮了。进门了，有人给你换鞋，有人给你换大衣，有人给你一个手指头一个手指头的摘手套……"

晚年的他拥有了自己的影视城，有了上亿资产，隐居在西北的荒原里，一个叫镇北堡的地方。再往前，是森林公园、西夏王陵和贺兰山。晴天的时候，从他的四合院里能看到钢蓝的贺兰山脉，会有几朵白云停留在山顶上一动不动。四十年前，他就在那里的山坳坳里坐牢、放羊，忍受饥饿，对自己的命运百思不得其解。

2014年九月的一天，张贤亮因肺癌去世，终年七十八岁。在他患病期间，作家郭文斌不时选一些古人句子给他，比如相由心生、境由心造一类，让他调动心能，战胜病魔。他回信："无心何来相，无心何来境，无生无灭，四大皆空，方能欢喜！"

日子飞快，转眼就是白露，黄栾开出寂寂的花朵，荷塘翠微一夏的荷开始颓然，蝉悄然退场，蟋蟀的声音也开始零落，中秋将至，月到天心处，风来水面时。一般清意味，料得少人知。我在自己的诗歌中写道："走在园子里的人，如同漂浮在荷叶上的水滴。没有什么人与事值得自己想起，也没有想要说出的话语……"那青年时不断伤害我的月光，开始澄澈明亮，我将跌落那浩大的银光里，默默体味这终将寂灭的人生。

香严寺 ◎

竹林里的秘密

　　荒野无声，寺院庄严，圆月高悬，竹林飒然。一青年僧侣徘徊在月亮下，他的影子被月亮一会儿拉长，一会儿缩短，就好像胸中那秘密的波涛一样汹涌，下落。

　　这荒凉的人世藏匿着多少秘密。谁也说不清，因为每个人在暗夜里低头时，都能看见身后长长的阴影，那些不能为外人道的秘密，在无眠长夜里闪亮，就像月光在彻夜照亮人间。很多秘密也只有一个人慢慢品味，有的秘密在后世被风与月一直流传。

　　这个在淅川香严寺月下徘徊的青年就是后来的唐宣宗李忱，李忱是宪宗第十三子，他在穆宗长庆元年（821年）三月，被封为光王。文宗常赞他敏而好学，宽厚仁慈，有王者风范。这样的赞誉对颖王李炎来说，无疑是眼中钉、肉中刺。范文澜在《中国通史简编》上说，李忱为了保全性命，少年装傻、扮痴，躲过了杀身之祸。为了韬光养晦，公元840年，曾制造一个谎话，"堕马而亡"，在太后的帮助下，迅速以假棺发丧，李忱则逃出死地。

会昌六年（846年），武宗李炎驾崩。李忱以皇太叔身份被朝臣迎回长安，登基称宣宗。李忱出逃的七年时间，究竟待在哪里？

这一切，只有现立于香严寺的一块石碑能够作答。碑文记述了李忱躲避追杀，逃至香严寺在智闲禅师处做沙弥的过程。撰文者还一并指出，正是因此，宣宗成为香严寺的护法神，指月处也正是宣宗在此活动的主要地带，故又名"宣宗殿"。

《香严寺志》记载：当年李忱在香严寺拜智闲禅师为师时，智闲"击竹悟道"，已很有名气。他想试试李忱的志向，就将李忱带到寺院周边游历。

他带着李忱来到香严寺龙王泉西边玄太沟口，此地有一瀑布，高约30米，水从山口飞流直下，宛如一匹白布面朝东方朝阳，因而得名"白布"，美景至今仍存。

智闲指着瀑布说："千岩万壑不辞劳，远看方知出处高。"

李忱会意，应声道："溪涧岂能留得住，终归大海作波涛。"

智闲点头。他已试出弟子的远大志向。

李忱承继大统后，成为晚唐罕见的明君，其统治的十三年，成为晚唐罕寻的承平之世。在晚唐众多皇帝中，他声誉最高。《资治通鉴》评价："宣宗性明察沉断，用法无私，从谏如流，重惜官赏，恭谨节俭，惠民爱物，故大中之政，讫于唐亡，人思咏之，谓之小太宗。"

明君李忱的胸中装着香严寺一万吨月光和几千顷竹林的清响，自然会时时恭谨天地，爱护百姓。没有经历过孤单与恐惧的人无法替别人感同身受，只有在寂静与荒芜里拷问过自己灵魂的人才知道痛苦刺入身体的凛冽。那香严寺的月亮直指人心，替一个皇子收藏着无法言说的秘密。而梵音也沾着月光悄悄地改变着骄傲皇子的心性："诸恶莫做，众善奉行。自净其意，是诸佛教。"宣宗当皇帝后，还常念"野鹤孤云"，这是"天下至精者至粹者"才拥有的品格。佛经上道："应以帝王身得度者，即现帝王身而为说法。"《清雍正碑记》记载："由是天下伽蓝，皆以关夫子为护法，唯香严寺则以唐宣宗代之护法。"

1997年夏天参加第七届黄河诗会，在香严寺住了一夜。是夜，天气奇热，诗人住的文殊菩萨殿没有窗户，没有电扇。只好坐在寺庙院子里摇着书本说话，最后又搬到两个房子之间的过道里喧哗，至凌晨不休。正在睡意来袭时，突然有人报告，女诗人妮子晕倒了。一行人手提着灯，穿过一大片竹林，来到一个独立的小院，感觉像是幽静的潇湘馆，妮子躺在木床上，脸色苍白，神色忧郁，一如黛玉焚诗之绝望忧伤。院子有一棵千年的皂荚树，暗夜里沉沉如盖，如一团乌云停在空中。那四周的竹林如溪水不断，淙淙铮铮，一片清响。回家的路上，竹影如藻，纵横交错。大家私语，妮子爱上一个诗人，但诗人此行却一直与另一女子亲近。妮子两天不吃不喝，终致晕倒。

竹林高過了塔
長成另一種
綠塔
乙未秋滿傑

这也是一个小秘密，藏在一个爱着的女子心里，滋味是苦涩悠长，比之一千多年前的皇子之殇一样让人思之怅惘。人世间的秘密果然滋味都是一样的，又苦又涩，无法下咽。

今秋来香严寺，特意沿当年夜行路线走了一遍，这寺院边小院赫然挂着淅川县香严寺文管所的牌子。因是长假，大门紧闭，院内的皂荚树如云如盖，院外的石墙上爬满了青苔。据说这小院就建在慧忠法师的无缝塔原址处。我在这个竹林包围的院子前站了许久，看到年轻的自己笑意盈盈，着青白相间长裙，在竹林里掬起溪水，笑声如铃铛一样洒了一路。秋阳已然西斜，蜂蜜一样的阳光涂抹在竹林的小路上，那些蜿蜒的小路消失在竹林深处，好像那些秘密消失在时间深处……

寺庙的屋顶上缀满了星星

　　夜里睡下，凉气破窗，只听得窗外蟋蟀鸣声起伏，好像我和广大无边的夜色一起睡在一个摇晃的世界里。后半夜，我突然醒来，却见窗棂上一片银白，好像覆盖了一层薄薄的白霜。我披衣起床，踱到院子里，夜色俱寂，天空一丝云彩也没有。想起那天和他站在月亮下的对话。

　　"为何看见月亮总要起思念之情？"

　　"吾心似秋月，碧潭清皎洁。无物堪比伦，教我如何说。"他念着寒山的诗。

　　"知幻舍离，为何如此之难？"

"迷人念佛生彼，悟者自净其心。所以佛言随其心净则佛土净。"

最后，我们在月亮下挥手作别。看着他渐渐远去的背影，也就是这个秋夜里的对话让我有了捧读《坛经》的想法，人与经书的因缘如同人与人的因缘一样。

这个秋天我都在读这本奇妙的经书，也深深被六祖那清净广阔的智慧所迷倒。"外离相为禅，内不乱为定。外若着相，内心即乱；外若离相，心即不乱。""外离相即禅，内不乱即定；外禅内定，是为禅定。"他从台湾给我捎来一盒凤梨酥，那凤梨酥的盒子上印着台湾诗人林亨泰的诗："有胖的轨迹和胖的太阳，有女人们在唱着胖的歌，有肥猪睡在胖胖的空气中，有香蕉有凤梨更有胖胖的水田。"这样热带水果的甜蜜，这样热烈的空气，还有他亲手买来的凤梨酥，我难道不是正在享受着世间最美好的感情，为什么还会有悲从中来的忧伤？我知道，我深知感情的虚幻与多变，知道这只是刹那的虚幻，我无法留住这样的美。我被梦幻泡影所击溃，我被如露如电的生命真相所伤害。我不知道还有什么神秘的精神可以支撑我抵御这尘世的风霜。

因了这盒台湾的凤梨酥，我躺在黑暗里，边聆听着秋虫蛰鸣，感觉大地随之起伏不定，边回想着几年前去过的中台禅寺。在耸立的青山里，车窗外似乎还有山樱在开放，高山杜鹃正在盛开，我舍不得收回眼睛，因为此刻是属于我的，也许明天就会消失，或者一场雨就会打落花瓣。再有几场南风，燠热的夏天就会来到。终于看到一朵紫金色的莲花开放在群山之巅，再看过去的时候，却是一位高僧，头戴莲花僧帽，端坐青山之间，低头打坐，深思诵经。有人说："这就是中台禅寺了，是台北101大楼的设计者——李祖原居士设计的。"寺外牌楼旁，有开山师惟觉大和尚题书："对上以敬，以恭敬心降伏骄慢；对下以慈，以慈悲心对治瞋恚；对人以和，以忍辱心化解粗暴；对事以真，以真诚心去除虚伪。"如好雪片片，不落别处，灌入心田。

此刻是二月初，中原还是河柳喑哑，草芽未吐，但这里已然如春天一样，到处苍绿嫣红。那天，天空微微飘起一些细雨，中台禅寺外的石阶被清洗得干干净净，嫩绿的草从石阶缝中窜出，仿佛能掐得出水似的。或许是因行善之地的清净，这些石头缝里的草长得异常茂盛，错落有致。

中台禅寺一改传统寺庙的平面空间布局，采用垂直的自然高耸，揭示了禅宗"顿悟自心，直了成佛"的顿悟法门，四大菩萨殿形成的群楼象征"悲智愿行"，朝山大梯意味着"因次第进"的修持法门。

让人吃惊的是这寺庙没有香火，只供鲜花。那些莲花、杜鹃和樱花摆在光洁的大理石面上，仍然散发着微微的香气。所有人都轻手轻脚，好像怕惊醒了正在合目打坐的菩萨。光滑如镜的地面上看得见每个人的影子，弯曲的灰色的，好像我们一瞬间已经进入了另一个时空。现代科技直接让佛菩萨们住进了楼房，我不知道那些微笑的佛菩萨是喜还是忧？我又想到"应无所住而生其心"，菩萨都是不着相的，住在有院子的寺庙与住在现代化的大楼里，都是一样的。

因是河南的首航团，禅寺的见允法师带着到游客不能去的九楼。一脚踏入，好像跌入太空，星斗闪烁，光芒让人目眩，一时间，大地山河，宇宙星月，都揽入怀里。疑心自己飘浮起来，青莲的诗句飘然而来："危楼高百尺，手可摘星辰。不敢高声语，恐惊天上人。"法师告诉我们，天花藻井上是光纤营造成的北斗七星，由激光折射出的星光映照在晶莹剔透的玻化地面，使人立身殿内俯仰都可见星光点点，宛如飘浮于无垠无际的宇宙之中，有种融入苍穹的绝妙体验。

这个禅寺让我又是吃惊，又是感慨。现代化这个怪物真是无孔不入，但我心里的寺院仍然是古树青苔，庭院深深，竹林影动，梵音阵阵。这样的玻璃幕墙，水泥钢铁让我的灵魂无法安顿。我回头看了一下这寺院，顺手翻了一下手里《百首佛诗选》，正好停在唐朝诗人常建的《题破山寺后禅院》："清晨入古寺，初日照高林。曲径通幽处，禅房花木深。山光悦鸟性，潭影空人心。万籁此俱寂，但余钟磬音。"一时间心醉神迷，恍若走入禅房花木深处，一池清潭里睡莲正在寂寂开放，万念皆消，心下清净欢喜。

回中原，我给他讲起了自己的感觉，他笑笑不语，给我讲起《红楼梦》第四十一回"栊翠庵茶品梅花雪"，贾母带刘姥姥来到栊翠庵参观品茶，妙玉爱干净，嫌刘姥姥喝过的茶杯脏，于是叫人把这只珍贵的成化窑杯子丢了，却给贾宝玉自己平时常用的茶杯绿玉斗，让宝玉喝茶。

《金刚经》上讲"无我相，无人相，无众生相，无寿者相"，就是讲修行人要无分别心。大家都知道，成化窑的杯子是非常珍贵的，妙玉却嫌弃乡下人脏而丢掉。她因在心里暗暗喜欢宝玉，才把自己平时喝茶的绿玉斗拿出来让宝玉用。妙玉的分别心太重，这就是妙玉的苦。

还没等他讲完，我就笑开了。"那座有古树修竹的古寺庙就在你自己心中。就如六祖所说'若见一切法，心不染着，是为无念。用即遍一切处，亦不着一切处……来去自由，通用无滞……'"

"好啦，今天回家就开始修自己的寺庙，放心啦。"他也只是笑笑，看着我不语。

莲上莲

峨眉山 ◎

　　"越王祠外花初放，更共何人缓缓行。"早读清人黄景仁的诗选，忽然就想起了峨眉山，想起那雨后初晴，山上翻滚变幻的白云，想起普贤菩萨那微笑低敛的眉眼，空山新雨后山里清凉如水的空气与鸟鸣。还有去成都路上芙蓉一路放花，娇媚温柔，让人痴醉。忽忽六年，我已在济源山居三年，女儿亦上了大学，想起那山中二日，如在仙境，何时可再与某人缓缓行与白云之上，遥听梵音，洗心清肺，得一日清闲，洗十年尘心。想着，不觉心驰眼热起来。看着远天上的流云，好像自己已经动念上路了。

　　在乐山大佛的寺院里，看到一位身穿黄色僧衣的僧人从人群中走出来，他分明是微微地胖，身姿却极其轻盈。他带起来一阵风，像是御风而行，从我身边飘然而过，我目光追着他，想把他拍下来。就在这定格的一瞬间，他跳起来，他的土黄色的僧袍的一角飞起来，他的脚像莲花的花瓣一样飞起来，他的肉身轻得如同一片树叶一样。这使他走路的姿势不同于任何人，他像是在飞，难道思想可以使身体变轻？

我们就站在乐山大佛的头颅边，他黑色的发髻有着印度的风格，巨大的身子面向着三江汇流。从西向东流的是岷江，从南向北而来的是大渡河，再远一点，可以看到青衣江，它在五公里处已经汇入了大渡河。三条江水在大佛脚下汇成一处，向长江奔去。据说这佛像是为了安澜镇灾而建的，也有研究者说是唐玄宗为了还愿建造的。据说年轻时的李隆基，曾梦见一巨佛坐于三江之畔远眺峨眉山。经人解梦，这是大吉之兆，预示着李隆基将得天下开创盛世。称帝后，为了感恩还愿，他启动了乐山大佛的修造。郭沫若的家就在青衣江与大渡河汇流的地方，他名字里的"沫"即自沫水，沫水就是如今的大渡河，"若"自现在的雅砻江。我到达乐山时是深秋的下午，帝王和诗人一起隐没在时间深处，只有江水滔滔，巨大的佛像披着青苔，站在石崖上，谁非过客，花是主人。

我们去峨眉山金顶的这天，天气极好，阴雨了一个星期的天开始放晴，天蓝得不像是真的，云海翻涌中姑娘们尖叫声不断。陪同我们的景区负责人说，你们太有福气，十到峨眉九次雾，许多人来峨眉山好多次，也不一定能看到金顶，这样雨后初晴的天气也是难遇。快到普贤菩萨金像时，我们看到了贡嘎雪山，雪山像峨眉山的背景一样在远方闪着蓝光。近处青山如黛，白云如梦，山上的树叶有的已经是彩色了，白云在山边翻滚着，不断地变幻着形状。一会儿如雪山壁立，一会儿如马群奔腾，一会儿又如大朵花朵撒满了山坡，青山在白云之下也是亦真亦幻。普贤菩萨金像面朝着这雪山、云海和青山，更加辉煌和庄严。在这旷世绝景的震惊中，我几乎是屏住了呼吸，犹如坠落在梦境，生怕一眨眼就像幻象一样消失了。金顶前面的四面十方普贤菩萨金像法像庄严美丽，笑容神秘可亲，最可爱的是其中一面金像脸上还有两个酒窝，这使普贤菩萨更具人间情怀。

我站在如梦如幻的金顶，听着寺庙里众居士正诵读《普贤菩萨行愿品》："……若诸众生，因其积集诸恶业故，所感一切极重苦果，我皆代受。令彼众生，悉得解脱，究竟成就无上菩提。菩萨如是所修回向，虚空界尽，众生界尽，众生业尽，众生烦恼尽，我此回向，无有穷尽。念念相续，无有间断。身语意业，无有疲厌……"那波浪一样的声音在云海里沉浮，那声音好像轻柔的羽毛在扇动，声音所抵达之处，无处不宁静美好，无处不清净祥和。我从那声音里竟然听出了祖母的声音，慈祥、温暖，为我抵挡着尘世的风霜，"念念相续，无有间断，身语意业，无有疲厌"。不知道为什么，听着听着，胸口有一股温热的水在升高，从胸口漫过心脏、喉咙、口腔、鼻子，抵达眼睛。

普贤菩萨，行愿无穷，分身尘刹，随缘教化众生。据史书记载：中国佛教古德拾得大士，是普贤菩萨的化身。拾得与寒山时往来，还常对人说佛法。但人不信，反而讥诮怒骂，甚至殴之。寒山对拾得曰："世间人秽我、欺我、辱我、笑我、轻我、贱我、恶我、骗我者，我该如何对他？"拾得答曰："那只有忍他、由他、避他、耐他、敬他、不要理他，再过几年，你且看他。"好吧，我在金顶之上，已经原谅了所有伤害过我的人，他们皆是帮助修行的人，烦恼即菩提，不磨不成佛。如果我们无有烦恼，那最后的清净又如何来到？

是夜，做了梦，因为特别奇特，遂记下。我梦到回到小时候的家，先是在院子里看到那棵百年老梨树，它还像奶奶嫁过来时一样年轻葱茏，它还像我小时候爬树时那样粗壮高大。等我回过身子，定睛再看时，老梨树不见了，再看时，梨树被劈走大部分，只有一小部分树皮带着树干直直挺立在那里，还开着一树的梨花。梦中，我大哭，号啕大哭，一直哭醒。叫醒的电话响了。自从梨树于2006年死于非命之后，我想起来就心痛，但从来没有梦到过，这次在峨眉山梦到，不知是何因缘。一路都在想，如果我不思念这棵梨树，那么它存在与不存在对我都是没有关系的，正因为我经常想念这棵树，那么它存在与不存在也是没有关系的。就像仓央嘉措的诗中写的："你见，或者不见我，我就在那里，不悲不喜；你念，或者不念我，情就在那里，不来不去；你爱，或者不爱我，爱就在那里，不增不减；你跟，或者不跟我，我的手就在你手里，不舍不弃；来我的怀里，或者让我住进你的心里，默然相爱，寂静欢喜。"

峨眉山上一直在想着成都，早年成都之行，一晃数载，白云苍狗，我亦不复是当初心境。事过境迁，缘起就是缘灭，缘生就是缘空。车将至成都，道路两边遍植的芙蓉花迎着秋风开得正盛，好像是越凉越美丽的倔强女子。不由得想起博友烟霞，烟霞的文字凛然而清凉，思想的锋芒时时让人起敬。就如同这缤纷的木芙蓉。正想她，电话来了，约在锦里相见。烟霞和我一样，从小城曲折进入省城，内心经过的磨难与痛苦，如鱼饮水，冷暖自知。救她的只有她的才华。但她是平静的，说着自己的经历时像在讲别人的故事。我看着单薄柔弱的她，无由地脑海里出现了周梦蝶的诗：

> 谁是心里藏着镜子的人呢
>
> 谁肯赤着脚踏过他的一生
>
> 所有的眼都给蒙住了
>
> 谁能于雪中取火
>
> 且铸火为雪
>
> …………

这时，我们走进了一家卖印度风格配饰的小店，名字叫莲上莲。进门我就被一个手工缀花的围巾吸引了，当即决定要买一对一样的围巾，送给烟霞。而且莲上莲这个名字也是极配烟霞的。我们在镜前试戴着蓝底缀花，咖啡色底缀花，最后选定了暖色。在冬天里围上这个围巾，我们都会想起彼此的吧。

坐上飞机，成都在夜里真正像宝珠一样放着奇异的光芒，我突然在想，那木芙蓉花应该叫莲上莲吧。

山下偶遇元好问

　　几场宿雨，湖里白莲花俱放，日光下去，湖上清芬渐浓。我总是坐在湖边，想着那些远方的人。师兄周晓做居士很多年，每年都要到五台山结夏。最近没有见他，不知是不是又去了那里。他前几年在中原做如莲禅茶时，常到他的如莲精舍去吃茶。他粗服布衣，微黑清瘦，就住在茶社的二楼，一日吃茶吃得倦了，就到二楼去坐。楼上铺一草席，放一木枕，就是他的卧室。他谈笑晏晏，说这样子才不贪睡，醒了就会坐起诵经，床太过松软，人就会贪睡，恋床。

　　再给他打电话，他说在许昌的弥陀寺，要闭关一年。再打电

145

话，他又移至山东的清平寺，在修般舟三昧，说是要三个月不睡不卧，一直绕佛诵经。听了觉得修佛是个身心俱进的过程，非得有大信心与大刻苦的人才能修得。如我等小女子，对着尘世有着千般不舍，万般爱恋，无法果敢抛下，只好怀着一颗向佛之心，在时间的缝隙里，借佛的光来烛照内心。

五台山名声如同秋风过树，隆隆作响。仙人与凡人都向往不已。我去的时候是秋天，风里有蟋蟀密密的叫声，山脚的叶子点燃起了小火焰。故人居忻州，二十年没有照面，车子径直开进了忻州城，我想看元好问的墓地。车子在城外兜了好几圈，问了农妇二，小学生三，也没有找到。元好问墓位于城南外的韩岩村北，建于元朝，因葬时墓前筑土五方，每方高五丈，张幕画花为记，故又名五花坟。天色已经苍然，我们停止寻找，回到城里，老友相聚，不胜唏嘘。看到城头的白云下有大雁飞过，想起元好问的《摸鱼儿·雁丘词》："问世间，情为何物，直教生死相许……天也妒，未信与，莺儿燕子俱黄土。千秋万古，为留待骚人，狂歌痛饮，来访雁丘处。"我们住的酒店有一本忻州画册，从中查出白朴小时候还被元好问抚养过，心中甚惊。急上网查找，原来白家与元家父子素有世交，且常有诗书交往。元好问曾夸赞白朴说："元白通家旧，诸郎独汝贤。"因金亡元兴，位居中枢的父亲，又整日为金朝存亡奔忙，无暇顾及妻儿家室。在兵荒离乱之日，与母亲失散，幸好遇到元好问将其姐弟收留，细想白朴的《唐明皇秋夜梧桐雨》还真的与元好问的词风有一脉之承的优雅与沉郁，这样的命运安排是幸还是不幸？

第二天直奔台怀镇，车过了白塔一路开到了碧山寺。山寺空静，一二僧人信步从庭里走过，大丽花与牵牛开得繁盛。花坛后有一菜地，一僧人在忙着摘豆角。我大声问道："寺院说不杀生，包括这些植物们吗？"这个瘦瘦的僧人没有正面回答，而是一本正经地道："有生之物，有生就有灭，有形之物，有成就有坏。""皇帝来过五台山，这是不是此山有吸引力的明证？""他们来与不来，这山都在这里，不增不减，不生不灭。""那你说，我来这一趟有意义吧？""凡所有相，皆是虚妄。来了，见了。不来，亦可以见的。"他见我冥顽不化，说完这句话起身走了。我一个人站在菜地边发着怔，回味着这僧人的回话，不觉笑出了声。同伴是我的中学同学，她知道我一向痴，也陪我嘿嘿不停。

碧山寺是五台山最大的云水僧寺庙，本焕大和尚曾经在此主持了十年。本焕三十岁时，他从河北正定临济寺起香，三步一拜朝礼五台，整整三个月的风霜雪雨，全程三百多里。一路上风餐露宿，忍饥挨饿，腰酸脚痛，双膝皮开肉绽，仍虔诚叩拜，足足拜了六个月，磕了二十二万多个响头，到达了五台山。跟着又爬上山，从北台起，同样三步一拜一炷香，朝拜五台。五台高度均在海拔三千米以上，从东北到西南横跨达一百二十公里，如此一拜，又拜了半年。

持续一年的朝拜，连头发、胡须也没有剃。本焕长老曰："为持戒律，修佛性，修德性。不潜心入禅，依佛心为心，怎能发慈悲心？不苦修行，磨炼自己，难忍能忍，怎能入道？自己不能入道，不发菩提心，又怎能发愿度人。"

　　碧山寺几乎空无一人，只有几位身穿黄色僧衣的人在院里匆匆来去，他们清瘦安详，像风一样转过墙角，不见了踪影。大丽花仍然在开放，有一朵被游人摘下来放在藏经楼的门前，放得很端正，好像是礼佛。一只灰喜鹊在花坛里从容地翻捡着，发出喳喳的声音。天空刚才还阴沉沉的，这时突然云开日出，阳光切开地上的阴影，顿时温暖起来。

　　五台山有许多神秘的传说。在菩萨顶，可以看到北五台苍茫雄浑的顶峰。我听导游说，一般在十月底那里就会下雪，海拔大概在三千多米。菩萨顶传说是文殊菩萨显灵现身的地方，也叫真容院。菩萨顶的主要殿宇铺上了表示尊贵的黄色琉璃瓦，康熙皇帝先后到菩萨顶朝拜了五次，乾隆皇帝朝拜了六次。菩萨顶山门外水牌楼上的"灵峰胜境"，文殊殿前石碑坊上的"五台圣境"，均是康熙亲笔题写的。

　　我们下了菩萨顶到东边的一个农家里吃饭，女主人热情地挽留说："从康熙到乾隆，还有毛泽东，都在这里住过，你们一定要住下，沾沾灵气。"她说有暖气的房间350元，没有暖气的260元。五爷庙据说是香火最灵的地方，里面在唱晋剧，这些戏都是人们还愿时唱给五爷听的。门口香炉的香灰都溢出来了，还有人不断地向里面添香，人群挤来挤去，好像都在自己的愿望里飘浮。

　　去黛螺顶时下起了雨，我正在上香，接到师兄的电话，他说："请你回头，我在你的身后五十米。"我一回头，但见熙攘人流里，一黑瘦僧人向我飘来，过于瘦削的脸上，只剩那双眼睛如电如炬，烛照着这个秋天的下午。

郭纳问茶

我喜欢已经住了十年的家，原因之一是距花卉市场近，离茶城亦近。茶城里有个叫享清福的茶店，有一个茶一般的女子郭纳在那里。

她形容自己的生活：每天像只懒猫一样睡到自然醒，伸个懒腰，发会儿呆，就踱到茶店里去。上午茶城里几乎没有人，她就坐在临古街的店里，给菩萨上个香，给窗外的花草浇浇水，坐下来，泡杯茶喝着，日光静静悄悄地移动着，从石榴枝跑到桂花枝上。有个孩子经常给她送水果糖，还送花，她喊他："雨果！雨果！"那个小男孩藏在花丛里，只露出大眼睛。她不叫他的时候，他猛地从花丛里跳进来，送给她两个花石头，一个上面有个大白月亮，一个上面有河流。下午，也许会有一两个好友到茶店里喝茶，店里的空气开始乱了，鱼在鱼缸里咳喋着，吐出水泡泡，追着一朵花打转转。茶桌上那个墨青的梅瓶里有时插的小野菊，有时是含笑，有时干脆是窗外一把野草，无论是什么植物，在茶烟轻飏中都沾了仙气。有时半天仍然没有人，她就从书架上取本书，轻啜着茶，看着书。

那满架子她精心从广东、信阳、浙江那些山上、坡地里、湖边选的茶安静地陪着她，坐在缓慢的时光里。她们之间不言不语，却也心意相通。

有一天，郭纳见我说："姐，花卉市场对面修了一座寺院，五月开了光。建筑好美，每一院落都有清朝的石雕，住持也气度淡定。"我像听到了喜讯，第二天就去了这个离我家不远的寺院。四周的民房刚刚拆迁过，大柳树上落只喜鹊，冲着我一个劲儿地叫。

新建筑还有点清旷，一切都像是个新娘子一样绷着劲儿，时光还遥遥地在后面奔跑着，要给这一切新的蒙尘，磨掉他的光亮与锐气，让他白墙上有流水的痕迹，让雨水在屋檐下密密地倾泻，诵经的人坐在蒲团上，月光穿过云层朗照在寂静的寺院里……

一个女子穿过披拂的柳丝来上香，她双颊绯红，眼睛明亮，她的愿望随着袅袅上升的青烟被菩萨记下。她的命运早就安排好的——一个心底宽厚、儒雅的小伙子早就暗恋上她，他只在等待着她长大。他们会结婚，生两个孩子，当然是一个男孩，一个女孩，有女有子才叫好呵。她坐在灯光下等他回家,他在外地时每天都思念她。有一天,她还会来寺院,她求菩萨保佑丈夫平安。她已经有点沧桑,但丝毫不妨碍她的美。这次她来的时候是秋天,银杏的叶子像金色的翅膀一样在风里招摇,她许下心愿,恭敬地给菩萨磕了三个头。

这时大雄宝殿正在做法事,她被美妙的诵经声吸引,呆呆地站在那里听着,银杏的片子慢慢地落下来,落在她的肩头,在风里,像一只鸟一样扑闪着翅膀。

就是这样,无数次雨水的浸染和人的愿力,这个崭新的寺院会老下去的,厚厚的墙里储存了鸟鸣一样的诵经声和无数人的祈愿,这些墙在雨夜里都会喃喃自语。雨水让那些锃亮的瓦暗淡下去,甚至鸟也丢下各种植物的种子,会在屋顶上长出奇怪的草与小树,甚至还会长出瓦松。

也许有一天,二十年后的某一天,一个怀揣秘密的人再次来到这个寺院,他被时光剥夺得所剩无几,只剩下皱纹、白发还有回忆。他站寺院里,想起那天他和她一起来过这个寺院,他拉着她的手,像天下最幸福的恋人。他跟在她身后,和她一起上香、磕头、诵经。然后,他说:"我突然觉得有一股清泉,从头顶开始向下,一直流到我的胸口,然后是小腹和全身。"她看他的眼睛真亮呵,像寒夜里的星星。现在,星光暗淡,岁月漫漶,他已经无法看见她了。

就是这样,无数个爱与虚幻,无数个人的体温与手印,无数个人的诚信与秘密,会暖热这个寺院。终于有一天,这座寺院在月光

一瓣二蓮彎
是心經的句子做成的

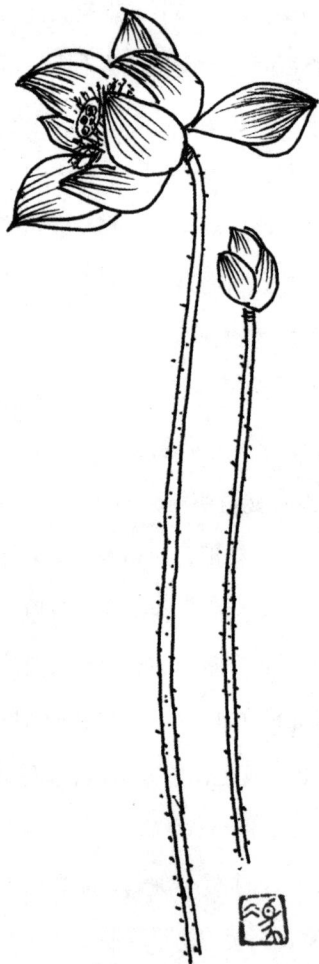

下开口轻叹："且破心头一点痴，十方何处不加持。圆明佛眼常相照，只是当人不自知。"越是古老的寺院储存的人间愿力也越大，就连那些与寺院同在的树也会成了精灵。他们看过了人世沧桑变幻，月亮的升起落下，四季的荣枯秩序，他们不言不语，只把这些秘密度化在内心，等待那些有慧根的人走近他们，听懂他们。如果没有人走近他们，他们就说给鸟儿听，说给风听。那些调皮可爱的鸟们，总把他们的叶子弄得上下翻飞，有时候还用尖尖的喙弄得自己痒痒的。清晨或者黄昏时，他们唱起的歌如同仙乐飘飘，只有特别喜欢早起的人才能听得到。这时候，树都觉得他们是最幸运的，他们爱上梵音的神秘也爱上了鸟鸣的单纯。他们想不明白，这样好的世界，那些人类有什么还经常愁眉苦脸呢？

大观音寺、茶城、花卉市场、我的书。我喜欢的事物环绕在我的身边，这让我幸福得经常叹气。看书孤闷时，我便去郭纳那里喝茶。

喝茶后，我会到寺院里游荡一会儿，或者顺脚到花市里看看花。这几乎成了我的生活方式，我通过这些寂静的事物战胜了时间。这天，我照例又到郭纳那里喝茶，她见我笑道："今年院子里的树死了好几棵，我一直疑心有什么事情发生。这不，拆迁令下来了，月底拆完。"我看到桌子上放了个红纸告示，要茶城的一千多家商户在月底搬迁完毕。我看着茶汤里飘出的青烟，想着几年来在这里消磨掉的一个又一个寂静的下午，这些即将结束。

"青青姐，拆了好，我是个随波逐流的人，不拆我就不会改变生活方式。这样也好，逼迫我过一种从前没有的生活，好事呵。"

郭纳笑道。

我不敢问她心下是否伤感，她朗朗笑道："不破不立，今朝卖茶，明朝也许就去卖酒卖杏花。"一时说得我笑起来。

我贫嘴："你卖酒，我就天天喝酒；你卖杏花，我就辫子上系几朵杏花。"她见我转忧为喜，就泡上了茶里最好的单枞。

她笑嘻嘻地说："有人生来积极主动，有人生来逆来顺受。俺就是后一种，店在一天，就守一天，店不在了，就不干了。"

她敲了一下青麻石茶桌，"这个已经卖出去了。只等关店就送它出门。"她又指指这店里她收集多年的茶宠、茶碗。"反正这最后都是消失之物，索性送的送、卖的卖、扔的扔，落个轻轻松松、干干净净。"

我瞪大眼睛，觉得眼前这小女子的心如明镜，一尘不染，通达明彻，比一些所谓的高僧都要了悟。"青青姐，这几天我经常半夜笑醒，突然发现还有多种活法，比如四处游荡，去山上种茶，去当厨子，去山村养鸡养鸭……总之，我重新发现了自由。"

这天的茶，我品得特别慢，舌尖上感受到清泉一般的纯净与香甜。关门的时候，薄暮已经像流水一样挤进屋子里。郭纳指着窗外已经完全落尽叶子的石榴树说："她是我唯一舍不得的东西，养了她八年，年年夏天进店第一件事就是给她浇水。她呢，年年都要开焰火一样的花朵，店里没人的时候，我经常看一会儿书，看一会儿她，她也养了我八年。这次离开，可是要把她安置在哪里呢？真惆怅呵。"一时，刚才那明快的气氛消失了，好像月亮突然躲进了云层，一股难言的离愁还是到来了。

　　我俩并肩在夜色里高一脚低一脚地走着。这短短的古街，为啥今天这样长呵？我破不了执着，对于即将离别的美好，总是要伤感不已，我狠狠地踩着这走了无数遍的古街，想着，明天去大观音寺坐坐，听一会子树语。

信

寒山寺 ◎

源玄法师：

　　第一次给出家人写信，心下殊忐忑，但几次梦醒流泪，总觉得有事要吐。现夜已深沉，窗外垂杨沉沉，犹如酣睡。每到黄昏，总觉得生月短促，心慌意乱，尤其不惑之年在即，心下更是大惧。前几日一同去厦门、杭州，路上感你微言大义，解我心结，如遇故人。但回到郑州，跌入红尘，日日忙碌，颓然空虚，一时又觉得人生可怖，无可解脱。望你随喜解说，免我心忧。

青青　丙戌年十二月

青青居士：

也可能你没有皈依，但出家人只有这样称呼你了。不敬之处，多有见谅。

我俗名杨夏清，自小随母亲出入寺院，对佛教有天然的亲近。在上海交通大学学习生物专业。就学期间，常生苦闷，一次回家与母言："我想出家。"母亲笑道："儿有福气了，好呵。"一念转下，心下澄明，万事不再纷扰。

毕业后即到龙华寺剃度出家。刚刚到大相国寺任监院就随旅游局福建行，得遇居士，可谓善缘。对于所有的色相，最终都是空，人亦不能逃脱。就像寒山诗云："谁家长不死，死事旧来均。始忆八尺汉，俄成一聚尘。"要想了脱生死，得大欢喜，也只有好好学佛，无事诵经，才能自在。对岁月的恐慌自会消失。

此复 即颂近佳！

释源玄 丙戌年十二月

我那时正在红尘中追名逐利，虽然一时展读，内心一动，但回身即忘，烦恼频生。有一天突然在媒体上看到相国寺佛乐之报道，给师父打一电话，响很长时间才接。缓慢柔和的声音，就是他。"我到寒山寺佛学院学习了，你若来苏州，可以一见。"我心下怅然，停下不语。他安慰说："苏州也近呵，有缘总能相见。"我应承着，放下了电话。

一直记着寒山寺，想去看望源玄师。一想到他安静清澈的眼晴，从容沉着的举止，就觉得心安下来。终于有机会去上海，取道去苏州，那时自己已经过了四十岁，虽然时常心乱，但也慢慢习惯了失败。

源玄师父在手机里发了弘一法师的话，我时时拿出来阅读："我只希望我的事情失败，因为事情失败，不圆满，这才使我常常发大惭愧，能够晓得自己德行欠缺，自己的修善不足，那我才可努力用功，改过迁善。"

"我到寺院里了，你在哪里？"又过了一年，是个秋天，我有机会到苏州，急奔寒山寺。"太不巧了，我到天台山闭关半年，不在寺院。"我听到电话那头的声音，突然觉得双腿沉重，身子一下子靠在石阶上。那一腔子热望如同撒气的气球，咝咝地向着空中冒凉气。站定脚跟，却看到了两个笑嘻嘻的和尚在石头上，好像世界上所有的好事都让他们看到了。

我认得是寒山和拾得。《太平广记》卷五十五记载："寒山子者，不知其名氏，大历中，隐居天台翠屏山。其山深邃，当暑有雪，亦名寒岩，因自号寒山子。好为诗，每一篇一句，辄题于树间石上，有好事者随而录之，凡三百余首。多述山林幽隐之兴，或讥讽时态，能警励流俗。桐徵群徐灵府序而集之，分为三卷，行于人间……而拾得本是弃儿。"有一次，国清寺丰干禅师外出，就带回寺院，于是众僧便随口称他为"拾得"。拾得时常把寺里的残食盛放在粗竹筒里，让寒山带回充饥。两人唱诗吟偈，放浪形迹，怡然自得。《寒山寺重兴记》中记载，这个寺院也因寒山在此修持而得名。

据说寒山每次去国清寺，喜欢一个人在长廊里边走、边说、边笑，有时望空谩骂。调皮的沙弥僧看到寒山子头戴桦树皮做的帽子，身披破布褊，脚踩旧木屐，形貌枯槁，颜色憔悴，喜怒无常，就跟在他后面嘲笑作弄，甚至把他当作疯子，用竹杖打他几下。寒山子却一点也不在乎，拊掌大笑，慢慢走开。他常说："咄哉，咄哉，三界轮回！"

"一向寒山坐，淹留三十年。昨来访亲友，大半入黄泉。渐减如残烛，长流似逝川。今朝对孤影，不觉泪双悬。"我独自在寒山寺拾得殿吟读着寒山的诗歌，不觉心意安静，顿觉刚才的失望烟消云散。

我把寒山的诗歌录到手机上发给源玄师："吾心似秋月，碧潭清皎洁。无物堪比伦，教我如何说。"过了一会儿，源玄师也发给我一首诗："粤自居寒山，曾经几万载。任运遁林泉，栖迟观自在。寒岩人不到，白云常叆叇。细草作卧褥，青天为被盖。快活枕石头，天地任变改。"

当晚，夜宿寒山寺外的旅店，简朴干净，几排平房掩映在树林中。不知为何，我却一直似睡非睡，听到窗外沙沙声，好像是雨声，又好像是风声，又好像是友人的喁喁私语声。我很想听到"姑苏城外寒山寺，夜半钟声到客船"的孤独之声，细细谛听，却没有夜半钟声，偶尔传来的是蟋蟀在草根欢乐的嘶鸣。早晨到寺院外散步，见一个扫地的僧人，他正凝神地上，一群蚂蚁正在移窝，黑压压地如重兵压境，我也蹲在地上看了起来。只见小小蚂蚁各有使命，东奔西忙，方向却纹丝不乱，我站起冲他笑笑，他亦冲我笑笑，然后我们各自走开。

月落烏啼霜滿天　江
楓漁火對愁眠　姑蘇城
外寒山寺　夜半鐘聲
到客船　張繼　楓橋夜泊

乙未初秋　聽荷草堂　馮傑

明 心

此 身 已 近 桃 花 源

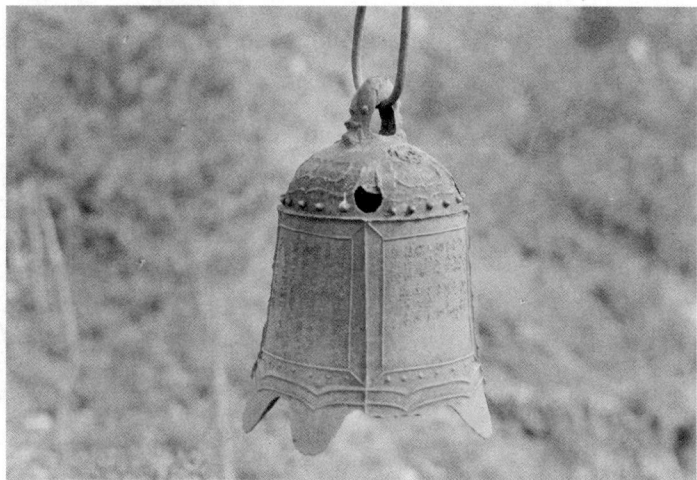

终南草堂 ◎

终南寻隐记

　　出西安城南，能隐约看到终南山淡蓝的影子。雨后初晴，路边的杨树上新芽发出明亮的光泽，桃林下一地落花，田野里的油菜花如金色的河流向更高的山坡上涌去。车越少陵原，往东南方向由大峪口驶入终南山，再沿大峪河蜿蜒上溯十余里，过大峪水库、五里庙、十里庙，就到了西翠花村。山坡上的棠棣花和苹果花如白云落在那里，溪水轻唱，阵阵清音。空气里的香气让人和蜜蜂一样晕晕乎乎。

　　在桥上，停了车，陪我和楚人上山的小伙子叫石成子，是终南草堂的职员。人的缘分像是槐树枝头上成串的槐花，认识一个人就会带来一群有缘人。来西安前我联系了博友理洵先生，听说我来终南访寺，便约了《问道》杂志编辑吕浩聚餐。理洵是我多年的文字朋友，出版过《与书为徒》和《猎书记》，多年文字往来，终得一见，文如其人，他斯文儒雅，谦谦有礼。记忆最深是他的眼睛，有着中年人少有的清澈与灵动。而吕浩蚕眉细目，皮肤像女孩一样白皙，他与黄裳老先生有着深厚的忘年交，出版有《拥书独自眠》和《待雨轩读书记》。席间有幸得他的新书《待雨轩读书记》，我也回赠《落红记》一本。终南草堂是《问道》杂志社张剑峰与素心人投资建的，吕浩对上山线路很熟，他因有事出差，就约了草堂的小石为我们带路。小石长着关中人特有的高颧骨，皮肤微黑。这条上山的路看起来他走得很熟，入山像鱼儿入水，一路小跑，直追得我满身大汗，气喘不止。走到半山，一辆粤字牌照的越野车轰然从山上冲出，车停，小石上前与车内人语。只听见说："下山看桃花。"小石介绍说我就是访道的作家。车内一着道袍长须男对我颔首微笑，另一年轻男子说："他成了头条人物了，今天清晨各大网站都在报道。"我知道，那长须者就是我要探访的草堂隐士刘景崇。网络上标题耸人听闻：《年薪百万广东富豪隐居终南　终年不洗澡茹素修道》。

三人别了越野车里的人，一路随着清亮的鸟声上山。开始有泉水了，一会儿在草丛里淙淙不见影子，一会儿在小路边的石块上跳跃。山坡上开始看到几间房子，小石稔熟地走进院子，土墙上垛满了劈好的木柴，几个老人靠墙坐着聊天。小石笑与女主人打着招呼，像是多年的邻居。我灌了一肚子热茶，感觉力气又回到腿上。

再向上走约三公里，绿树里透出青瓦白墙，还有一塔。小石说那是元音禅寺，是广东居士发心潜修的闭关中心。随着山势增高，溪流也越来越湍急，一丛丛野花摇曳在溪流边。正着意看花，却见一柴门紧闭，门楣上书"终南草堂"，门上贴一小纸条：没有预约，不得入内。小石麻利地开了门，引我们入内。草堂内竹影沙沙，几处纯木结构的茅屋散落在山坡上，右手一青年男子手持经卷低头诵读。

小石引我们在灶房坐定，到屋边溪流取了水，放了茶叶，便生火开始煎茶，然后取开青瓷碗给我们各自倾满。瞬间满屋子都是茶香，那浓烈的香气似乎一伸手就能摸到。楚人欢呼："这是我喝到最香的大红袍。"连喝三碗才作罢。喝完，踱至院子里看花看树，满山坡都是苏醒了的植物呼出的青气。小石说，几天前的一个晚上，睡梦里听到轰隆一声巨响，以为是地震了，但旋即平静下来。早晨听说是后山冰瀑在春水的奔流里掉落下来，他们赶过去只看见满坡碎银，空山无人，水流花开。中午张剑峰的弟弟下厨，我在后山坡上看见灶烟一会儿如白云弥漫，一会儿又如蓝雾飘荡，空气里弥漫着松木燃烧的奇香。吃饭时一人一大青瓷碗米饭，我连说吃不完，小石说上山的人饭量都会比山下大两倍，菜是炒土豆和包菜，特别好吃。我不仅吃下这一大碗，还又加了一勺子米饭。同桌吃饭的还有那个读经书的青年男子。他是福建人，吴青宇，二十八岁，已经在终南山住了十几天了。他说整日在城市，心情烦闷，老做噩梦，正要换工作，从网上看到终南山有这样一个道场，就想来住一段，清清心。他说来到终南山的这十几天，睡得香，每天都是鸟声把他吵醒的。在这里不用看表，天光就是时间，不怎么看手机，也上不了网。人像是回到了婴儿状态，有一种幸福的混沌感。劈柴担水，在烟火中，一天的时光袅袅而过。生活简单才慢慢知道，吃饭、睡觉、劳作，闲中能充实，忙里能偷闲。悠然喝一壶茶已经足够，除此之外，其他的事情都成了多余的。小石说下午张剑峰也回草堂。我们一边等着，一边到附近的山坡上转。这次是吴青宇给我们带路，他经常在周围的山谷里转悠，有次听到一只熊像老虎一样的低吼声，树林里像刮起一阵大风一样唰唰直响，就拔腿奔下山来。

他告诉我，终南草堂离嘉午台很近，后山有著名的狮子茅棚，民国时高僧虚云法师在狮子岩下结庐隐修，由此自号虚云。后本虚法师也在茅棚住山二十多年。终南草堂向上步行大约一个多小时有莲花古洞，莲花古洞是高僧印光法师出家的地方，还有吕洞宾祖师曾修炼的朝阳洞。后山的山坡道上铺满了松针，踩上去好像把人又弹高了一寸。我们看到几处茅棚，门都虚掩着，墙上还挂着毛巾和厨房用具，床上的被子叠放得整整齐齐，好像主人刚刚离去。小吴说，自草堂建成后，媒体、投资人、好奇的驴友都在不断涌来，这些隐士们从2013年都陆续离开，向更高的云深不知处走去。

小吴说那个下山看桃花的刘景崇是个广东人，被媒体称年薪百万，其实也没有那么多。改变刘景崇人生轨迹的是南怀瑾的一本书，这本书讲到了《药师经》。刘景崇开始大量接触佛学书籍，慕名前来终南山寻师问道，在刘景崇决定长居终南草堂之前，他的老板为他在广东增城帽峰山一僻静处，修建"草堂下院"。但刘景崇觉得气场不够，决然弃屋而去。小吴来山上时，他正在修止语，不能说话，交流都在纸上。小吴指着草堂最高处一有大玻璃窗的茅草屋，说是刘自己修的，墙面用黄泥糊砌，门口留有打坐的空间，外面用透明的玻璃装饰，有蒲团，有地桌。这一排茅草屋被隔成了四个小屋，每个屋子内有一个土炕。

我们就这样信步走着，翻过一个山坡，又是一个山谷，这个山谷比草堂所在的山谷更为狭长，有两层绿色的小屋子耸立在山谷里，屋子门口有一个空的秋千架，这是诗人苏非殊几年前兴办的物学院。我走上静悄悄的二楼，两间屋子都大门洞开，书架上的书在这个山谷里散发着奇异的光辉。里间的小伙子迎出来，问我们是哪里来的诗人？他说苏非殊三月初回北京了，五月可能还回来。小伙子姓胡，他说他已经是第五年来这里住山，物学院的学员们有的长住，有的短住。其课程包括种植、采摘、砍柴、洗衣服、打扫等，宗旨是"拜自然为师，向万物学习"。

转回草堂已是下午，看桃花的隐士还没有回来，我和楚人准备下山，这时有居士给草堂和元音寺送来了食物，车无法上来，草堂里所有男人都下去扛食物，我跟了下去。在元音寺旁边，一个小四轮上站着一长发姑娘，她脸蛋粉红，犹如春天的桃花，车上装满了大米、白面、食用油、萝卜、包菜、土豆等。姑娘指着站在周围的人说："我们都是居士，每过一段时间都要来给这里的隐士和僧人送吃的。"

下山的路明显好走了，我们几乎不费力地跟着溪流一路奔下来。在大峪河边的桥上遇到张剑峰，他带着六七个人进山。我们站在蓝色的暮色里说了一会儿话。我说已经买了他的《寻访终南隐士》。他从口袋里摸索了半天，送我一个布袋，里面是一把松针，他说是草堂边松树上摘下来的，可以泡茶喝。我取出一枝，入嘴大嚼，一股松香伴有苦涩，但后味却甘甜悠长。回到中原，第一个动作就是烧水，从怀里取出松针泡上，随着袅袅的水烟，仿佛听到了终南山的溪流和鸟鸣。我怀疑自己是否真的到过这样一个地方，或许终有一天我会沿着松针的芳香再次让流水入梦，白云入怀。

少林寺 ◎ **少林湖畔的寂静**

　　我们到少林寺已经是下午四点多，蜂拥的游客把宁静还给了寺庙。寺院只有一院子蜂蜜一样的阳光，无数的鸟在新发出的树叶子间啾啁，手捧斋饭的僧人从寮房边的长廊走过来，远处如黛的青山有蓝色的雾气在飘动。北魏孝文帝在少室山下为跋陀建的寺院，历经一千多年，千佛殿、达摩亭、方丈堂等殿宇在暗下来的天色里悄然私语，远处山崖上的达摩洞有一缕缕白雾在飘荡。每次走到少林寺里我都要朝那个洞口仰望良久，那个宁静的山洞才是少林的灵魂所在。达摩面壁九年，石壁上还印出了他打坐的影子。达摩创立的禅宗也在后世被发扬光大，后人称他为"禅宗初祖"，称少林寺为

"禅宗祖庭"。我们坐在树荫下等钱大梁。他是少林无形资产管理公司的总经理，少林寺的风暴中心都能窥见他的影子。他儒雅白净，清瘦单薄，脸上有着安静的笑容——这笑容让你相信，无论再巨大的风暴都不能掠走他内心的宁静。而那些风暴都在他宁静的笑容里平息下来。

下午六点，夕阳完全占领了这个寺院，风在院子里轻手轻脚地游动，禅修院子里的榆钱落了一地。有人从斋房里给我们取几个煮玉米，大家就这样坐在寺院的木凳子上聊天。这时，朋友岳东神秘地说要带我去看一对小松鼠。我看到它们了，两个黑紫色的小东西，蜷卧在自己蓬松的大尾巴上，黑亮的小眼睛不安地看着我。岳东看我喜欢，把它放在我的手心，松鼠吓坏了，也许它一时不适应我身体上的味道，抚它皮毛时，能感觉到它的小心脏在怦怦跳动。岳东心疼地又抱回自己怀里，小松鼠立刻调皮地抓住他的衣服，向上攀援，好像岳东是一棵它喜欢的松树。

一个年轻的僧人取走了一只小松鼠，岳东追着告诉他："每天喂两次就行了，太硬的东西用牛奶泡泡呵。"大家正说着话，同行的红与一个六七岁的小男孩打起了招呼，那个叫壮壮的孩子正在寮房的土台子上跳着玩，旁边一位叫延长的法师慈爱地注视着他。红说，这孩子是延长法师捡来的弃婴，准备到上学年龄就送到少林慈幼院。距离寺院不远的少林慈幼院，集中了一百多名弃儿，他们早起晨练，上午诵读国学经典、温习功课，下午练习少林功夫，已培养出十几个大学生。他们的"师父"——少林寺方丈释永信几乎每周都会去看望他们一次。今年，这个大家庭里有两个孩子考上了大学，"师父"专门托人指导他们填报高考志愿。

同行的红经常参加少林寺的禅修。她说，少林寺最美的是早晨与黄昏，下过雪的寺院，下大雨时的寺院。有一次，早晨她醒来，门口的三棵银杏树下铺了一地黄金，耀人眼目，一群喜鹊在银杏叶上跳来跳去。这种宁静之美让她口不能言，几乎屏住呼吸。

就这样坐在刚刚发芽的银杏树下，嗅着植物那青涩蓬勃的气息，我们消磨了半日。我几乎爱上了空荡荡的寺院、僧人匆匆而过的长廊、空寂的寮房、方砖上的青苔、柏树上互相打招呼的蚂蚁、在大雄宝殿门口迈着方步的喜鹊……少林寺开始做晚课。梵呗飘出墙外，顺风而下，清晰得仿佛就在耳边。那行腔极悠扬，先听到一人举腔，而后集体唱诵，后来又变成问答式的对唱。我虽然听不懂他们在唱什么，心里却是十分喜欢的。那声音很干净，流水洗心一般，我几乎听得怔住。

月亮渐渐从东山升起来了，清瘦一弯，让人心痛。我们顺着月亮的方向信步走去，过了公路，开始下坡，可以看到少林水库里波光柔曼，青山上的白雾越来越浓。湖边一处青砖小院，一棵大柳树长得圆满具足，上面有一喜鹊窝。院子里种的笋和空心菜已经出土，屋子后的油菜花还在绽放着。钱大梁与九十多岁的母亲长期居此。

大梁本是尘世里的文化人，熟读易经，经常为人占卜，很多人惊叹他聪慧灵异。他与少林寺的缘分是因了少林禅茶，他的两个朋友请他为少林禅茶作品牌设计，因此得见永信法师，二人一谈如故，永信遂请大梁为整个少林做品牌整合，并进行注册。大梁为了

素
家
以
默
如
其
微
樱
甘
詩
品
句
也

乙未中秋于聽荷艸堂馮傑

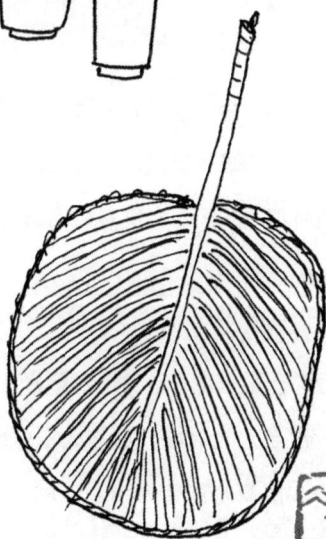

这份信任拼力工作，一次合作，双方都看到了彼此的担当与品性，视对方为解语之人。从20世纪90年代到现在，近二十年，这位文弱的人随着少林寺浮浮沉沉，再没有分离。他的微博简介："在路上，眼巴巴想着进禅堂，可还是——在路上。"真实地表明了他的心迹。

今日山居灯下，倾心而谈。他说他喜欢老树的画，还有那些诗，他轻轻读出来："做梦空山，泛舟人海。方内方外，初心不改。"

"你微博签名是'在路上'，如何理解？"

"在路上，意味着把未知、陌生和变化当常态，未来就在当下。"

"告诉我，你生命中最美好的时光都在哪里度过？"我问他。

"寺院。"他的眼睛里闪过短暂的恍惚。

"会不会有那样一天，你突然后悔当初的选择？"

"不会！决不后悔。"

他坚信佛是真理的发现者，他也坚信少林的一切努力都是在弘扬佛法，并且决意用一生去破除迷障，修正大众对少林的看法。

午夜出得山居，大风清扫过的天空深蓝如墨，杜鹃在夜林深处固执地唱着，那清寂之情让人闻之心动。月亮明洁如冰，湖里的月亮碎成白银。那个清瘦的人站在夜色里频频挥手，月静山空，陶然始归。回望空谷里的那湖水，竟化作一个大大明亮的月亮。良夜如斯，知它为谁圆？又为谁缺？

一进贵州就被风起云涌的天空吸引得无法挪开眼睛，高原的天空在头顶上无边无际地展开，广阔得要把我随时裹挟进去。那天空分明不只是一重，而是四重，甚至五重。蓝天闪烁，高远透明，然后是大块的积雨云，发着明亮的乌蓝。乌蓝旁边是懒洋洋的灰云，不是朵，是片，好像只是为了衬托积雨云的乌蓝而存在，更远的地方是黑色的乌云镶着亮边。然后是温柔的白云，这次不是朵，不是片，是缕，一缕缕像轻纱一样，在低空快速地游走。

这样的云天也是不断地变化的，我在诗歌里唱道："我要与这无边透明的高原住在一起／和那若隐若现的彩虹一样，睡在辽阔的云天里／看着天空里白的，蓝的，灰的，黑的云朵如何／从棉花长出狗熊，从马车变出长城／然后再像一只吃得太饱的牛／对满山坡被雨和彩虹洗得发亮的草原／轻轻地叹一口气……"好像这个高原的天空印证佛经里关于这个世界是三十三重天的说法，而那时时变幻的云朵又在诠释着人世的无常。

我一边感慨，一边固执地仰望着天空，不过是半个小时，刚才天空里的重重云朵突然不见，也不知道瞬间都去了哪里，就像我心里那个不远不近的人，突然消失不见了。他来过吗？他参与过我的生命与情感吗？我恍惚如梦，一时间怔忡在云天下，无法回答自己。在我像云絮一样的相思后面，还有这样的一片天空。它无边无际，蓝得虚无，是清净妙明的，不生不灭的，不动荡也不摇晃。至于黑云和白云，大象或奔马，也就是由它化生出来，而在其间出没着的。只要你始终能够用着颗清净的心，静静地打量着它们，那它们也就会像过眼的烟云一样，一阵子地风云际会了，跟着又会风流云散地平息下去。

许是中原太过燠热，高原的清凉让我一改辗转反侧而沉沉入睡，梦里有人授予一首诗，我记得分明，醒来却只剩下两句："有缘即住无缘去，一任清风送白云。"我不敢睁眼，死死地拽住梦的尾巴，要打捞那首沉入梦境的诗句。残梦依稀，幻境已然离去，窗帘透出的天空已经由蓝转青，我扭亮床头的台灯，记下了这两句。有缘，无缘。清风，白云。

我在回味梦里醒过来的境界，仿佛都要重新面对一次自己，重新面对一次这生命和人世……那个衣着青衫的诗僧，分明是他，却又有些陌生。他好像是离去，要去一个很远的且你永远无法抵达的地方，你一时间慌了神，你舍不得他，你害怕看不到他的日子，你像个小女孩一样，心疼得如刀绞一样，蹲了下来，而他却头也不回，径直而去，你扑倒在他刚刚暖热的长凳上，哭了。你醒过来了，是你的心灵先醒过来，而心思又还没有跟上来，你一时间不知道身在何处、人在何许。你只觉得零落在无边无际的荒原里。这荒凉看不见起始，也看不见归宿之地，于是你心里就说不出的恐慌，也说不出的畏惧。等到你的心思渐渐地回来了，你又才看见你是留在熹微的晨光之中，你迷迷糊糊不明白为什么会有这样的一个你，在这样地存在着，并且还将怎样存在下去。直到你完全地回醒过来了，看见窗棂上正透着光亮，听见外面正落着细雨，你这样地回醒过来，就仿佛经历了一个生命的生成和流转的过程。没有离别，没有分手，只是一个惊悚的梦。而那个无法看清的诗僧丢下的诗句充满了禅机。

　　一进西普陀寺就看到一排玉兰树正在开花，绿叶里的粉紫大花朵，肉乎乎的，像是假的。我站在树下，伸手去摸那绸缎一样的花瓣。玉兰一般花期是三月初，在仲夏七月竟然开花，实属少见。我走进禅堂，就看到一个散发光芒的人，落座，上茶，她的手纤长白皙，但挥动起胳膊来很有力量。她笑时，身子自然向后仰着，笑声畅快地从胸中吐出来。大病初愈的她脸色红润，光洁的额头散发着微妙的光芒，她的头形庄严饱满，方额广颐。初看她时，她有着菩萨的秀美，等中午时分，她又有金刚的威严。亦男亦女，亦仙亦佛。她是西普陀寺的藏青大法师。

她笑道："在《不退转法轮经》中，用佛教义理来解释道，但为未来众生，示现变化……此师子等亦非男非女，何以故，一切诸法，皆非男非女。出过一切法，无相可得，是真照明。所以观世音菩萨依众生因缘而现各种形象，男女均有，形妙相，弘誓如海，大慈大悲。"我似懂非懂，只顾点头。

她讲起了自己在尼众学院的恩师隆莲上人，说自己见到上人，如同重生。宇宙苍穹，银河星系，一切诸法，皆在缘中。师徒相逢，缘分早就注定。正如《华严经》里讲的："如是因，如是果，如是缘，如是相，如是本末究竟。"然后她定定地看着我说，正如你我今日相聚，亦复如是。当我把带的书赠予她，她看到我的笔名青青时，叹道，我俩都有一个青字。这个字可是不同寻常，青是不能带心的，带心就是情。有情就有挂碍，你不要为男女之情所困，要有大情大悲，拔众生之苦。"青"字本虚空，一切都随因缘而生，又随因缘而灭。我以为她已经看透我心，知道我六根未净，贪恋红尘，低头默然不语。

我心下想着早晨梦里所得诗句，正想问她，她爽朗拍着茶桌说："凡所有物件，都是归我们暂用，包括这具肉身，都是暂用。比如这茶杯、茶刀、茶刷，几年过去，总有坏的。我就集在一起，最后藏他们于草木之间。茶本是天地精华，茶具也是清洁之器物，必须让他们归于清洁之地。来，吃茶，吃茶。"

快到中午时分，她从桌子边先站起来，带大家看看她用了九年心血建成的西普陀寺。她个子并不高大，但身子却是无比轻捷，她说了一声走，人已经在门外面了。从她那里知道，寺院从征地到规划，从施工到装修，全是她亲力亲为。花园里睡莲俱放，花香怡人，一群各色锦鲤追着两只花鸭子在水面荡起无数涟漪。她说这两只鸭子是春天的时候一居士送来的，送来时一只已经奄奄一息了，养在寺院里半个月后，鸭子活得欢实着呢。

看过了观音殿里用红木雕成的三十二观音化身像，大家赞叹寺院的典雅精致，各种佛像相好庄严。来到院子里，藏青指着一块大青石道："这佛足是我在海边发现的，当时都怔住了，好像他就在海滩上等着我，等着被我看到，遇见。完全是一只活灵活现的佛脚。我让雕塑家磨出两个佛脚趾，这下圆满了。"但见此青石光滑如洗，然脚背上却有经络可见，好像他一抬脚就可迈步而行。

到斋堂的路上，十几棵玉兰竟然都在开花，我揉着眼睛，以为是幻觉，但那柔软厚实的花瓣，那沁人肺腑的幽香，果然真实不虚。

藏青见我疑惑笑道："寺院里的玉兰一年开四次花呢。"我嘴巴张得老大，半天合不拢。她笑解："诸法并没有一个恒常不变的实体，俱随因缘而生，又随因缘而灭，从性空观缘起，并无常住不变之物。既然无实，形象只能是幻化，随意辄成，晓了空慧，一切本净。此花亦是。天时地利，花随时开放。"我仍然想问问，"有缘即住无缘去，一任清风送白云"的禅机，这时候天空里的云朵变幻成一只腾空而起的凤凰，正映照到楼廊上来。法师笑了，双手合十说："阿弥陀佛。"我不禁也笑了，一时间倒反而不想说了，也觉得不用说了。

第二天是观音成道日，寺院要举行观音法会。依依告别，寺院上空云层翻涌，气象万千，似有万千莲花在风里摇曳，又似万匹白马奔驰天庭，而那恢弘典雅的寺院如同天上仙府，虚幻不实，又好似一阵风就可以卷入天庭，与各色云朵共舞共生。有一朵白云顷刻间成了一个白衣观音，向着寺院方向缓缓下降……

猴子如果听经，会怎么样

离开烈焰炙烤的中原，到了云贵高原，一脚踏入了清秋，好像一个满心烦恼的人在佛经里获得了无上的清凉。气温徘徊在16摄氏度与25摄氏度之间，早晨六点起床晨练，胳膊还凉飕飕的。回屋见时日尚早，就合目睡了。做一梦。梦到黛玉正与宝玉闹别扭，黛玉说："我便要问你一句，你如何回答？"宝玉盘着腿，合着手，闭着眼，撅着嘴道："讲来。"黛玉道："宝姐姐和你好，你怎么样？宝姐姐不和你好，你怎么样？宝姐姐前儿和你好，如今不和你好，你怎么样？今儿和你好，后来不和你好，你怎么样？你和他好，他偏不和你好，你怎么样？你不和他好，他偏要和你好，你怎么样？"宝玉呆了半晌，忽然大笑道："任凭弱水三千，我只取一瓢饮。"黛玉道："瓢之漂水，奈何？"宝玉道："非瓢漂水，水自流，瓢自漂耳。"黛玉道："水止珠沉，奈何？"宝玉道："禅心已作沾泥絮，莫向春风舞鹧鸪。"我正要扯住黛玉问个机锋，却见两句："睡起有茶饥有饭，行看流水坐看云。"而宝黛忽然隐去不见了。

醒来怅然半天，翻开随身带的《红楼梦》，昨夜可不就是看到此回。枕上细品那"行看流水坐看云"句，不知是何意思。

刚刚落过一阵雨，青岩古镇的石板路上积满了雨水，游人已经寥寥，小店铺里的老板也都懒懒的，有的在喝茶，有的在逗鸟，打年糕的人的木锤子速度也慢下来，一下一下沉闷地响着。有人推着童车，边走边用蒲扇打着蚊子。被雨洗的天空蓝到虚无，大朵松软的白云低低地游走。我在青石板上的水坑里看到了这样的天空，我绕着水坑走时，好像一脚伸进白云里，有一种恍惚的虚无感。我走进一名为"空观音"的店里，看到一个竹绘的菩萨立在墙上，慈悲安详，嘴角含着神秘的笑意，这微笑如一朵花将开未开，唇角未展，笑意却在眼角眉梢荡漾开去，我只觉得好看。请了这尊竹观音，心下一阵大欢喜。

弘福寺就在黔灵山森林公园内，园内绿意森森，竹音细细。据史书记载："康熙十一年（1672年）春，赤松偶策杖至大罗木山，见层岫迭出，一径通幽，万峰环翠，中结平原，洞天福地，清雅绝伦，大有玄象之趣，洵为选佛之场。而业主罗妙德，亦发心喜舍，黔省大小各宰官，又慨然乐捐，赤松遂去城入山，剪土代苫，植树

静物和茶
和茶 渡傑
製裝

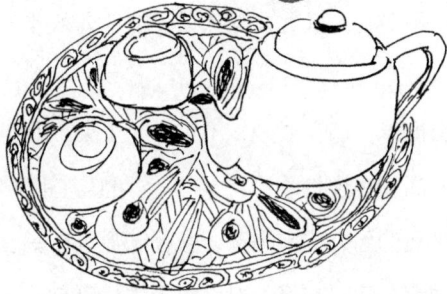

开径，营殿建楼，置田引水。沥胆披肝，艰苦备尝，终使昔日虎豹之宅，狐狸之居，变为贵州选佛之场，清净庄严之域。"

上山路上，有许多猴子攀于树上或站于路中，母猴身上皆背着奶猴，身姿灵巧，大眼睛机灵地盯着行人。有人背着大背篓，里面装着玉米、桃子、苹果和西瓜，一个个给猴子发。那些猴子也欢喜不尽，个个捧了果实自去林里深处享用。当年赤松和尚危坐苦参，入定之后，即恍然感觉一阵真风，历历明明，空空荡荡，不出不入，自在快乐。突然爆竹骤响，灯花闪烁，赤松猛然惊觉，当下彻悟。原来生命本自圆满，天高海阔，水清月明，何来葛藤，何有遗阙？"万法归一"的去处，乃是"白云消散尽，明月一轮圆"的浑融境界，亦即杂念（白云）散尽，佛性（明月）呈现的美妙时节。这一证悟次日就得到灵药和尚的棒喝许可。从此赤松如卸重担，身心畅快，做事有主，无不自得。尝有偈颂一首，自言其悟境云："菩萨本来是圣贤，一任无差遍大千。非笔非纸非人画，还从火内出金莲。"

山上树影摇碧，鸟音清妙，不一会儿工夫，就到了弘福寺大门口，心照大和尚正在迎接政府官员。随行的与心照聊了几句，心照安排了监院带我们到方丈室喝茶，张畅老师坐在屋子里等我们，他与已经圆寂的海公法师交好，对弘福寺文化研究甚深。他说："赤松禅法，亦农亦禅，农禅结合，着衣吃饭，运水搬柴，本自圆成，了无挂碍，大得百丈遗风。"他正讲得有趣，忽然一猴子跳到窗台，将脸紧贴窗玻璃，脸与鼻子俱一扁平，似听经说法已经陶然。我正要笑时，它却大眼睛一忽闪，跳下窗台，攀到青瓦之上，一会儿就消失不见了。

张畅老师带我们在寺院里走动，第二天就是观音成道日，只见院内香客拥挤，梵音阵阵，猴子们上蹿下跳，有的在殿堂的屋檐上走动，有的跟在香客后面学人拜佛，有的在菩提树下追逐嬉闹。在寺院东南角的山坡上，我们找到了赤松和尚的灵塔。康熙四十五年（1706年）七月十七日，赤松圆寂于弘福寺。赤松大师圆寂后八年，居士蔡筵为其撰塔铭云：

> 卓卓赤松，破山之宗。
>
> 陡明捏目，大阐元风。
>
> 面自有目，空自有花。
>
> 徒劳一踏，眼岂着沙？
>
> …………

赤松大师的灵塔前，只剩下三炷香，监院让我点了香，敬过。旁边一年轻人闭目唱诵道："抹月批风，随缘去住，唱出无生曲，打动禾山鼓，个个入圆明，不傍他门户。今朝缘满散，化作狮子舞……"我的心随着他的唱诵一点点地下沉，此刻已经与灵塔上的青苔融为一处。张畅告诉我，有一年元旦上堂，有僧人问赤松："昨日旧岁，今日新春，如何是法王新令句？"赤松云："雪消风暖，寒尽阳回，本自现成，原无差别。好事者故生枝节，言旧言新。"且道既无新旧，元旦做什么庆祝？我喃喃："如此说来，一切都不新奇，万物都不生不灭，不增不减，我自不悲不喜，不忧不惧即可。"

"弘福"二字乃"弘佛大愿，救人救世，福我众生，善始善终"之意。黔灵山寺之开创，即始于此。此后又经赤松三十年的擘划经营，黔灵山遂成为贵州第一名山。赤松大师圆寂之前，名士陈起蛟赠像赞云："这个和尚，尽有力量，踢开大地乾坤，单传正法眼藏，有纵有擒，有收有放，任是金刚汉子，也与他三十拄杖。噫！若画身外之身，相外之相，纵饶你巧夺天机，也只合睁开两眼，望着天上。"

众人都到方丈室喝茶，我独在后山上徘徊，一猴子突然来拉我的衣襟，我也顺从地跟他过去，穿过一片飒飒竹林，到了一青石崖壁上，那猴子吱的一声攀到树上，把我丢在地上。我抬头看它时，却看到了"睡起有茶饥有饭，行看流水坐看云"两句被刻在石崖上。我不觉想起早晨的梦境，心下一阵怅然，再看那猴子已经不见踪影，只有几朵白云闲闲地挂在树梢。

寺庙里的猫群

有一个秘密我一直揣在心里，现在我告诉你吧。

那天是在兰州，我第一次上五泉山，是个秋天，叶子在脚下唰唰地响着，中午的天空蓝得透明。突然我看到一只猫从草丛里钻出来，我蹲下来，它的瞳孔几乎是一条线，眼睛蓝幽幽的像两颗星星一样，身子上的毛雪白。它冲我喵了一声，我对着它笑笑，也喵了一声。它迈着柔软的步子向我走来，它用它美丽晶莹的大眼睛看了我一眼，然后在草地上翻了一个滚儿，我也学它的样子在草地上翻了一个滚儿。它站起来，两只前蹄子在草地上跳起了柔软的踢踏舞，我笨拙地学习它的样子，在草地上也跳起了舞。这时，从树林里、竹林里突然钻出了三十多只猫，有黑白花的、黄白花的、黑的、白的、虎斑的，它们花朵一样围绕着我，和我一起跳起了舞蹈。我哈哈大笑，笑声震动了林里的飞鸟，扑啦啦地飞走了。但猫们都不害怕我，它们像一群孩子一样玩疯了，我看上去像是它们的妈妈或者班主任。没有人走过来，甚至寺庙里的钟声也没有响起，只有树叶子一片片地，飞着，落着。这到底是幻境还是现实，我现在想起来仍然亦梦亦幻。只是那天之后，我心底那石头一样沉重的抑郁消失了，并且折磨我一年多的失眠也神奇地离开了我，我又重新回到了过去的自己。

我和这群猫们玩了一个多小时，也许时间更长。我听到寺庙的门吱呀一声开了，一个瘦高的僧人走了出来，他看了我一眼说："拿片瓦回去种一棵吊兰吧。"我说："哪里有瓦。"他笑着说："你脚下即是。"我看了一下，我因为跳舞一脚都是黄土，一片小野菊也被我踩得东倒西歪，小野菊下面就是瓦，许是翻修庙宇留下的，许是过去的古寺上的旧瓦。他说完闪身就进寺院了，好像他出来就是为了告诉我这句话的。我不由得也跟着他的脚跟走过去。这时十六个大字映入我的眼帘："诸恶莫做，众善奉行。自净其意，是诸佛教。"我盯着那"自净其意"四个字呆呆看了许久，突然有醍醐灌顶之感，内心郁积多日的不畅与难过开始像雾一样消散。

那是我漂泊兰州的日子，我住在甘肃日报社院内公寓里，紧挨着白银路，后边就是五泉山和西北民族大学。晚上失眠的时候，能听到寺庙里的风铃声、诵经声。清楚地听到不远处庆阳路上的伊斯兰教堂里传出的唱经声，大约都是在凌晨三点，悠扬壮丽，抚慰心灵。我周日或者饭后，经常沿着上山的小路去五泉山，有时就是想听听钟声，

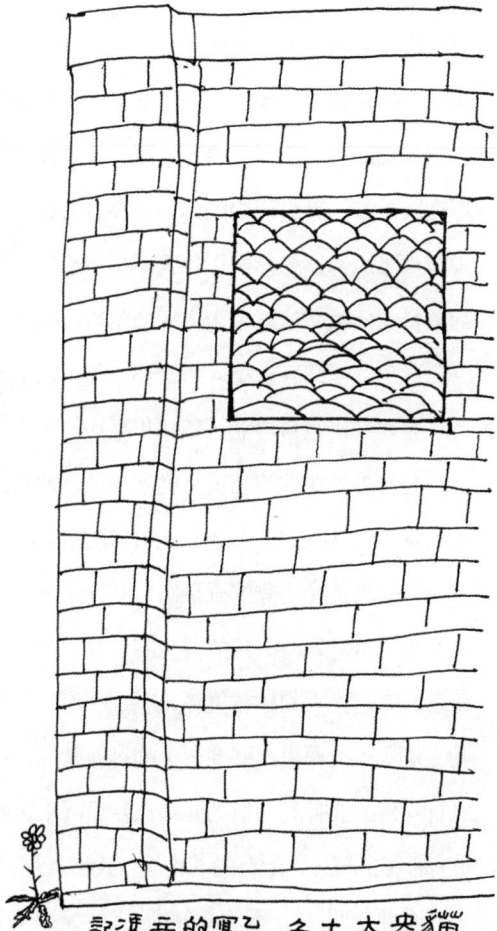

貓意

盎然

大

木

魚

乙未中秋

寫貓禪圖

的意思

清傑記

印

看看那细若游丝的泉水从山上淙淙地流下来。相传，汉武帝元狩三年（前120年），骠骑将军霍去病西征匈奴，大军长途跋涉来到皋兰山下，士兵和战马饥渴难耐，于是霍去病用马鞭在山崖连击五处，鞭过处泉水涌流，五处泉水总名为"饮马泉"。后又分别命名为"甘露泉""掬月泉""摸子泉""蒙泉""惠泉"，因此得名五泉山。寺左门题额曰："明月前身"，联云："花即是禅，鸟即是禅，山耶云耶亦即是禅，钟磬声中随你自寻禅意去；男可成佛，女可成佛，老者少者都可成佛，松杉影里何人不抱佛心来。"题写者为五泉山人。后翻史料才知道，这五泉山人叫刘尔炘，三十一岁授翰林院编修，在京供职三年，便辞官返里。自1913年起，谢绝官事，投身于各种社会公益事业和文化教育事业。1919年至1924年，主持修建五泉山。五泉山上，到处可见他题的诗词与楹联。像那弯弯的企桥上的："打扫开草径松坡来盟白水；收拾起芒鞋竹杖悔踏红尘。"都特别让人回味。

有一次是晚上登的五泉山，看到山下灯光万盏，却也看不到一盏是为我而留。只有头顶的月亮陪着我，为我注下一缕缕温柔的月光。在寂静中，我听到树林里鸟儿叫了一声，好像在安慰着我的孤单，奇怪的是我走到哪里，哪棵树上的鸟儿就叫，我的脚步是那样轻，轻得只有我自己能听到，但鸟儿却从梦里醒来，唧哝有声，难道我身上携带有神秘的气息，所有的动物都与我相亲？

浚源寺里有一棵合抱的明槐，绿荫遮住了半个院子，远远看去，就好像一团绿云停在寺院里。早晨我上山早的话，寺庙的门没有开，喜鹊已经在槐树上喳喳地叫个不停。我总是顺着寺院边的山路一直向上走，树叶上偶尔会落下清凉的露珠，掉在我的脖子里。

在万源阁上，有一棵巨大的合欢树，我走到树下时，朝阳像蜂蜜一样涂在树叶上，我好像听到一阵嗡嗡的声响，也许是沙沙的声音，从云空深处流下来。这时，我看到了奇妙的场景，千万片合拢在一起的合欢树叶子，突然次第在微风里唱着歌张开，好像无数个欣欣张开的绿眼睛，我目不交睫，怀疑自己是不是坠入幻境。这时的合欢树不再只是一棵树，好像是另一个自己，在寺庙的晨钟和新鲜的阳光里张开了自己的臂膀。

过了万源阁就是青云梯，我已经上到了五泉山的半山腰。青云梯为双排三开间八楹牌坊，上书："高处何如低处好"。充满了对紧张人生的解构。我正准备考博士，至此突然放下了尘心，决心随缘，不再强求自己。我就做那棵合欢树好了，晚上就枕着星光或者月光，抱着微风与鸟鸣，早晨就张开眼睛，饮一口清甜的阳光，听一听从山顶上汩汩冒出的泉声。怀着这样的怅想，我慢慢踱回山下家中。

2015年夏天，携小女再回兰州，十年已过，当年随我上山的稚子已经比肩。我早晨起来去五泉山看合欢树，一口气爬上青云梯，我已经喘得厉害。哪里还有合欢树，难道那是我曾经的梦境？我正怅然，一老僧从山上下来，我趋前问："师父可记得这里有一棵合欢树？"他看看我，搭下眼睛说："这里可曾有树？可曾有庙？可曾有你？可曾有我？"说完自顾自地向前走了。我呆呆地站着，一时间天地空明，空中，我又听到熟悉的沙沙声，或者是嗡嗡的蜜蜂的声音，可是合欢树从梦里醒来？

访玉兰不遇 ◎大觉寺

大觉寺里玉兰花，笔挺挺的一丈多；仰起头来帽子落，看
见树顶真巍峨。像宝塔冲霄之势，尖儿上星斗森罗。花儿是万
枝明烛，一个焰一个嫦娥；又像吃奶的孩子，一支支小胖胳
膊，嫩皮肤蜜糖欲滴，眨着眼儿带笑窝。上帝一定在此地，我
默默等候抚摩。

这首写大觉寺的诗，可不是打油之作，是著名作家朱自清夫妇
于1934年4月，约陈寅恪、俞平伯等同游大觉寺，朱自清写大觉寺那
株著名的玉兰的一首"游戏之作"。读之当时画面就在眼前。感叹

那时文人风流，倜傥幽默。那个流离的年代，正是文人最自由的时代，正应了刚刚下线的那部电影的名字，那是一个让人怀念的黄金时代。

陈寅恪、俞平伯和朱自清都是清华大学的教授，大约是离西山较近，过了两年，又相约一起去了大觉寺。一行人刚开始准备坐驴，俞平伯在文中写："佩已坐候于燕京校友门，并雇得小驴一头，携粉红彩画水持一，牛肉面包一包。其驴价一元二角，劝予亦雇之。"后来因为在驴背上写诗不方便，还有携带有一些吃食不好放在驴背上，也就作罢。雇用了人力车车夫二人，价二元五角。在去大觉寺的路上，过一黑龙潭，"下临潭，不广而清，如绿琉璃，底有砾石。窄处为源，泡沫不盛。在此食甜面包及水，予所携也。佩云：'此绿绿得老，不如仙潭嫩绿'"。

这个在语文课本中发出"女儿绿"感叹的朱先生对水的颜色有特殊的敏感，有"绿得老"之叹。有趣。一行人到了寺院，觉得景色平常无趣，坐在塔边吃了一通，玉兰半凋，杏花也无可看，就下了山。

今年夏天抵京，女友一行去大觉寺，女友念叨着明慧茶院，说是坐在三百年的玉兰树下喝着茶，花香茶清，茶烟缭绕，其境界不可方物。是日天大热，西山上尚有凉意，明慧茶院在修葺，只好移至一厢房。据说冰心与吴文藻结婚时，新房没有盖起，新婚之夜只好住在大觉寺的厢房里，说是清静浪漫。也有可能是这个院子。我们坐在院子里喝茶，好像是君山银针，刚开始热汗如注，渐渐从院子大银杏树上似有清风徐来，胸腔里是茶的清香。几只猫坐在青砖墙上，瞪着圆眼睛定定地望着，好像对这来来往往的人都洞若观火。

在大雄宝殿里，竟然看到了慈禧手书的三块匾额：一为"妙悟三乘"，一为"法镜长圆"，一为"妙莲世界"。这三块匾额放置的位置，都很不显眼，稍不注意，就会被参观者忽略。三块匾额，非同寻常，匾上的题字，出自慈禧太后之手。慈禧不爱题词，为何给这大觉寺题了三款？大觉寺的玉兰，自古就与法源寺的丁香、崇效寺的牡丹并称京城三大胜景。慈禧的小名玉兰，也许每年春天她都会来赏玉兰，玉兰也许能触动她青春绮丽的回忆。激动之下就多写了几幅也难说。

这棵古玉兰树就植在四宜堂。四宜堂本是前清皇帝的行宫，四宜堂之名，也是雍亲王以自己斋号命名的。他曾写过"四宜春夏秋冬景，了识色空生灭源"。那时他是亲王，潜龙在渊，韬光养晦，佛理安慰了他。他结识了当时大觉寺的迦陵禅师，奉为本师，后他成为皇帝后，迦陵禅师飘然离开大觉寺。清雍正四年（1726年），迦陵禅师以微疾小恙而逝。迦陵禅师圆寂后，雍正皇帝对他追思不已，但令人奇怪的是，后没几年，雍正帝对其态度突然发生一百八十度大转弯，说迦陵禅师"品行有污，行为不端"，削去所赐"国师"封号，其语录入藏者亦被撤出。迦陵禅师与雍正皇帝之间到底发生了些什么，也成了一个难解之谜。

大觉寺是园林式建筑，依着山形一路向上，白塔位于园林最高处，是全寺的最高点，建于清乾隆十二年（1747年），相传是寺内已故住持迦陵和尚舍利塔，高约十余米，其形制与北京北海白塔相似。一行人坐在白塔下休憩，女友感叹说，这夏日来，错过了春天的玉兰，也错过了秋天的银杏。我说都没有错过。因为，有了念想，就开始想象。想象有时比真实更美好。

在郭沫若故居里看到过一棵大觉寺移去的银杏树。1954年春天，宅院的女主人于立群女士患了重病要去外地治疗，在她离开北京的第二天，郭沫若和孩子们从西郊大觉寺移来了一棵银杏树苗种在西四大院胡同的家中，起名"妈妈树"，寓意是"孩子们少不了妈妈"。在搬进什刹海新居的时候，这棵代表着惦念之情的银杏树也随主人迁进了新家。可见大觉寺的银杏有灵，一路护佑着女主人。

季羡林也喜欢大觉寺，一喜玉兰，二喜喝茶。有一次来大觉寺，被安排在明德轩所谓"总统套房"中。季老风趣地说，他曾在印度总统府里住过。在一间像篮球场那样大的房间里，一个卧榻端端正正摆在正中央。他躺在上面，四顾茫然，宛如大洋孤舟，海天渺茫，一夜没有睡着，但不好拂意。季老住进了寂静古寺里的总统套房，不想寺院寂然，他居然一夜酣睡，感叹"真如羲皇上人矣"。

我坐在玉兰院绿荫里，女友忙着照相，几个着青衣青裤的女子沿着小路走过。突然一阵虚空袭来，觉得四下里如水空明，无声无息，如同进入了梦境。那些美好的人，如游鱼一般，飘忽而来，飘然而散，自己的身体好像也如在海水里一样飘荡不定，脚下的尘土里还存有陈寅恪、朱自清、俞平伯、冰心、郭沫若、季羡林们温热的脚印，似乎还能听到他们的笑声，但斯人已然逝去，空余玉兰、银杏默然。而几十年后，又能有谁在这古玉兰树下，想起这个夏日下午。衣袂飘扬的女友们，是不是发白齿摇，或者早已化作尘土。一时间，突然悲伤袭来，不能自已。

回身看时，那寺院的几只猫儿齐齐地站在墙边，或卧或站，皆闭目养神，任这个世界上熙来攘往，或许许多年前，季先生也低头从它们身边走过，此刻与我迎面相遇。

无常即是有情

　　老师拿到我的小说集《小桃红》后，指着自序里"有女同车，颜如舜华"说，"木槿花，也叫朝开暮落花，花期只有一天，晨放夕坠，瞬间开落"。《诗经》中的"有女同车，颜如舜华……有女同车，颜如舜英"，即是以此花喻红颜，也暗含一种对时光飞逝的惋惜伤感之意。我向来是以植物控示人的，就去查书，书里介绍了木槿的药用价值外，还列举了三位古人对此花发出的感慨。刘庭琦感慨"莫恃朝荣好，君看暮落时"，李渔惋惜"睹木槿则能知戒"，王维则显得超脱"山中习静观朝槿"。心里暗暗佩服他们对植物的博览。

甲午夏，老师有缘来到济源，我陪他去盘古寺。那日风大，山岚缭绕，山脚下林木森森，牵牛花开得繁盛，左缠右绕，把自己蓝色的花朵挂满了小径。我一向对蓝色的花偏爱，看到蓝花走不动。他耐心地陪我站在花丛里，阳光透过草丛打在花瓣上，花朵蓝得要飞起来，好像是蓝天的一角遗落在这花朵上。他说这花日本人因其清晨盛开叫它朝颜。清少纳言在《枕草子》里"叹息朝颜花的荣华不长"。法国人叫它"清晨的美女"。还是中国人实用，叫牵牛。名字来自南朝的陶弘景，后来被李时珍反复引用。说是有人因服用了牵牛花种子治好了痼疾，就牵着水牛去向此花谢恩，所以叫牵牛花。"有个老师真好呵。"我感叹道。然后给老师讲自己与此花的趣事："我小时候，很是贪吃，经常会积食。家里菜园子里这种花多到了纠缠，奶奶拔也拔不完。只好让它任性地攀援，豆角架上、向日葵上、黄瓜架上到处都是它们的花朵，菜园子也因此显得明媚可喜。花落了，留了一包小黑籽，比芝麻大，比黑豆小，奶奶都要小心地收留，在我叫肚疼时吃下去。很快，我的肚子咕咕叫一阵子，就又跳着玩去了。"说着我们就上了山，老师问我可读过韩愈的《送李愿归盘谷序》，我支吾其词，迅速在自己墨水不多的脑子里搜索，发现只记得一个标题。于是，只好闭口，老师闭目摇头背诵道："太行之阳有盘古。盘古之间，泉甘而土肥，草木丛茂，居民鲜少。或曰：'谓其环两山之间，故曰盘。'或曰：'是谷也，宅幽而势阻，隐者之所盘旋。'友人李愿居之。"我听了，抬头看了看山势，果然两山如翼，盘古寺和一座白塔镶嵌山谷里，显得静寂安然。心下叹那个唐人李愿果然选了一个好地方。老师宽容

興其有譽於前
孰与無毀於其后
孰若有樂於身
888殳於仕者出幾
有幾聆今
乙未秋中原凌傑者

地笑笑，他知道我上学时就是个聪明而不用功的学生，好读书而不求甚解。他接着告诉我说，这盘古寺创建于北魏太和三年（479年）。唐贞元十七年（801年），李愿归隐盘古，因韩愈作序送之而负盛名。明洪武年间，古峰和尚主持寺院时重修，称"十方大盘古寺"，香火极盛，闻名遐迩。法属寺院30余座，遍及豫、晋、皖三省。清雍正后历有修葺。清乾隆作《盘古考证》，并亲书韩愈《送李愿归盘古序》，定盘古为"名山胜迹"。这些内容都刻在后山。他讲这些我就更不知道了，只好瞪着无知的大眼睛，认真听讲。

过了御碑亭，只见厢房边坐一老妪，正在认真地捡绿豆，一只小黑猫，极瘦，瞪着松绿色的大眼睛看着我。我走上前去搭讪，老太太赶紧让出凳子，叫坐下。她说自己是山脚下大社村村民，村民都是盘古寺的义工，每家一轮三天到山上来护法。我问她知道唐朝的李愿么？她高兴地连连说："知道，知道。是个隐士，墓就在我们村子里，还有墓碑，保护得可好了。"进得屋内，一床一桌，靠窗是灶台，铁锅里热气腾腾，食物的香味让这黑而暗淡的小屋充满了明亮。老太太摸索着就要到锅里给我盛饭，我赶紧逃出来。

东院廊房的院子里，七八棵木槿树正在放花，那硕大的花朵层层叠叠，粉红浅紫，满树摇曳，姿态万千。一位着玄衣的道士正在树下捡落花，他捡起一朵花，举在眼前，对着花蕊吹气，我好奇凑近看，几只蚂蚁从里边慌张地爬出来。"我在树下等着花合上，就摘几朵，中午可以做汤，也可以炒鸡蛋吃。"他见我疑惑，解释道。老师笑问道人从哪里来，道人说："修道人都是山人，不想年龄，不想来处，只与天地神灵相往来。"老师叹他说得好。

　　道人激动地带领我们去他修道的白龙观喝茶。走过后院，过了白塔，一行人径直到了山谷另一边小房子里坐定。只隔着一道山谷，一边是寺院，一边是道观。在中原，儒释道就是这样奇妙地融合。他先是切了一个大西瓜请我们吃，早已渴了的我，三口两口就啃了，放在桌上。他痛惜地看着我说："瓜自小长大，汲取了天地之精华，还有农民的汗水与劳动，你得恭敬惜物，万不可草草对待，那可是对天地的不敬。"我大惭愧，赶紧又拿回来紧吃两口，啃到青皮。道人说："放到院子的草地上即可。"我顺手一扔，道人走过去，把瓜瓢翻着朝上，他边走来边说："天太旱了，小鸟儿渴呀，这样放着，鸟儿也可以吃呀！"正喝茶间，他突然凝神看了一下钟表，说："我得去吐纳了。"说完也不顾我们的反应，走到道观后院，等我们几个站起身子，他已经在大柏树下屹立不动，像与那棵树融为一体，我们从他身边走过，他亦无视人。山谷里清风阵阵吹拂，他如如不动，只有他蓝色的衣襟摆动了一下。

　　在寺院里徘徊半日，下山时，木槿花已经合拢花瓣，沉沉下坠。牵牛也在阳光下悄然闭上了眼睛。一场盛大的花事就在三四个小时内已经结束。朝荣夕死，让人眼睁睁地看到了无常。就如同一场爱情，绚烂而又脆弱，盛大而又短促。爱情如此，生命何尝不是如此。真个是"天明花发艳，转瞬即凋零。但看朝颜色，无常世相明"。"老师，你说这寺院种木槿花和朝颜，是不是有意示现人生的无常呵？"我对着若有所思的人发问。老师这次也无语了。他说："在《枕草子》里，有一段这样写，在朝颜花的露水还未零落之前，回到家里，赶紧写封惜别的信吧……无常也是有情呵！"

桑树开出了白莲花

开元寺 ◎

一夜间，满园子的桑树上开满了白莲花。园主黄守恭站在园子惊呆了。他揉了揉自己的眼睛，再掐掐自己的胳膊，大声叫自己的儿子："肇经，肇经！快来！"儿子闻声赶过来，看到满院子白莲花吐露着清芬，也张大了嘴巴。

"高僧匡护所言不虚，真实不虚。"两个人在白莲花下转来转去。一起回想前几日高僧匡护来宅里的情形。匡护姓王，经常到黄府，还给黄家写下了一偈："人生均在一梦中，富贵贫贱个个同。风流才子清衣僧，因缘勘破是亦空。"前几天又登黄府，说自己做了一梦，观音示意，此桑园佛光闪烁，合该起寺一座。黄守恭心下

200

对自己多年经营置下的庄园一时难舍，半开玩笑说："吾宅后桑园汝能管开白莲花者，吾尽将此地与汝。"法师微笑不语离去。

树上开莲花者，广玉兰树可谓一例。黄守恭拉下一个枝条，叶子不是又肥又厚的广玉兰叶子，仍然是心形的边缘有花纹的桑叶。他急回书房，修书一封："僧非常人也，吾子无福居于此地，当舍之。"刚刚封好书信，忽然紫云一朵，僧即在云下，匡护法师笑曰："长者诚有是心哉。"公曰："然。非特舍地，当有田三百六十庄，尽舍之。"

我从梦里醒来，那半空里的白莲花仍然清芬可嗅。羚羊叫起长青和云良，四人一起慢悠悠地逛。昨天来时，明明看到不远处有一个古城墙的，却不知怎么左转右转地就拐进一巷，这个叫裴巷的小巷曲折幽深，两边皆是古旧的建筑，一些古厝的门楣匾额上，随处可见镶刻着这些醒目的大字："太原衍派""清河衍派""陇西衍派""开闽传芳""九牧传芳"，等等。我正看得呆，云良告诉我说，闽南历史源远流长，上下越千年。闽南地区的开发，与历史上中原和北方居民大量南迁紧密相关。比如"陇西""太原""济阳"……一个衍派，就是家庭的地域与血缘之源头。而传芳指姓氏中某个典型人物。这个裴巷因裴道人常在此地卖药行医而得名。乾隆《泉州府志·方外》载："裴道人，不知何许人，语音似江东人，宋绍兴中来泉。头戴通草花，行歌于市曰：'好酒吃三杯，好花插一枝；思量古今事，安乐是便宜。'人与之钱，则买酒径醉，莫知所止宿。"

巷道里有人在卖栀子花与白兰花，卖花的婆婆头发梳得一丝不乱，安静地蹲在花篮边，合目养神，好像在花香里睡了过去。有女子梳着长辫子，怀里抱着婴儿，施施然走过来要买花，婆婆睁开眼，说了句，五元一枝，复又合目。这样的安然简静，都要让我看呆了。还有刚刚下来的杨梅，乌紫艳红，味道新鲜到霸道。昨日在纸的时代，小友紫韵特地从漳州带了一捧新下的杨梅，放在盐水里泡了半日，郑重放在一个好看的盒子里，上面还放了一枝开得正好的香水百合，说是让我尝鲜，我没有吃都要醉了。这会子在裴巷，羚羊看到杨梅就蹲下，而我又被那枇杷吸引，长青则举了四块红豆煎糕，各自媚好。大家站在"延陵衍派"的古厝土围墙前照相，那土墙被风雨侵蚀得漫漶，露出粗粝的石子与沙子，从花窗里可以看到院子里的两层洋楼。

从裴巷出来是西街，两边都是曲折的巷道，再向前就是开元寺，也就是黄家过去的桑园。这么大的桑园，可见泉州唐朝丝织业发达。黄家祖上河南固始，献宅建寺后，守恭子孙，都以开元寺中的檀越祠为祖庙。我们进寺，看到一石柱上还镌刻有弘一手书对联："此地古称佛国，满街都是圣人。"开元寺的大雄宝殿上书"桑莲法界"。提醒佛力神奇，桑树上曾经开出过白莲花来。门前两排古榕，形如绿云，沉沉地青着。刚刚进殿，一阵风来，大雨如注，我已经点燃了香，冒雨插香礼拜，回殿头发滴着水。雨越发地大起来，我和长青就站在大殿门口看雨，屋檐下几如瀑布，水声訇然，一阿婆依然笃定地在大雨里上香，雨水兜头倒下来，她亦不慌，在雨里郑重对着天空拜拜不停，嘴里还念念有词，让人心生敬意。

　　雨停后，我们到了大雄宝殿西北的莲香园，去看那棵开过白莲花的古桑树。云良说百年前的一次雷电，古桑树被一劈为三，折断的枝干并没枯死，而是落地生根又枝繁叶茂，于是寺僧围园护桑，园名取为"莲香"，并立一石碑："此对生莲垂拱二年，支令勿坏以全其天。"开元寺的法师介绍，以前听方丈讲，被雷电劈中的枝杈曾经试过移植到别的地方，但是移走的桑树却从未活过，仿佛就生在这里，长在这里，死去的枝杈也在这里。

　　"我们会定期给它浇水，肥料并不常施，这几年来，还没有见过它生虫害。但这棵桑树只开花，不结桑椹，从来没有见它结果。"法师说。我抬眼细看这棵古桑，它像一株绿莲花，花分三瓣，高擎在空中，好像有细细的音乐从树梢上飘下来。

　　又一场雨跟着脚落下来，把我们逼到茶社里，云良从布包里取茶，第一泡水仙岩茶，又泡柚子香茶，最后一道茶我没有喝完，又舍不得倒掉，手持着去看东西二塔。草地上，有一方石刻，上刻一"心"字，心上那一点却在下边。云良说，这叫"放心石"，教人"提起千般烦，放下万事空"。这两座塔始建于初唐，后重修于宋代，塔基、塔身上古朴而传神的雕刻人像，尤其一尊行走的罗汉，衣袂飘扬，面容慈悲，一小儿扬脸扯着罗汉的衣襟，罗汉憨厚微笑，俨然一慈父。

　　尊胜院内，是弘一法师纪念馆。对他的慈悲我记之犹深。丰子恺回忆："有一次他到我家。我请他藤椅子里坐。他把藤椅子轻轻摇动，然后慢慢地坐下去。起先我不敢问。后来看他每次都如此，我就启问。法师回答说：'这椅子里头，两根藤之间，也许有小虫伏着。突然坐下去，要把它们压死，所以先摇动一下，慢慢坐下去，好让它们走避'。"

夏丏尊居士说有一次见弘一大师时，他行李很是简单，铺盖竟是用粉破的席子包的。到了白马湖后，他就自己打开铺盖，先把那粉破的席子珍重地铺在床上，摊开了被子，再把衣服卷了几件做枕。拿出黑而且破得不堪的毛巾走到湖边洗面去……

1942年10月13日，弘一临终前写"悲欣交集"四字，且预作遗书、遗偈。其偈云："君子之交，其淡如水。执象而求，咫尺千里。问余何适，廓而忘言。华枝春满，天心月圆。"在遗书里，他仍然慈悲叮咛："当在此诵经之际，若见予眼中流泪，此乃悲欣交集所感，非是他故，不可误会……去时，将常用之四个小碗带去，垫龛四脚，盛满水，以免蚂蚁嗅味走上，致焚化时损害蚂蚁生命，应须谨慎。既送化身窑内，汝须逐日将垫龛脚小碗之水加满，为恐水干去，又引起蚂蚁嗅味上来故。"

天仍然在飘雨，我的脸上，不知是泪水还是雨水。院子的广玉兰正在放花，花朵洁白硕大，直如白莲，我却在泪眼蒙眬里看到了无边的桑园，那大朵大朵的白莲花，如同芬芳的白云团，降落在这里。

弘一法师在山路上转身而去

　　"交往近一年，也没有什么好送你的，此钟送你，可作一念。"

　　我取过小钟，把玩片刻，这是一只很旧的钟，乳白色，耳朵上漆已经脱落大半。"只是这钟时间比一般钟表都慢了半刻，修几次也无法修好。"我诧异望他，不知他何意。"世人皆以快好，我独觉得慢好。这钟解吾意。你也是解意人，所以送你。"他认真看着我，好像还有千言万语要吐给我，但却默然了。待我要细问，床头闹钟铃响起，我从梦里醒来，想着他在梦里送我此钟，一时间恍惚着。起身顺手到茶台上接水烧茶，呆呆回想那梦里人的样子，茶浇到我的手上，泼了一地，茶碗也丢到了地上，这才神回梦醒。中午顺手拿起一本杂志，一翻就翻到了一段，读下去，惊得半天没有合嘴。杂志上写道：1935年冬，弘一法师因病归卧草庵。让法师有所深悟的是"草庵钟"。法师说："病床上有一只钟，比其他的钟总要慢两刻，别人看到了，总是说这个钟不准。我说这是草庵钟。"草庵钟因慢而得其名，但行走虽慢，坚持为要。法师还说："因为我看到这个钟，就想到我在草庵生大病的情形了，往往使我发大惭愧，惭愧我德薄业重。"

我坐在飞机舷窗，窗外是无边虚空的蓝色，大堆的白云如虚幻洁白的群山一样绵延，我觉得自己的身体已经开始飘向窗外，那些逝去的亲人是不是住在上边？佛教里讲的西方极乐世界是不是也在这边？我不经意地回了一下头，他的头像映在窗户上，和那流动着的白云一会儿融在一起，一会儿又完全分离。天空暗下来了，他的脸在窗户上看得更清楚了，他就坐离我不远的地方，头顶的小灯照着他安静的面容，目光沉静如水，着青色长袍，嘴唇微丰，鼻梁挺直，嘴角的微笑像鱼儿戏水的波纹，又轻又软地荡漾开去，使我一时间看得入了神。飞机到厦门高崎机场后天色完全暗了下来，因天气原因，飞机被迫空中盘旋，机舱内灯光昏暗不明，那张含笑的脸在窗户上如同幽深的水底之鱼，灯光在他脸上闪烁不定，好像一条明亮流动的河流从他脸上流过，他漂浮在暮色苍茫里。

纸的时代书店的朋友来接我，我在下飞机的人群里一看再看，也没有看到那个有着神秘安静笑容的人。我疑心自己是幻觉。而身边的长青却是一身蓝布衣服，风神飘洒，他斜挎着布包，脸上带着温厚的笑意。人群里，羚羊介绍认识了云良兄，他是厦门弘一法师研究会理事。说起访寺，他说泉州草庵必须去的，弘一法师曾经三住其中。云良主动说开车一起去。我注视云良，他清瘦而且微黑，很像是在哪里见过，也许是菩萨派来帮助我的。

第二天，驾车前往泉州，路上云良说起了弘一法师与草庵的缘分，弘一法师在闽南弘法期间，曾三次来居草庵，或度岁，或养病，每次"淹留累月，夙缘有在，盖非偶然"。草庵的环境确非常适合于他"养疴习静"。弘一法师撰写的"草积不除，时觉眼前生意满；庵门常掩，毋忘世上苦人多"的楹联以及《重兴草庵记》，或镌于堂柱，或勒石刻碑，是了解草庵历史的重要文物。

草庵就在万山峰下半山崖处，我们进门时，门口的小屋里亮着灯，屋子里却空无一人。转过山路时，我突然又看到了飞机上那个熟悉的身影，他着蓝袍，长身玉立，在我们前边的二十多米处缓慢地走动，山风吹起了他的布袍，我想看清他的脸，想确认他是不是那个暗暗吸引我的人。这时羚羊看到一丛开得茂密的紫花植物，拉住我问，我只得蹲下来，细细看它的叶子，等我们起身上山，那蜿蜒的山道上已经不见了刚才的蓝色身影。

急步上山，却见草庵木门紧锁，院内只有风在轻柔散步，几株格桑花摇着细弱的茎。我似乎看到亮光一闪，看到一佛像端坐莲坛，散发披肩，眉弯稍突，嘴唇略薄，身穿宽袖僧衣，襟打无扣结带，双手相叠平放，神态庄严慈善。在明亮的光中，她的脸呈微草绿色，手呈微粉红色，身体呈灰白色，甚为奇特。待我要叫长青也来看时，那光倏忽熄灭，只看见粉色的非洲菊在院里摇曳。再向山上走数十米处，有摩尼教咒语崖刻一方："清净光明，大力智慧。无上至真，摩尼光佛。"摩尼教从古波斯传入中国后，被译为明教。据传说，明太祖朱元璋依靠明教夺取政权后，采用明教的"明"定国号，后来担心明教威胁他的统治，便打压明教。明教从此一蹶不振，逐渐被其他宗教所融合。因此，泉州草庵便成了仅存的明教珍贵史迹。

顺着草庵三间质朴的石屋继续向上，屋顶上方横卧着一块巨大的石头，一棵树从石头裂缝里长出来，已成为合抱之木，树根竟然将石头裂开了几块，石上结满了青苔，上面落了几朵扶桑花。我突然想起临行前中午的梦境，那读到的杂志上面所说的"草庵钟"可是发生在此地。云良听完，笑道："你说的这个我倒没有听说过，但'草庵钟'肯定是这里。"1935年12月初旬，法师自惠安弘法后返泉州，因病归卧草庵。大病中，曾书遗嘱一纸交与随侍传贯，书曰："命终前，请在帐外助念佛号。但亦不必常常念。命终后，即以随身所著之衣外裹破夹被，卷好，送往楼后之山凹中，历三日，有虎食之则善；否则三日后，即就地焚化……演音启。"

一日，另一弟子广洽来庵问疾。法师说："你不要问我病好没有，你要问我有念佛没有念佛，这是南山律师的警策。向后当拒绝一切，闭户编述南山律书，以至成功。"

"你说，弘一可在此跌跌？"我抚摸着屋顶上的大石块，那么平整，那样直阔，好像在等待人坐上去。长青微微一笑说："他病住此近半年，山崖地方狭小，他一定会踱到此小坐。"我单盘腿坐上去，山下景致尽收眼底，远处云山如黛，河水泛着银光，雨后苍茫大地升腾起奶白色雾气，一阵山风吹来，有冰凉残雨摇落到脖子里。

一行人下山时暮色已经悄无声息地弥漫开来，回头张望，那飞机上的场景再次浮现：那深谷里隐隐静静的院落，那墙垣上攀爬的紫藤，那门旁半萎的木槿，那歇山顶、直棂窗，那长满竹子的小径上缓缓走过的蓝色的身影……

清淨光明
大力智慧
無上至真
摩尼尖佛
乙未清秋
潘傑

南普陀寺 ◎

客栈拾花人

　　那是秋天的一个黄昏，到南普陀寺时天色已晚，新月如眉，挂在寺院外的塔尖上，用过斋的僧人走出山门，在树荫下散步。刚刚到厦门的羚羊见一法师走路如同凌空飞行，或者是卷着一阵风飘然而行。她站在那里都看呆了。在她怔忡间，法师已经飘到她面前："前世可是修行人？"羚羊看他着清简素袍，长身玉立，满身仙气。不等她摇头，法师讷讷自语："是日已过，命亦随减。如少水鱼，斯有何乐？当勤精进，如救头然。但念无常，慎勿放逸。"他停顿了一下说："这是普贤警众偈，送给你。"羚羊合十相向。法师退下腕上的念珠说："送给你。"然后飘然离去。"我看到一束光芒，彻天彻地，好像在那一瞬间把我击穿。"那是2008年，羚羊刚刚来到厦门。她不知道两年后自己竟然辞职从武汉来到厦门，那个此前不停行走的藏羚羊变成了如今安静守着一间客栈的女主人。

从南普陀寺向东行约一里路，就是曾厝垵。靠近海边有个加油站，加油站边写着"花谜道"三个字。花谜道两边栽满了三角梅和兰草，被雨水冲刷的墙上有着暗绿色的痕迹。再向前走十几米向右拐，就能看到一个蓝色的大门，走进大门，高大的棕榈树摇着宽大的绿叶子，木瓜树在二楼的窗口开着象牙白的花，院子的木地板上落满了三角梅艳红的花瓣，墙角的花瓣堆得更厚，旱金莲橘色花朵藏在荷叶一样的宽叶子下面。一个女子，长的直发，白衬衣，长的蓝裙子，每天早晨都会给花朵浇水。三只猫，一只纯白，一只黑白花，一只黑猫，都会像调皮的孩子一样跳出来，在落花与绿藤间跳跃追逐，最调皮的黑白花会扬起爪子来抓女子的头发，还有许多长尾巴的鸟儿也会迈着方步在院子里觅食，阳光在院子里闪呀闪的。浇完水的女子坐到阳光客厅里，煮水，沏茶，低头静静地读书。书桌上，卡片上稚拙的字写着："有什么样的修行，就有什么样的遇见。"

一只蝴蝶越过低矮的木门，另一只紧随其后，"忽"的一声两只蝴蝶飞了进来，在洒满阳光的品吧里飞飞停停，好像这里是它们的家。有一瞬间，它们竟然停在羚羊的花裙子上，翅膀快速地翕动着，羚羊只得屏住呼吸，生怕自己惊动了它们。她正在阅读博尔赫斯的诗《南方》："从你的一个庭院，观看古老的星星……"

等她读完几页书，抬起头，蝴蝶已经不见了，却进来了三只小燕子，它们站在品吧上的书架一角，唧唧哝哝地商量个不停，也许它们是想在这个安静的房间里搭一个巢，养一群孩子？过了一会儿，燕子们欲飞出来，却一下子撞在了明亮如水晶的窗户上，羚羊赶紧打开了所有的门窗，对着小燕子挥着手："孩子们，朝低处飞呵，低处飞就出去了。"左冲右撞的燕子终于破窗而出，它们高声唱着，在窗口盘旋，好像向这个可爱的女子致谢。

门口有了人声，有人在指指点点看院子厚厚的落花。说起这些落花，羚羊是与房东斗争才保存下来的。有一天早晨，房东挥着大扫帚哗哗啦啦地扫地，顺带把院子的一地落花也清扫掉了。羚羊急得几乎哭了，两个人鸡对鸭讲说了半天，房东才明白过来，落花是诗，不是垃圾，不能扫掉，是这个客栈的诗意。好啦，品吧外面的花池里总是长出许多不知名的草，房东在清理前总要大叫："羚羊过来呵，这棵草是不是诗？可不可以拔掉？"羚羊总要笑着回答："是诗，是诗……"

夏天时院子里总有许多壁虎，在墙壁与洗洁池边爬来爬去，羚羊把它们轻轻装进茶叶空盒里拿到花圃里放掉。绿植的叶子上长了蚜虫，她会一剪一剪将有虫的树枝剪下抓在手里，丢到院门外去。有人在门外说那就喷洒杀虫剂好了。羚羊说不要啊，我是绝不会杀死它们的。门外的人只好说，好吧，好吧，这都是生命诶。

羚羊家新来的小妹在客栈住了一周多时间，见她每天接待各种朋友与来访，时不时外出活动以及饭局，深夜还安静地独处于品吧窗前读书，早餐坚持面包咖啡清茶一杯，一幅沉浸在自己世界里的高冷状态。那个带着浓重的河南腔的小妹对羚羊说："姐啊，我就觉得吧，你啥都好，就是吧……我就直说了啊，就是觉得你啊咋好像不食人间烟火似儿咧，你这完全不像是做生意的人啊！"

"哎呀，咱羚羊家才来一个礼拜的小妹，咋都这么洞若观火心如明镜咧。"羚羊哈哈哈仰脖大笑，一直笑倒在沙发上，把个河南小妹子笑得大眼瞪小眼。笑过之后，羚羊说："是呵，是呵，我是生活，不是生意。"河南妹子的眼睛瞪得更大了，"生活与生意难道不是一回事嘛？""生意是以赚钱为目的，生活是以审美为目的。诗意的栖居，有态度的生活。以行走的姿态，在No的世界创造一个小小的Yes！高晓松说，生活不只是眼前的苟且，还有诗和远方。"这下子轮到河南妹子笑了，她笑呵笑，把三角梅的花瓣都震落下来了。

我们抵达羚羊客栈是五月中旬，曾厝垵正在评选"风情民宿"，羚羊的电话像爆豆一样响起来，都是想让羚羊参与付费投票。羚羊用温柔的声音拒绝对方，最后都以"不用了，谢谢"做结束语，丝毫没有流露出不耐烦。她那女学生一样光洁的脸上总有着明亮的笑容，好像这个世界赋予她的都是好意。

其实只有我这样追随她文字许多年的老友知道，她内心有着至今仍在的伤痛。那是一起三进西藏的被她称为灵魂知己的马，在她的注视下失去了生命。那时她的宣言是："我不会在一个地方停留，我会去我想要去的地方行走。"马的逝去，让她深感一切都是梦幻泡影，她终日消沉伤神，无法自拔。她知道自己必须换一个地方重新开始，她内心深处渴望着全然不同的人生——充满希望和平静，且与庸俗现实生活完全不同的崭新人生！虽然走遍中国的她深知，换了环境，并不能保证能带来内心的充实，可是，总比重复眼下这样一种一成不变、无望空虚得让人发闷的生活更好，总比在老地方回忆往事伤感绝望好。她决定去厦门。

她像一阵风一样停在了南中国的海滨，她知道这次停留与此前的行走其实质是一样的。那就是追逐梦想。羚羊这样解释自己对梦想的理解："你经历千辛万苦去找寻的梦想，并不一定是完美结局。或是说，不是你努力付出了，那梦想就一定要实现。也可说那梦想，它并不一定是美好辉煌的才被称之为梦想。"

梦想，之于一种人，就是激发心底的热望与激情，不顾一切摆脱俗世的羁绊去追寻。羚羊坐在下着细雨的品吧里，说着自己的梦，脸上是事过之后的淡然。

这个羚羊客栈四十平方米的玻璃房，是她自己设计，自己找材料盖起来的。那时工人一边砌墙一边问她，窗子在什么地方，门尺寸留多大……特别是装修的时候，自己像个指挥家，站在现场，让心里的梦一点点立体明亮起来，工人问："设计图呢？"她笃定地回答："在心里。"

现在，品吧从心里站到眼前，做旧的红砖墙、原木书架、古朴的茶台、亚麻茶台布、墙上开着小花的绿植、可爱的留言墙，每一个小细节，都满含了温情与爱。作家来了，诗人来了，艺术家来了，羚羊客栈成了厦门民间文化胜地，这些爱写字的人们都忍不住问羚羊："你的作品呢？""我没有任何作品，我只有行走。如果一定要说作品，我想，我的生活态度和我的生活方式本身就是作品，我用我的生活方式书写诗意的生活。"

　　那天，她与朋友们策划的"非常心经"艺术作品展在南普陀寺法堂展出。她一大早就去了寺院，天刚蒙蒙亮，观音殿里的僧人们正在做早课，寺院里巨大的广玉兰树上开满了白花，好像莲花升上了树梢。一缕冷香幽艳，沁人身心。"先生假于诸物，描写诸佛无上智言，于本寺法堂内设此《心经》影展，其苦心殷切，实为苦海众生营造舟楫，于佛法中令未信者生信敬，已信者令增长；已度者令欢喜，未度者为作方便。从此，心无挂碍，无有恐怖，远离一切颠倒梦想，同登觉岸。"经堂内一个小和尚在诵读则悟方丈为这次艺术展写的序。羚羊听着，觉得是耳中音声，目里色相，清凉孤绝全不似人间，而自己一时间犹如云里月影，水里落花，消融到了蓝色的晨曦里。

　　殿里的人还在唱着，一字一句都是悲悯，那轮弯弯的残月，随着这钟声梵音，在滴滴融化，嗒嗒地落在初夏的花朵上。

昭惠庙 ◎

洛阳桥上流月去

看见这座桥的这一眼，我便怔住了，明明如此熟悉，在我梦里一现再现。那桥头斑驳的古塔，那伏剑微笑的宋朝武士，那脸如满月的月光菩萨，就连这脚下丈余的条石，我也好像多次在上面走过。更不消说这薄阴的天气，五月空气里微微的凉意，闪亮的河水，如梦一样伸向对岸的北宋石桥。

在很多次梦里，我是北宋着青衫的文人，我梦到他在梦里告诉我说自己曾是刺桐城人，那里风樯林立，万帆待发。海上明月，风涛浩荡。难道我回到了前世？回到了梦里的故乡？我们一行四人抵达泉州的洛阳桥已经是初夏的一个黄昏，我看到一个头戴发髻的宋人从洛阳桥上飘然而过，他青衫飘洒，笑容温厚，眼睑低垂，边走过边唱诵道："金谷园中柳，春来似舞腰。何堪好风景，独上洛阳桥。"待我正要上前问他，转眼却不见了人影。

此刻的洛阳桥暮色苍茫，洛阳江隐隐可见，河道里停了许多渔船，几只白翅膀的海鸥忽地从船上飞起，箭一样插进密密的红树林。初夏含有水汽的风轻柔吹来，好像有人拿湿的绸缎拂过我的脸。在这千里之外，听到洛阳两个稔熟的字，好像突然有人唤我的小名，让我顿时愁肠百结。驾车带我来此地的厦门友人云良告诉说："隋末唐初，社会动荡，战乱频仍，中原人尤其是洛阳人大量南迁，其中以迁到福建者居多，被当地人称为'客家人'。他们怀念故土，思念洛阳，看到泉州山川地势'类吾洛阳'，就把这里的一条江命名为'洛阳江'，江上建一桥，取名'洛阳桥'。"

桥南的昭惠庙，原叫镇海庵，是蔡襄建桥的指挥部。庙外桥头有巨大的蔡襄塑像。他凭海临风，注视着漫漫长桥霜迹，千年后犹是冰凉。我犹看到他静坐在北宋的暗夜里……夜雨敲窗，涛声如雷。昭惠庙的灯火跳跃不定。沉香袅袅中，佛龛上端坐的有从九日山迎来的海神"通远王"、一身素衣的妈祖林默娘、手持甘露的观世音菩萨。这次蔡襄自京都返乡，看望病中的母亲，母亲拉住他的手絮絮地说起怀蔡襄时曾渡船过"水阔五里，波涛滚滚"的洛阳江。正逢大风海潮，小船如浪里树叶，几欲翻入江中，她当时双手护住肚子里的胎儿，口诵阿弥陀佛不停，后一船人竟然平安渡过。她最后说："这座桥你一定要建成，你出生时我就发了这个愿的。"

　　蔡襄步出寺庙的大门，潮汐正卷着一丈高的浪头向着堤岸砸过来，万安渡临近海边，桥基放下旋即被浪涛裹走。他对着沉沉夜幕，一浪高过一浪的潮水，满心忧虑，无人可说。是夜，他梦见观音菩萨，嘱他要向龙王求计。梦里看到一个大大的"醋"字。蔡襄冥思苦想，终于领悟了海龙王的启示，当月廿一日酉时动工，果然此时海潮退落，三天三夜不涨潮，桥基终于顺利砌成。

　　《泉州府志》曾提到，洛阳桥的得名与唐宣宗有关，而清人笔记里也有类似的描述——唐宣宗遁迹在泉，过此桥曰："此间风景颇似洛阳。"即赞叹这里的山水似河南古都洛阳，洛阳桥因此得名。它和北京的卢沟桥、河北的赵州桥、广东的广济桥并称我国古代四大名桥。因为连接大海，为减弱潮汐和风浪的冲击，洛阳桥在西边一侧采用了船形桥墩，利用潮汐涨落将十吨的石条浮运架在桥墩上，并在桥下养殖大量牡蛎，将桥基和桥墩胶合凝结成牢固的整体，这是世界上首次将生物学运用于桥梁工程。

　　岁月苍茫，这座桥载浮了多少远离故乡的中原人的乡愁，桥上走过多少南来北往的人？桥下的流水又流走多少岁月和往事？我站在桥梁中的亭子上，望着明灭的江水陷入沉思。我小时候生活的洛阳也有一座洛阳桥，原是浮桥，唐初在原址上重建，并改为石桥，称天津桥，又称洛阳桥。"忆昔午桥桥上饮，座中多是豪英。长沟流月去无声。杏花疏影里，吹笛到天明。二十余年如一梦，此身虽在堪惊。闲登小阁看新晴。古今多少事，渔唱起三更。"此刻吟诵这首儿时熟悉的宋词，看着暮色里披上蓝光的古桥，我也有惊心之感。这时，故人长青击掌笑道："这世界上有巧事，也没有碰上如

月光菩薩

洛陽橋
邊如
相問

乙未中秋
中原馮傑

此巧事。前夜接待两个客人，写了几幅字送他们，不想竟遗留下一幅，就送云良兄。"展开宣纸，竟然是"洛阳亲友如相问，一片冰心在玉壶"。"这真是因缘前定，但如此巧合也是难得。"为我们一路驾车的云良笑着收下。

我这个前世的梦游人，也像黄庭坚一样，仿佛回到自己的家，一阵阵地恍兮惚兮。江西《修水县志》记载："黄庭坚出任黄州知府的时候，一日午间做梦，梦到自己走到一个乡村，看到一白发老妪，倚门而立，好像在等人。见黄说，女儿已经亡故二十六载，每年这个时候都这里等。黄惊心，自己正好是二十六岁。进得屋内，老妪说家里有一大柜，因为不知女儿把钥匙放在什么地方，一直没有打开。黄想了一下，轻而易举地找到钥匙。柜里全是女孩生前读的书，还有写的文章，居然与他自己历次考试的文章一字不差。后来他自像赞：'似僧有发，似俗脱尘。做梦中梦，悟身外身'。"

我离开洛阳桥，几步一回头，暮色里长天与石桥，影影绰绰，似有若无。我似乎又看到一个着青衫的宋人，不远不近地跟着我，口中诺诺唱道："三生石上旧精魂，赏月吟风莫要论。惭愧情人远相访，此身虽异性长存。"

她住在华盖峰下的白云里

紫微宫 ◎

"再有两分钟，我就关门了。"道姑着白衣站在紫微宫门口。白衣里是贴身小棉袄，在袖口露出一妩媚的红边。她身姿轻盈，眼睛清澈，微丰的嘴唇很美。

我刚刚攀上这两百多个台阶，喘着粗气，对面华盖峰上云雾涌动，一朵朵地正向紫微宫涌来，已经有细细的雨丝打在脸上了。我以为她要回到楼上，谁知她一拧身随着我们进了后院。

后院左右边各有颓败的房子，看样子像是清朝的建筑，门窗倾倒，墙上爬满了菟丝子和爬山虎。右手两层阁楼门下吊着一个圆圆的如足球一样大的东西，一群野蜂上下乱飞，同行人说那是野蜂窝。道姑边走边说："那是明朝的房屋，后边还有一道唐朝的墙，玉真公主与师父司马承祯都在这里清修过。"

我沿着长满青苔的路向上走，果然坡上有一道被各种茂盛的灌木杂草快要吞没的墙，看那墙的样子像是唐朝的。墙上的牵牛花在微雨中开着蓝色的花朵，各种草你攀我升，在墙上打闹纠缠着。我站在这已然没入尘土的唐朝宫墙前，仿若看到玉真那清净坚定的容颜，想那夜雨青灯，道观外白云缭绕，她独坐这华盖峰下，闭目吸入天地之清气，日月之华光，定能成就不老之容颜、无尘之内心吧。这样的觉悟浪漫，真挚坚守，不知多少女子在她面前要低下头来。那个天才诗人李白在见到玉真之后也感叹道：

洞中开日月，窗里发云霞。

庭养冲天鹤，溪流上汉槎。

种田生白玉，泥灶化丹砂。

谷静泉逾响，山深日易斜。

据传这中岩台上的十方大紫微宫为唐朝高道司马承祯创建，历朝香火不断，民国期间败落。司马承祯，字子微，河内温县人，年二十一入道，事潘师正，居嵩山，为陶弘景上清派第十二代宗师，在道教史上具有重要地位。

司马承祯得道后，居天台山，自号天台白云子。景云二年（711年）入京答唐睿宗问，与陈子昂、宋之问、卢藏用、王适、毕构、李白、孟浩然、王维、贺知章相往还，号"仙宗十友"。据考，司马承祯于武后时曾居王屋山中岩台，故其所撰《潘尊师碣》题"弟子中岩道士司马承祯书"。考《旧唐书》等典籍，开元十五年（727年），唐玄宗又召司马承祯至京师，令其于王屋山自选形胜，置坛室以修炼。后唐玄宗妹妹玉真公主跟随其在王屋山一带修道，使这里成为全国道教中心。

正发怔，白衣道姑走到我面前说："听说你在甘肃待过，我老家在武都。"我说："去过，武都就在白龙江边，也是这样的青山，白云飘飘，青石板路。向前过了文县，就是九寨沟。"听我去过她的故乡，道姑满脸生辉，笑道："是呵，我们那里的姑娘都长得漂亮。"我盯着她说："你就好美。"另一同行人问："你有多大年龄？"道姑道："修道人不问年龄。""对呀，你们最后都是仙女，仙女是没有年龄的。"我打趣着引来一片笑声。道姑感叹："中午本来下山洗澡，师父不让去，我坐在楼上剥去年的花生，准备给小鸟吃。突然有点瞌睡，就下楼关门，不早也不晚，正好遇到你们。可见缘分终是无法躲过。"

她住的床简单之极，素朴洁净，我们问冬天可否冷，她说可生炭火。问她这样的修行苦不苦，她答，苦才是修行，苦得如黄连才好，苦到极处才修来甘甜。她说她的道号叫盛理兴。她本住郑州经三路与红专路上，出道已经三年，现在回到城市已经无法忍受，看来此生只能在白云生处终老了。我们随她上楼。右手床上一老妪正熟睡，她轻声说："我师父。"然后让座，备茶。说话间，白云从窗口涌进来，一时间真的恍然如梦。她穿好道袍，与我们合影。

依依送我们下楼，站在高高的楼台上，目送我们下山。长长的台阶，微雨轻飘，走至半山，回首，她还站在雨中。单薄的身影在白云中时隐时现，我们下了山，回望山上，云雾缥缈，似有仙人，伫立风中，一时间心中有不舍之意，几乎要放下手中一切，与她同在山中徘徊。

忍到平淡处，方是真功夫，同行的人也不由赞叹。

风过森森，在云海翻卷的华盖峰下，我看到远山上的云……

山中一日 ◎ 月山寺

自前年到永泰寺听梵乐并结识恒湛法师之后，一直想去月山寺，他在月山寺做住持已有两年。

恒湛白净斯文，眼神清澈如水，在永泰净舍给我们沏茶，还微微有点拘谨。我喜欢这样的拘谨，有一种欢喜在流动。那天说了很晚，出了净舍，院子里繁星如银丁，白而明亮。

此后，每次去济源，看到博爱与青天河的出口，都想起月山寺。十年前，与家人去青天河，路过月山寺，感觉似曾相识，好像在梦里见过的。这种惦记如同暗恋，总在不经意时让你心里一乱，这乱还是如此隐秘，不能示人。

17日这天，从青天河回府，造访月山寺。车停在山寺门外，我信步入山，松柏成阵，还不到处暑，空气里有着湿热。约一公里，见一青山隐约，梵声阵阵，这可能就是明月山，就冲此山名，也想去。

一百零八级台阶，已经让人喘气，但看"入云"二字在上召唤，也就鼓劲趋上。上山之后，却见一渠，绕山而转，渠内荷与睡莲，寂寂开放，还有小青蛙蹲在荷叶上，雪白的肚子急促地鼓动着。沿渠走约莫一公里，才见一桥，一树，隐隐一痕红墙，觉得好像是到了寺院。过桥一丛茂盛的竹林，内供《明月山大明禅院记》，是明月寺开山祖师空相自述文字。他记述了明月山自创建清风庵到大明禅院这二十年的历史。过竹林，穿碑亭，原以为后园即是寺院，不料又是上山小路，不知为什么董其昌会书"御道"二字。山上没有人，能听到石缝里和草丛中蟋蟀悠长的叫声，风过处，竹林与树沙沙有声，愈显得此山入定，如同一个空山。

始觉这月山寺如同佛理，刚刚读完《心经》，觉得明了，但突然间又觉得无明在眼前，待继续读之，又觉清澈可见。佛理也如情人，永远在远方召唤，我们感其爱之弥切，不觉其远，终得证得。

我本想给恒湛法师打电话，山间幽静，不觉沉迷其中，使劲嗅空气里那植物吐出的清气。不觉又走了一公里，远远看到绿瓦红墙，绿沉沉的爬山虎和正开花的凌霄爬满了迎风壁，左手宝刹林立，右手一个高大的好像是塔楼的土碉堡，让我诧异了许久。

恒湛师迎我入住持室，亲手泡上茶，茶香弥漫在斗室间。他絮絮讲了许多，他说自己平静是最危险的时候，烦恼才能证菩提，无常才是世界的真相，所以不要被任何境遇所困扰。有他的好茶，所有的话我都觉得好听。送我出寺门时，天色已经有些灰蓝，我又开始了无法去掉的孩子气："师父，这个土碉堡是做什么用的？别的寺院都没有呵？"

恒湛师笑笑，说起了本寺院的风水，清朝时为了调节寺院风水，建起的"看家楼"。师父留步，我下山，才下一百多米，回身望时，山路寂然，虫鸣四起，寺院已经被黛色的山挡住，无法看见。

那蓮蓬剥開，內心除了蓮籽，還是偈語
是風聲是鈴聲是月光，還是童話和耳語
中原馮傑記

大明寺 ◎

娑罗花开

下了十几天雨，我朝着空气抓了一把，抓出一把水来。早晨到院子里散步，看到所有植物都挂满亮晶晶的露珠，好像是神仙在黎明到来时，慌张着要走，遗落下的宝珠。我趴在树叶间看露珠，看到露珠里变形的圆的世界，都是青的、灰的、白的。好像是佛寂灭的颜色，原来这个世界并无其他颜色，有的，也只是灰、青与白。

大明寺门口，一中年妇人带着孙女坐在门槛上，小女孩的眼睛明亮得如一滴清露。第一缕阳光打在院子里的娑罗树上，一个僧人在厢房边洗衣物，另一居士模样的人蹲在一边发呆。紫薇树、木槿被雨水泡得花都凋谢了，阳光唤醒了她们。我给身边人介绍这棵娑罗树与阳台宫同样的年龄，这个对道教特别有兴趣的小伙子一直在追问："为什么这里的没有果实？"我看了看，确实，没有一颗果实，只好嗫嚅："也许娑罗树也有雌雄？"

去年五月，曾经在大明寺撞到娑罗花开，雪白芬芳。那天也是下着小雨，那些满枝低垂的花枝好像佛菩萨示现人间，不杂红尘。同样是娑罗花，永泰寺的花朵有着象牙的颜色，而大明寺的娑罗花洁白如雪。青砖地长满了青苔，走上去滑得几乎要跌倒，黄栾的小碎花落了一地，看上去有说不出的寂寞。

中佛殿里，蒲团整齐，空气里似乎还有诵经的声音在回响。这里去年才驻锡的演通住持很是精进，佛事活动很多，几次来都看到僧众在诵经。我站在几米开外静静地听着那悠长清寂的声音，直听得整个人都呆了。他们诵完经，一个个手持细香，走出殿来，脸上都有着拈花微笑的安详与清澈，有信仰的人脸上都有着奥妙的光芒，无法掩饰。

我忍不住走向他，想知道一个人怎样才能洞彻人生。他站住，脸上有南方人的白净。"我看到你大殿前的榕树好像枯萎了呵"，"由他。"他坚定地看着我的眼睛。"那一个人如何能完全如如不动？""春天娑罗树花开了，就来看看。"他没有正面回答我的话。"客从哪里来，能在济源住习惯吗？""心安是家。"他说着，被一居士叫走了。我怔怔地看着他的背影，良久。

这大明寺所在地叫轵城镇，就是战国时的古轵国所在地。到了汉高后元年（前187年），封刘昭为轵侯，刘昭就在自己的城里建了大量的宫殿。大明寺的前身，就是轵侯刘昭用于祭祖的焚修香院。

到了宋仁宗时期，作为儒学思想载体的古轵侯宗庙，变成了一座寺院，改建后称通慧禅院。金朝末年，这座寺院又经历了一次空前的劫难。元朝刻立的《大明恩公勤德之碑》，记录了当年的历史。据碑刻记载，通慧禅院在金朝末年历经战乱，"既罹兵烬，倒为丘墟。"一直到元世祖至元十四年（1277年），禅院住持总公、恩公开始重修寺院，历时三十年之久，通慧禅院从此更名为大明寺。

这娑罗树后的中佛殿就是元朝建筑，明朝重修过，建筑手法粗犷豪放，木材使用随意自然，就势而搭，就质而用，体现出鲜明的元朝雄健豪放的风格。后佛殿是明朝建筑，清朝重修，木染上彩绘画颜色仍然鲜艳。我们在僧房墙上发现了两方金代的碑刻，其中一个是彦公戒师的墓志碑。上书："能除烦恼障，不牵利欲情。良缘惟务超，向谁其尸之。则于彦公戒师得之矣。"彦公戒师本姓薛，是山西省洪洞县人，自小有慧根，后出家持戒，成了一代高僧。"我绕着碑读来读去，只是不能清楚这既然不牵利欲情，又何来良缘？想了一会子，满脑子都是糨糊，只好一走了之。

我像黛玉一样苦苦地想着这恼人的"金玉良缘"，念叨着"不离不弃，芳龄永继""莫失莫忘，仙寿恒昌"，走出了寺门。

吱呀一声月亮关上了寺门

风穴寺 ◎

"还进去吗？"看门的老翁见我行色匆匆，伸手拦我。四只猫眯着眼睛卧在他脚下。的确，天已近黄昏，寺庙里的人纷纷向外走，大树上盘旋着大群的归鸟。月亮已经从山沟里升起来，不过此刻还了无生气，如一枚将化的冰块。

"去，我今天心愿就是进寺院。"我说着，人已经进了寺院。"姑娘，你一个人，不害怕吗？"老翁还在后面喊。"有佛菩萨保佑，不怕。"径直走向大雄宝殿，门口的僧人正脱下橘色的外衲，露出里面的僧衣，我赶紧去拜佛菩萨，僧人跟进来，为我敲响了钟磬。我凝神暮色中的释迦牟尼，他慈悲庄严，好像知我心里困惑，

233

目光静穆清澈，在青色的黄昏里让人安心。我刚刚出门，僧人就吱呀一声掩上了门。

将近寒露，墙角的蟋蟀的声音透着凄凉，叫一声，停顿一下，好像被这渐渐冷下来的空气呛着嗓子。时序真快，和他第一次走在一起时，蟋蟀繁密的叫声犹在耳边，现在已经凋零至此。好像这虫子的叫声也是梵唱，在对人世间的一切发出浩叹："空即是色，色即是空。"正想着，一群鸟呀呀地叫着在中佛殿上盘旋，回家总是快乐的事情吧。月亮突然亮起来，好像是被鸟声撩亮了似的。寺院里突然像灌满了清水，满院荡漾着。出毗卢殿，开始有向上的石阶，一抬头月亮橘红，挂上方丈院的檐角上，天空蓝得苍茫空阔，橘红的月亮上的花纹都是那样清晰，而这又大又红的月亮好像到这静寂的山上专门来陪我。她温柔静美，犹如邻家姐妹，但又在水一方，不可触摸。

院子里的七祖塔和大殿都好像沉入了梦境，沉沉中似乎有着梦呓。万物静美如斯，只有风里我的裙子摩擦着腿，还有相机快门那咔咔的声音。顺着台阶走上望州亭，向山下望去，果然殿塔相依，一路沿着山谷倾斜而下，满谷烟树腾起蓝色的雾，使一切幽深明灭，不可测度。

这风穴寺最早建寺于东汉初平年间，后来也叫香积寺，盖因当时这里满山冈野花芳香凝聚，沁人肺腑，加之佛教故事中说，天上有香积佛居住在香积寺内，一切用具芳香扑鼻。隋朝时因寺北众峰林立，沟壑纵横，奇峰相峙互露峥嵘，故又名"千峰寺"。唐初扩建寺院，院址初选龙山南侧，传说佛嫌风脉不佳，夜间骤起神风一阵，将砖木石料飘起向西而来，到现在的院址上风停料聚，因以风点穴，而名之为"风穴寺"。又传：寺院扩建时适逢三伏天，酷暑难当，无法施工。正当此时，佛光显灵，赤日炎炎的天空中忽然飘起一朵白云，状似巨伞覆盖寺院上空，经久不散，所以又有"白云寺"之称。据《风穴志略》载：龙山阳侧有大小二风穴洞，大洞内分重关，可达钧密二县。内栖蝙蝠，朝暮群飞。每将天变，洞内发出吼声，其风猛不可挡。小风穴洞似瓦瓮，口小肚大，洞中经常发出雾气。内有天生石梯，因生青苔，滑溜不可下。下看不见其底，俯听洞内喔喔有声。洞口有石坪，莹洁如案，中间微凹，略似墨池，可容半升水。旁刻"古砚"二字。因为寺东之山有大小两风穴洞，故名风穴山，寺亦因山而得名"风穴寺"。

这天是农历九月十四，无风。只有大月亮越升越高，突然想起那个坐在月亮下给我写梅花笺的千江，回味着她写的"你的诗是忧郁漫长的，生命和心灵的激荡常常充满伤害，人世间潜伏于心的欲望，发作起来，又常常使人迷惘。青青，我看着你步步涉来，奋发天真，已蔚然一格，心中亦为你高兴"。在这无人寂静的翠岚亭上，我竟然又临风洒泪了。好像伊人就是东山的月亮，温柔贴心，安慰着我的孤独。我一生都像萧红一样在寻找心灵知己，常常寄希望于男性，却总是在同性中找到最深的理解。

站在翠岚亭拍那越来越近的月亮，她一会儿停脚在亭的檐角，一会儿落在我的手臂，又调皮又温柔。我从来没有这样切近过她。从来都觉得月亮高远缥缈，不可切近，今日在龙山之顶，寺院之上，好像离月亮近了许多，她投我怀抱，照彻心房，我几乎可以像嫦娥一样飞临其上了。难道山中之月知我灵魂之寂寞，特别给我清辉荡涤尘襟，让我百病消解，重回安静清澈。这时山下寺院一片吱呀之声，殿堂的门随着月亮升起纷纷关闭。我只好抬脚下山。

门口的老翁正在给四只小猫喂食，见我下来。叹道："我在这里三十多年，从来没有看到人夜游寺院，你是第一人。"我停脚。"敢问老伯高寿？"他答："我七十多，我妈九十多，都住在这山里。"随话看到灯影里两位老妪，一母一妻，头发都像雪一样白。"我刚来时，这院子里的草长得比我都高，这些年好了，政府给钱修了，也有了住持。我们和白马寺是一宗，都是临济宗，和少林不是一宗。少林是武，我们是文。"我听着，月亮也跑到山下来了，小小的，橘红，站在屋顶上。远没有在山顶看到的清澈，也没有那么大。"我都退休十几年了，不想回城里，住不惯。文物局说继续让我在这儿。嘿嘿，我夜里经常听到月亮唱歌。""真的？""真的，冬天月亮的声音又轻又小，夏天月亮的声音又高又亮。"他笑了。牙齿已经掉了，月光在他嘴里闪亮。

我走出院子，回身看只见塔影沉沉，诸峰如笑。那月亮升到了树顶上，一下子离我如此之遥远，顿觉得伤感莫名，好像山顶上与月亮的亲近只是一梦。

鹿门寺 ◎

孟浩然卧在青石上

　　去鹿门寺前一晚，在襄阳见到文友数人，牛歌赠我他的新书《忆三弟》，回到房间一口气看完，已经凌晨三时。窗外大夜弥漫，天色如墨，碧月澄照，胸中寒苦成冰，无法呼吸。叹那君子才俊牛青，三十九岁就因病而逝，作为知己加兄弟的牛歌，写得哀拗压抑，让我数度落泪。真个应了他喜欢的诗句："少年击剑更吹箫，剑气箫音一例消。谁分苍凉归棹后，万千哀乐聚今朝。"

　　早起决定去鹿门寺，知道鹿门寺是因为孟浩然（世称孟襄阳），而喜欢孟浩然是因为李白。李白诗中多次写到孟浩然，可见他极热爱这个大他十二岁的诗兄。李白给孟浩然写过两首非常著名的诗，一首是《黄鹤楼送孟浩然之广陵》："故人西辞黄鹤楼，烟花三月下扬州。孤帆远影碧空尽，唯见长江天际流。"十年之后，李白又写了《赠孟浩然》："吾爱孟夫子，风流天下闻。红颜弃轩冕，白首卧松云。醉月频中圣，迷花不事君。高山安可仰，徒此揖清芬！"能得李白如此厚爱的人，当少之又少了。过后不久，孟浩然即旧疾复发去世，这一首诗，成了写孟浩然的千古绝唱。

而这个孟襄阳为什么会隐居在鹿门山呢？说来也是有文化渊源。东汉末年，襄阳名士庞德公携妻入山采药不归。盛唐，张子容、皮日休、白云先生、王迥等都曾在此地隐居过。故此，世称"鹿门高士傲帝王"。孟欲进仕而屡失意，这里不啻为最好的隐居地了，他从先贤那里获得了隐秘的精神支持。在诗中叹道："闻就庞公隐，移居近洞湖。"住在鹿门山，他怡然自得，目送飞鸿，手挥五弦，与青山白云相往来，他写道："山光忽西落，池月渐东上。散发乘夕凉，开轩卧闲敞。荷风送香气，竹露滴清响。"

鹿门寺旁边有孟浩然纪念馆，一行进去，但见柴门茅屋，青山溪水，青石雕塑的孟襄阳半卧在野花丛中，悠然自得。这个形象应该是从李白诗中幻化来的。我的眼前出现了诗人孤独而清幽的身影，他独自住在这青山深处，旁边就是鹿门寺，晨钟暮鼓，松露清风，他与飞鸟相语，与清泉密谈，与万物在心灵上有了相通，才能写出《夜归鹿门歌》："山寺钟鸣昼已昏，渔梁渡头争渡喧。人随沙岸向江村，余亦乘舟归鹿门。鹿门月照开烟树，忽到庞公栖隐处。岩扉松径长寂寥，惟有幽人自来去。"

鹿门寺就藏在汉江的密林边，一条石阶小路向上攀登，始见一

没有鹿，那些鹿角都跑到寺外的树枝上了

乙未秋杖冯杰

寺隐藏在绿树青山之中。寺中见住持性固法师，他蹲在一个卖法物的商摊前，面容安详，注视着往来寺院的游人，像一个大隐于市的高人，他出家已经二十多年，一直驻锡于此。他说，现在的鹿门寺只是过去的十分之一，他来此发下宏愿，想恢复原寺面貌。二十载化缘，今秋可动工开建。说时，他脸上有着奇妙的光辉。他说开封与新郑都有弟子，也许会云游到那里一顾。我诚意邀请他去郑州一聚，说罢留下电话。

"不要期待，也许去，也许不去。去了就相聚，不去就相念。"临走，他留下的话，让我想了又想。

嵩岳寺 ◎

会叹息的嵩岳寺塔

中秋前的嵩山，空气里有了野桂花的甜蜜，还有未开尽的荆花的青气。我看看萍子，她正郑重地从大桶里舀青菜汤，她那凝神的样子，像是正在拜佛。那谦卑、认真的形貌令我想起夏丏尊描述弘一法师吃斋饭时的那段文字来："碗里所有的原只是些萝卜白菜之类，可是在他却几乎是要变色而作的盛馔，喜悦地把饭划入口里，郑重地用筷子夹起一块萝卜来的那种了不得的神情……"而同来的红已经吃饱饭，站在嵩山的轻云下感叹："这饭多奢侈，顶着白云，嗅着桂花，听着溪水。"嘿嘿。伊人笑起来，像个女学生。

这天是农历八月十一，三人来嵩岳寺听诗歌朗诵会，天已近黄昏，太阳正慢慢地向山下降着。天空上的月亮，像个水沤子一样，也像快要溶化的冰块，惹得红高呼："日月同辉。"太阳缓慢而艰难地落到山后面，那满天的白云突然绯红如霞，挺立在山前的嵩岳寺塔身上涂了一层金粉，远处的太室山也如同掉进一场旧梦。一会子金色满身，一会子黛青入定，我在塔院前走过来走过去，山里的喜鹊也随着我的脚步，警觉地从草丛里抬起头。

我几乎不曾把眼睛从天空移开，天庭里瞬间即逝的颜色与云朵让我迷醉，而东边的太室山的"嵩门"上碧树与烟云的变化也让人心神飘散。想这绝美之地，三面环山，一面临水，烟霞明灭。寺院早已被毁，留下的嵩岳寺塔被称为最古老的砖塔，历史上曾经有两个女性钟情于这个藏身于深山的寺院。

一是胡灵太后，北魏孝明帝的生母，安定临泾人，谥"胡灵太后"，垂帘听政达十三年之久。这位陇原女子一度被群臣劝阻，不能见皇儿。她任性使气，说："隔绝我母子，不让我往来儿间，复何用我为？放我出家，我当永绝人间。"她从洛阳来到嵩岳寺，当时还叫闲居寺。装作闲看云卷云舒，过了一阵子，又回去垂帘听政去了。

据悉，建于北魏的嵩岳寺，一出现就被皇家看中，原为宣武帝的离宫，后改建为寺院，改名闲居寺。隋文帝仁寿二年（602年）改名嵩岳寺，唐朝武则天和高宗游嵩山时，曾把嵩岳寺作为行宫。"每至献春仲月，讳日斋辰，雁阵长空，云临层岭。委郁贞栢，掩映天榆。迢迢宝阶，腾乘星阁。"李邕是唐朝人，他说的可是武则天盛游的场景？洛阳周围那么多寺院，武则天为何独喜这个嵩岳寺，恐怕与胡灵太后有关吧。两位女性笃信佛教，现实中又对权力有着野心。也许她们在这山间能够获得一种神秘的心灵力量。

多少人复杂繁密的心事，多少代人世更迭，这个嵩岳寺塔一定记得，他只是不语。五年前的一个中秋，也是嵩山诗会，当夜皓月当空，我与萍子、万鹏和鲜明信步走至嵩岳寺塔下，嵩岳寺塔掉进溶溶的月色里，院子里隐约有风铃的声音，好像月色有了动静。站在塔下的我们突然怅惘起来。万鹏兄说："你一看见这一千六百多年的建筑，就会觉得人生太不经活了。你就会突然想到死。"他说话的当儿，一只巨大的夜鸟"嘎"的一声从塔上飞起来，四人抬头之际，已经不见了踪影。山间的清风带着白露的凉意一阵阵吹送过来，人的身体都开始变轻。那脚下隐隐一带明灭的烟火就是登封小城，此刻觉得距离特别遥远。一时间，四人沉默不语，只听到月光在塔顶上冷冷作响，惊心动魄。

说话间五年过去，月色如旧，写过的诗歌已经落满了灰尘，甚至我都忘记了自己还写下如此多的嵩山月亮的诗歌。但也许这个嵩岳寺塔他一定记得。是夜，我坐在月色里，听着余光中与流沙河的诗歌，好像听到站在黑暗里的古塔那沉沉的叹息："看那人世攘攘，灯影晃晃，人散后的寂灭，才是永恒的快乐。"

终将隐在云深处

贤隐寺 ◎

与贤隐寺是迎面相遇，无法躲避，就像一场猝不及防的爱情。回到家已有三日，却时时在回想那白云中相遇时的惊喜与怅惘。女儿在家住满了三个月，启程去温哥华上学了。心里有些不舍，但也只化作言笑晏晏。

出了机场直奔信阳而去，想在烟波浩渺的南湾湖边坐坐，平平心里的起伏。

第二日，雨烟弥漫，继而潇潇而下。坐同学新搬的办公室看雨中贤（首）山，白雾从黛色的树林里袅袅升起。这次来竟然巧遇初中同学小可，已经三十年不见。初中时他小脸尖瘦，脸上两只奇大的眼睛，密密的长眼睫毛开合之间似有风动。他父亲李厚森是班主任，眼镜片后的大眼睛经常审视我，恨我不用功学习。有次带我树下，问："现在是啥天气啦？"我眨巴着懵懂的眼睛，说春天。

他气急败坏地说："都割麦子的天气了，你还在迷瞪。"我这才明白，他打偈语，就是说快中考了，该收心学习，不能再看小说了。眼前的小可改名李鹏，眼睛被胖起来的脸挤得小起来，眼睫毛好像不再那样浓密。我们都恍惚若做梦。他偷偷地瞄我一下又一下，也许也在回想那跌落在时光里的十五岁小姑娘与眼前这一中年妇人的重影。

次日我沿着湖边大坝信步南行，大坝下的湖水在雨烟里像是安静地睡去，雨里青山如黛如梦，白云缭绕，如入仙境。几年前青红帮姊妹月夜在湖边看月亮，圆月碎成一湖银白，广玉兰的香气充满了夜色。现在青红相聚不易，有离散之感，让人嗟叹。过大坝到了密林里，一团团白云擦着我的脸快速飘过，脸上像是小猫的吻又湿又凉。大雨刚过，山里空无一人，小径上密林接天，山上鸟声如雨。还有溪流淙淙声时大时幽，淙淙的泉声里使山好像都要飘起来了。从密林向外看时，能看到一湖碧水如处子静卧，波澜不惊。不觉走了几公里，看看前路悠长无尽，山岚隐约，绿树重重，不知通向哪里。正忐忑不安间，一老翁走来，问："向前走什么地方？""再走三公里贤隐寺。""然后呢。""再走两公里就到市郊。"嗯，这下笃定了。继续在白云与鸟声织成的幽境里前行。远远水光潋滟，有红墙一痕。依山赫然有寺院，贤隐寺是也。

寺里寂静无一人，只有一株银杏和一树鸟噪，不时抖下一阵急雨一样的水滴。空气又湿又凉，似乎又都成了绿的。东汉时的周磐弃官奉母隐居于此，寺院因建于周磐故宅处，故以"贤隐"名寺。

韦陀殿后是大雄宝殿，上书"大白牛车"四字。传说在贤隐寺出家的慕西和尚（信阳中山铺人，俗姓米氏）在上海受业于华严大学，又渡海至缅甸、暹罗等地朝礼名蓝归来之后，见到贤隐寺萧条，于公元1923年着手多方募化，重修寺院。当时修建大雄宝殿的过程中，所有的建筑材料，如砖、瓦、灰、沙、石、木料等，完全靠一条大白牛拉车，往山谷寺院运送。由于山高坡陡，加之当时的牛车笨涩，运输倍感困难。当大殿即将建成的时候，这条大白牛在半山腰的运输途中累死了。为了纪念这条大白牛的功绩，在大白牛累死的地方，专门修建了"大白牛塔"。大殿建成之后，慕西和尚又亲题"大白牛车"四字巨幅匾额悬挂于大殿正面檐下，以示纪念。

我呆呆地看着入了迷，天下有情，不论人或者牛，入了无我之境，皆可成佛。那大白牛也算于此修成正果。一大爷说寺庙第三任住持印庚长老是南阳人，当年他的遗体火化后，南阳人还来"争抢"骨舍利子，要把他的遗骨装回故乡入殓。寺院后院里几只猫安静地卧在屋檐下，听到我的脚步声，翻了一下眼睛就又睡过去了。几只花喜鹊在松树间抢东西，发出嘎嘎的叫声，使这静止的空气更加空寂了。

墙上有一张陈旧的纸，我信步看去只见上书：

"寺院修行免费吃住，可闭关，短期出家。"

贤隐寺是离信阳市较近的大寺院，方丈上妙下德大和尚今行大愿——本着来自十方、回报十方的悲愿本怀，以贤隐禅寺为基地，常年为全国信众提供一个清净的修行道场。凡来本寺学习佛法以及念佛、坐禅、持咒、闭关的修行人，吃、穿（居士服和海青）、住等全免费，修学时间长短皆可。真心修行者可在本寺永住，直至往生。目前在寺院的修行人中时间长的已经住了七年。

寺院设有念佛堂、禅堂和闭关房，修行方式以共修和自修相结合，根据每个修行人的具体情况做相应的合理安排，尽量为修行人提供一切便利，只愿众佛弟子早入佛道，早证菩提。

看完心下一动，想着明年年休假到这里修行，亦是一桩美事。此时，从禅房走出一位女居士。我道："日日坐看白云起落，可是美事？"

"看久了，也不过是寻常景色，人情大抵皆然。"她眉宇淡然，脸上一片安静。皮肤白皙得几近透明。我问她入寺修行几年，她答已经五年。我问这深山幽静，人迹罕见，可感到寂寞？"修行原就要耐得住寂寞呀！待到内心充盈，不希冀任何自外而来的东西时，那才是修到了境界。"

我只是想在红尘的间隙在这里短暂停留，并不打算完全舍下家庭、亲人还有朋友，如若让我将韶华全数交付孤独，又将会怎样呢？这答案也许只能交给时光。我看着她暗暗感叹，她原是坚定而自持的人，倒是我们这些被红尘浸渍的人，如何能做到初心不悔，安静自守，难题是也。

草原上升起了彩虹 宁玛寺 ◎

黄河从巴颜喀拉山发源，越过苍茫荒原，进入甘、青、川交界的广阔草原，来了个大转弯，在青藏高原东部边缘的甘肃省玛曲县境内形成了一个433公里的"九曲黄河第一弯"，阿万仓草原，就位于玛曲县南部黄河的臂弯里。

在兰州五年，没有到过玛曲。这次回兰州，最大的愿望是去玛曲。朋友的沙漠王子车，一路绝尘而去。过了合作市，外面就像巨大的画卷一样展开，草原、落满云影的山坡、白莲花一样的羊群、自由奔走的马，还有朝着路人瞪着警惕眼睛的藏獒，我专注地出神地望着窗外，生怕错过一瞬间的风景。

在碌曲县城吃了中饭，等饭期间，我到楼下的新华书店翻看书，买了《诗经三百篇鉴赏辞典》《小窗自纪》《娑罗馆清言》。那个圆脸女孩在扉页上给我盖了个碌曲新华书店的章，好像碌曲给了我一个吻，以作纪念。下午两点到了玛曲的黄河大桥，桥边碑刻一行大字：天下黄河第一弯。只见黄河水从南边的草原和云天上浩浩而来，过桥后，不知所终。我们继续奔向阿万仓，车过此镇，只有条街道，几位穿藏服的人靠在门边寂寞地望着天边。两只狗互相追逐着朝另一边的街道跑去。接着雨就下来了，草原顿时失去光彩，一群牦牛慌乱地穿过公路，小牦牛紧紧地贴着母亲的肚子，好像要钻进子宫里避雨。

到宁玛寺时，雨小了一些，有两位穿酒红僧衣的僧人从寺院里走出来，见到我们小心地踩着水，带笑容地看着我们。大朵的乌云还在东边的天上集结奔走，宁玛寺那长长的转经墙在雨的幽暗里闪动着幽深的光芒。西边的闪光的金殿映衬着远处的青山，是那样明亮闪耀。在寺院白色的大门边，我央求两位僧人与我合影，他们微笑着答应了。我从他们的笑容里看到了慈悲与爱，还有对我无礼的宽容。

玛曲的朋友接着带我们去贡赛尔喀木道，是阿万仓著名的湿地草原生态景区。贡赛尔喀木道，是贡曲、赛尔曲、道吉曲这三条发源于雪山的河流与黄河的汇合之处，形成了千万条弯曲美丽的溪流。车直接驶上山，刚刚下过雨，草地上的牛粪被泡得很软，小路滑得如踩在青苔上，满地的野花干净纯真得如婴儿笑脸。每一朵野花上都有一颗摇摇欲坠的露珠。刚刚站定，一场更猛烈的雨下起来了，我们只好躲进了山顶的小屋里。小屋里已经有十来个提着"长枪短炮"的摄影发烧友。雨响亮地抽打着屋顶，啪啪的声音如同响雷轰隆，屋里人兴奋着，等待雨之后草地上更加明亮闪光的溪流。两个小时后，雨终于停了，大家纷纷钻出小屋，西天的云彩瞬间变幻，一会儿如奔腾的马，一会儿又如亿万头白象，雨后的湿地上的溪流果然涨得更满，明亮闪烁，如水银泻地，在草原上蜿蜒曲折，画出无数条美丽的图案。又一会儿，太阳果然不出所料跃出云层，发出万道金光，大地光彩夺目，一切像是重生，草原上的溪流如同玻璃一样亮得逼人眼目。而那些云层也镶上红紫不同的金边，在西天云蒸霞蔚，好像天庭里一场大戏一样流光溢彩，隐隐中时有天乐袭来，难不成是西王母在演唱她万古忧伤的《白云谣》：白云在天，丘陵自出。道里悠远，山川间之。将子无死，尚复能来。作为女性，西王母对穆天子的感情，与天地风光相连，个人的喜悦与悲伤在这片自然风光里，也随之无限广阔起来，似重又轻，似有还无，宛如草原上的花事，应承因缘，来去都能够烂漫无邪。

正哗然间，大家一声惊呼，从阿万仓镇边的青山上，一道彩虹破天而起，升腾在天地之间，赤橙黄绿，美如梦幻。所有的镜头都对准这难得的景致，这注定是稍纵即逝的美。我不停地口诵阿弥陀佛，希望这美停留得更久一些。也许我之诚心感动佛祖，这时对岸青山间也升腾一道彩虹，与阿万仓的连结一起，成为半月形的完整彩虹，彻天贯地，接云连水，美到让人惊叹无语。我2007年从西藏回内地路上，在青海看到彩虹，八年中，时有在山间瀑布上看到破碎的彩虹，从来没有在广阔的天空中看到完整而明亮的彩虹。一时间惊喜交集，感动得泪水直流。天空湛蓝，青山如洗，草原如大海一样伸展向无边无际的天边。彩虹当空，佛光万道，阿万仓小镇的红房子也如在仙境中，这善缘，这美景，这样世外难遇的景致，我像老浮士德一样对着那与我打赌的墨菲斯托道出自己的心声：只有每天争取自由和生存者，才配享受自由和生存。于是少年、壮年和老年人不惧风险，在这里度过有为的年辰。我愿看见这样熙熙攘攘的一群——在自由的土地立足的自由之民。那时对眼前的一瞬我便可以说："你真美啊，请停一停！"

　　天色已经开始转暗，沉浸在美与梦幻中的我才发现自己全身已经冻透，阳光下去后，天风顿起，凉意浸心。一行人逃一样地钻进车子里，太阳光下沉后，彩虹更加明亮，那一抹抹紫、红、蓝、绿、橙、撼人魂魄，阿万仓小镇几乎不像是真实存在一样，或者随时都会跟随着这一道神奇的彩虹消失。车走彩虹也随之转动，过了一会儿，彩虹从那群悠然自得的牦牛身上升腾，那群牦牛身上注满了仙气，好像我一眨眼它们就会飞升而去。彩虹一会儿从青山后边转动，那黛色的山峰上像有一只看不见的大手在挥舞着这道神奇的彩带，让我对这仙境一样的地方充满了敬畏。彩虹一会儿又从山顶那朵白云上升腾，那白云里一定住着神仙与天人，他们任意吹口木叶，彩虹就会在天庭跳舞。

　　车子在两个小时后驶进玛曲县城，在这个高原小城，我开始了此行的高原反应，头痛欲裂，胸口翻腾，好像一个被美与爱情波涛彻底击晕的鱼。脸都没洗，就昏睡过去了。

雪后王屋访隐士

清虚庵 ◎

　　甲午岁暮的第二场大雪终于倾盖而下。我不顾寒气在雪地里狂走，突然想起王屋山紫微宫的盛理兴，她住在海拔近一千米的半山，该有多冷。赶紧微信问候："山里雪大吗？冷吗？"她回话："山里雪大如席，不仅仅像童话，更如在天庭。"

　　立春这天，借给她送柜子之名，一行人去了王屋山。她正在屋子里低头做鞋子，自己的棉靴已经做好，黑灯芯绒面，高腰，上面绣着太极图；手里是给八十多岁的母亲做的，比她自己的还要暄暖。她放下针线，又是给大家沏茶，又是拿糖和橘子，还像孩子一样指着橘子说："快看，这橘子放在圣帝前，蒂上已经结了太极图了。"同行的女孩夸她针线活好，她像得到鼓励的孩子，掀起蓝袍让大家看黑底红花的棉袄："这都是我自己缝的，你们摸摸，棉花多软。"大家赞叹不已。"师父和我的衣物都是自己缝的，我年轻时学过缝纫。"

喝茶后她带大家走仙人谷，山谷位于通向天坛极顶神道旁边。山谷里的雪还没有化，阳光下晶莹剔透，闪着水晶一样的光芒。山上的背阴处结着积雪，这让整个山峰烟霞明灭，银光闪烁，犹如铺开的画卷氤氲开去。一条小路玉带一样缠绕着，尽头被枯草遮盖，积雪上有梅花一样的小兽的脚印，想象雪后它们欢快的身影。我们踩着咯吱作响的积雪，一边感慨地说可能这也是最后一次踩上雪地。好雪片片，都落进了大家的眼里心底。"这山谷住过两位隐士，一位是我师父的同修，一位是来自陕西的道人。"正絮絮说着，行人中有人喊道："2月4日11时58分30秒，立春啦！"大家凝神，仿佛有一阵微风掠过树梢，一群鸟锐声叫着从山谷里振翅起飞。一位研究中医的朋友说："立春前后，脉搏跳动就有了改变，立春前脉沉，立春后脉浮起来，这与阳气上升有关。"

正说着走到了一处小石屋前，约有五平方米，门上落锁。小屋子边还有一小厢房，像是厨房，厨房外是一大缸。小石屋主人写的对联被风雨剥蚀，字迹有点漫漶，但仍然可读下来。一侧写着："道教精微犹如云挂山头行至山头云仍白，玄门奥妙恰似月浮水面拨开水面月还深。"另一侧写着："独坐蒲团细剪山云缝旧衲，客来丹室轻敲石火试新茶。""这一定是个隐士，也许还住在这里。"我正喃喃，抬头看到门头上好看隶书"清虚庵"三个大字，因藏身在门槛下，墨迹如新，好像主人刚刚还站在这里。仔细看门楣上还列有两行小字："龙门弟子：舒高阳　二〇〇四年春建。"屈指算来，石屋已经建了十年。这石屋建在仙人谷河流右侧高地，背靠密林，门临不老泉。这王屋山的不老泉据说是龙脉所在，可见这个叫舒高阳的人很懂风水。

卖蜂蜜的老黄告诉我们说，此隐士是陕西人，曾是中学的老师，突然有一天做了个梦，梦里神仙指引他，让他来王屋山。他来了后，走了几条山谷，走到这仙人谷时，竟然说自己梦里看到过，仙人示现的就是这个样子。于是在山谷里修起了房子。老黄因懂中医，经常会到山谷里采药，两个人还会坐在一起聊天。这位叫舒高阳的道人告诉老黄，山谷里的石头在不同的季节会有不同的颜色，冬天石头的表面会发黑，夏天则微红，秋天雪白，春天是青色。山中的泉水也一样，夏秋变绿，冬夏则色泽青黑。这条山谷没有电，道人告诉老黄，住在山谷里会习惯黑暗，洞穿黑暗后你就会发现一切都有光芒。住在大地深处，与鸟兽为邻，吃简单的食物，听山中自然的音乐，看心头的清泉潺潺流淌，星光与月光都辉映其中。他说这话时，老黄就像听天书，会放下给他带来的米面和盐，向更深的山里走去。

有一天，老黄去看高阳道人，远远看到道人身边站着一小儿，似在听道人念经，走近看，原来是一只太行猕猴，抱着门前的橡子树，神情专注。看到老黄，猕猴轻捷跳到树上，很快就不见了。高阳道人说某个冬日的晚上，他听到窗外有动物啊哦惨叫，急急开门，一猴子浑身是伤，双目挂泪，高阳道人赶紧拿出自己平日采的草药，起火焙干，碾粉，用酒精清理猴子伤口，敷上药粉。第二天，又下山买来水果、玉米等，养将半月，猴子痊愈。自此，猕猴经常来陪道人，道人念经，猴子就蹲在旁边听，安静得如一小道士，连那抓耳挠腮的习惯也突然消失。

四年后的一天，高阳道人不辞而别，老黄从山谷里走的时候，怅然若失。那只猕猴仍会定时出现在石屋前，像失意的人一样满脸忧伤，时而发出长啸，听上去凄凉悲切，让人泫然欲涕。直到这两年，这猴子才不见了，是追主人去了，还是死了，都无法知道了。

说到这里，老黄的眼睛里起了雾气，大家也都唏嘘有声。再向前走时，众人沉默很久，只能听到雪在脚下呻吟。那个高阳道人去了哪里，既然知道自己是个过客，何苦伸手搭救此猴。再转念一想，此猴跟着道人听经三载，也许早开悟，它来这石屋也许是来修行，而不是思念也未可知。此时山谷渐阔，阳光水晶一样透明，满谷都是山茱萸、小红果，蓝天与白雪衬得越发鲜艳。山谷一半填满阳光，一半堆满清雪，满山谷的植物也和我们一起，站在冬春的临界点上，握别甲午，迎来乙未。

又下了一个山坡，一杆黄旗在大杨树上猎猎作响，三间石屋赫然入目。理兴介绍说这里叫小西天，主人是师父的同修。自己还没有进山时都梦到过他，所以第一次到王屋山，碰上他惊得啊了一声。"他的嘴长得像个猴子。我在梦里一会儿看他是孙悟空，一会儿是个猴子。"理兴笑着上了石阶，三间屋子都落了锁。两边的木栅栏也都搭了锁，还贴了对联，好像春节提前到了这山谷里。一只山喜鹊大胆地站在栅栏门上向我们点头，好像说自己看到这个道人就在山对面的白云生处，并没有走远。我问理兴，这位道人何时归来。她说且看风中飞蓬，于无归处处处是归途。

那天出了山谷已是红日西沉，低头看时，所有人都笑了，我的裙子上满是济源人叫鬼圪针的东西，鬼圪针的种子真的像褐色的小针，针头有一小刺勾，像小手紧紧抓住我，把我当成一只兔子，要让我带它们到更远的地方发芽。

客去僧归独夜深

灵岩山寺 ◎

苏州因为是林黛玉的故乡，平添了许多好感，看苏州一切都像是贾宝玉看林妹妹一样，风物人情，万般皆好。那绵软有致的苏州评弹，藏绿含风的各式园林，窄窄的曲折的小巷，都让人低回不已。

这次去苏州，皆因大学老师鲁枢元从教五十年和七十大寿，在苏州大学旁边搞了一场聚会。我和鲁枢元老师的缘分真的奇妙，我上大学他已经名满天下，小学期时急巴巴选他的课，曾经站在走廊里听完，散课就像从电影院出来一样有种恍惚之感。他高大俊朗，满头卷卷的乌发，大眼睛深邃幽深，是众多女生心目中的偶像。毕业后我远在南阳，后赴兰州，再至郑州，他去了海南大学，又落脚到苏州大学。他是大江大河，我是小桥流水，原以为再也无缘交集，只能聆听梦里涛音，但不想去年《落红记》出版，在一次读书会上，在门口没有早一步没有晚一步，就遇上了他。他看到《落红记》三个字，感慨："在《南方日报》上看过两个女作家对谈萧红和《落红记》，竟然不知道是自己的学生写的。"遂爽快参加了下午的读书会，第二天我收到他发来的手机短信："《落红记》，一部丰蕴、厚重而又灵动、超拔的书！鲁枢元。"我回信："鲁老师，你已经回到苏州了吧。那日相见，至今思之，亦梦亦幻，觉得类同佛祖安排的奇遇。"

灵岩山寺在木渎古镇边的灵岩山上，上山的路是青砖竖起来垒成的小路，江南潮湿，青苔顺着砖缝漫延，绿苔青瓦，时而有一两片黄叶飘然而下，老师高大的身子摇晃着走在身边，山上的竹子绿影森森，好像从竹林里刮过的风也是绿的。有一些树已经开始有了斑斓的叶子。砖径上不时走过三三两两的僧人，着青灰色的僧衣，表情淡然，还有的口中诵着经文。他们好像带来一股青色的气流，在山径上回旋，一时间天地清朗，万物静宁。在迎笑亭上落座。迎笑亭据说是苏轼迎接佛友的地方。鲁枢元老师感慨自己到苏州已经十几年了，就像苏轼一样，一生漂泊河南海南和江南。他轻轻吟起《自题金山画像》："心似已灰之木，身如不系之舟。问汝平生功业，黄州惠州儋州。"

灵岩山寺是净土宗的道场，一进门供奉的就是弥勒菩萨。这个弥勒菩萨不像其他寺庙里的袒胸露乳，满面笑意，而是宝相庄严，身形俊美，王冠上满是宝石和璎珞。我正疑惑，鲁老师说上海龙华寺就是这制式，这个叫天冠弥勒像，内地多是布袋像。此殿里有印光法师手书匾额"弥勒往处"。印光法师这样诠释弥勒往处："凡法界中所有诸微妙事，此楼阁中，无不圆见。所谓十世古今，始终不离于当念。无边刹土，自他不隔于毫端。……十世诸方，无不以弥勒像，供于前殿。不称弥勒殿，乃名天王殿，直是以弥勒为天王之寄客，甚失尊敬之义。"

看过寺院，鲁老师径直带我们到素面部，时间已过午后，素面部只有三个人，我们一人一碗双菇面。吃完沿素面部向西，过两个庭院，就是大片菜地，还没有走到菜地，就嗅到浓烈的芫荽味道，香而醇厚，像潮水一样涌过来。一个僧人正在菜地里侍弄菜，他小心地抓菜叶上的蚜虫，面孔几乎贴到菜叶子上，他手里拿着一个小罐，虫子都被小心地放进缸子里。"寺院的菜好香呐！"我忍不住赞美。"所有的菜都是香的。"他头也不抬，自顾做自己的。突然一个中年女性从山坡上走下来，急急向着法师说道："我伯伯他在灵岩山入定了，已经十几天了，我赶来找遍寺院，没有见他。你快告诉我，这山上哪个地方还可以打坐？"法师淡然地又捏了一只虫子，轻轻吹掉虫子抱着一小片菜叶子，然后才抬头说："由他入定罢，过会儿我击磬寻他即可。"

再向上走就是馆娃宫遗址，是当年吴王夫差为西施修的后宫，吴王井、玩月池、玩花池俨然，但水是黑的，长满了荒草。传说西施当年就是在这里临水照花，这个园林被晋代的陆玩改成私宅，东晋末年，司空陆玩舍宅为寺。一个歌舞繁华地摇身成了寺院，这真应了佛经里所讲的：凡所有相，皆是虚妄。老师轻轻地说：我就经常想到死。有了这句话的催逼，你才会珍惜每个当下，都是难得的，都是好的。一位七十岁的老人说出此语。众人皆哑然，一阵寒凉的秋风吹过来，好像是从浩浩的时间深处吹来，一时间天气怆然。我突然一阵恍惚，好像看到多年后，自己发白步摇，垂垂老矣，就像吴王井边的荒草，最后泯然于尘土。

天漠漠地，好像随时都要下起雨来，寒气深重，我们步入花园一角的茶室。两位妇人懒懒的，看了我们一眼说："只有半个小时，我们就要下班了。"老师也不争辩，伸手从怀里掏出两包大红袍说："天冷，可以暖暖身子。"妇人见茶转了脸色，急忙起水搬桌，布置茶具。老师将另外两袋大红袍匀放杯里，冲水，让大家揣手暖暖。茶汤红亮，香气弥漫，一杯下肚，满身暖香。我一口气喝了六杯，茶汤还是不减色，而我已经微微出汗，好一次醍醐淋漓的茶聚。一只蓝翅膀的鸟也蹲在高大的樟树上，啾啁啭唱，似乎遇到了知己。

下山时，在青砖路上，我看到了菜地边那中年女性，挽着一老年男子，那男子一身素衣，神色清寂，瘦削长身。他们并肩喁喁私谈。我紧走几步。"也不知道怎么回事，念着阿弥陀佛，念了两天两夜，然后就晕晕乎乎，身体飘飘的软软的，什么也不知道了。""那刚才的磬声你如何听到的？""远远的，好像是风吹过来的一样，声音渐渐大起来。最后才听到法师唤我。""你来时天尚暖，现在立冬已过，你不冷么？""不觉得冷，心里全是暖的。一会儿觉得身体无边地大，一会儿又觉得自己像个虫子一样小。"

我听得出神，不觉跟上他，问道："如何入定？"他看了我一眼，他的眼波是那样清澈、干净，如山下寒潭。"什么都不想，一心念佛而已。""那念想纷起如何？"他又看了我一眼，什么也没有说，笑了。"继续念佛，直到脑子里一片空茫。"

我高一脚低一脚地走着，天色已经暝然转暗，老师已经坐在山门外的石头上等我。他唤着我的名字，眼睛里都是关切，那一弯新月已经升上了竹林，老师笑着说，咱们老乡白居易也来过这个寺院，他的诗倒可以为今天点睛：高高白月上青林，客去僧归独夜深……

风从山上来 ◎ 万杉寺

小宇是上海人，近年来一心想到山间小住或者在寺院清修，治治自己的抑郁症。她平时都是面带微笑，柔声细语，经常脸红。三十多岁了，看上去仍然有女孩子的羞涩。但只有她自己知道，失眠，随时想掉眼泪，经常想到自杀……有一天，在网上看到庐山的万杉寺，是个尼寺。寺院被青山抱在怀里，云雾飘荡，看一眼就想去。

出租车把她放在山路上，说啥也不往前开了，说是前边修路，只能步行。"没多远了，最多一公里。"小宇只好自己走，拖着个箱子，石子路，轮子与石头咔咔地响着。她心情很好，远远地已经看到寺院，褚红色的墙和金色的屋顶，庆云峰上的白云缓缓上升，到了半山突然坍塌下来，山谷里云雾像溪水一样流淌起来。就在这时她看到了仁烟，她长身玉立，边走边像个诗人一样吟诵着诗句，长着杏仁眼，小三角脸，似嗔似喜，灰蓝的僧服在她身上飘逸如风，她完全沉醉在自己的境界里，微微鼓着腮，红着脸，根本没有看到小宇。小宇恍惚着觉得是在哪里见过，后来想起来，她太像《红楼梦》里的晴雯。

万杉寺的后山上全是水杉和红豆杉，那是二十多年前能行法师和庆云师带着居士们一棵一棵种的。现在已经蔚然成林，层层叠叠的绿色从山顶一层层地铺下来，万杉寺为江西庐山一古寺，庐山山南秀峰附近。始建于魏晋南北朝，唐改庆云院。宋仁宗时一僧人在寺周植杉万株。宋仁宗赐名万杉寺，御赐"金佛玉殿"四字匾。

万杉寺在这层层群山里特别鲜明，红墙金瓦，色彩明丽。

快要过春节，寺院里僧众们都在忙碌着。她们领着小宇到了寮房里安身。房间很简单，一床一桌，床头放着一个保温瓶。但被单子都雪白雪白，一看都是新洗的。推开窗子，可以看到窗外几丛竹子在摇晃。更远的地方，青山上的杉树直插云霄。第二天，推开门，看见僧众都在忙碌着擦窗子，小宇也换上运动衣，站在高凳子上干开了。很多年没有干过这样的体力活了，爬上爬下，一会儿工夫，汗珠子就顺着头发流下来，太阳升高了，身子暖暖的，汗珠滚着，好像体内的浊气也随之倾倒出来，人也渐渐轻盈起来。小宇不仅哼着歌儿。她被自己的声音吓了一跳，她的郁闷与伤心哪里去了？真是可笑呵。

中间有人送来了红糖梨水，大家坐在青石板上，惬意地喝着。"今天喊她来清扫，她说她腰痛，睡在宿舍里装死。喳——""不就仗着自己长得好么，长得好在寺院到底能做什么？哼！"说话的僧尼在这个寺院是最老资格的，据说是与能行法师一起到寺院，这些佛殿里的一砖一瓦，她都知道来历。但她看上去没有修行人的清气，面目粗糙，人又痴胖，脸上总像是有点浮胖。小宇有点好奇地问："你们说的是谁呀？""谁？过两天你就知道了。哪个最傲气，就是那个。"回话的人鼻孔朝天，整个人都像要天问的样子。

寺院的日子都是从早晨四点半开始的，早课。大家起床洗脸，迅速地上大雄宝殿去，外面天还黑着，放生池里水闪亮着，星星像是掉进水里。大雄宝殿里的长明灯在深夜里格外明亮，一小格子一小格子的橘黄。僧尼们穿着灰蓝的僧服，居士们着海青，低着头，如一群鱼儿游入门内，各自安坐。只听到衣襟摩擦的沙沙之声。香板与木鱼声齐齐响起，领唱的声音明亮，跟诵的低沉如吟。小宇被这样的安静肃穆的气氛所感染，也跟着乱念。

最后磬声冷然，诵经结束。一群人轰然出门。去用餐。路上，有人在问："又不见她呀？""来好事了，肚子痛。""我看是想睡懒觉。多少次了，不是腰痛就是头痛。"小宇仔细地看看四周，仁静，仁能，仁忠都在，独独不见仁烟。她心里明白了八九分。

斋堂就餐，大伙先向菩萨施礼，默默退回自己的座位，合掌诵经。然后小和尚开始给大伙分菜。斋堂里安静无声，只有嘴巴与菜的喋喋之声，类似大鱼吞水。饭与菜的气息把人泡在里面，偶尔碗筷叮当，空气震了一震。吃完出门，只见一长身女子飘飘而来，一

本想悄悄地打開門不料青幽
便擁了進來 己亥春 馮傑記

个栗色小线帽子非常可爱在头顶摇晃。像一尾鱼逆流而上。她坐下来，扬起下巴，示意给她来餐。一小尼赶快给她上菜，吃了几口。突然叫："这样凉的饭，想害死我呀？"小尼红着脸赶忙过来说："我给你温温，天冷，饭凉太快。"长身女子兀自站起来走向垃圾桶，呼拉把饭菜倒进去。到水龙头那里洗起了碗。"你来晚了，还好意思埋怨别人，真是无理。"不知什么时候，一位老尼出现在斋堂里。"你有什么资格说我？我昨晚给师父翻译佛经到凌晨三点。你闭嘴！""翻译咋了？研究生就这样修行。""你闭上你的臭嘴巴！"围观的人越来越多。

风从庆云峰上吹下来，带着森森的青气。小宇这几天睡得很好，身上的关节无处不妥贴，人都柔软起来了。原来吃素，干体力活，脑子清空，就可以睡好觉了。睡好觉人就完全放松下来，自然抑郁不治而愈。但同时她也发现，即使是寺院如此清净之地，人与人的关系也是纠缠不休，性格冲突无时不在。这世界上并没有完全可以隐居之地，除非自己隐身到深山里，只与树林与野兽为伍。

夜里，她突然做梦梦到很长时间未见那个人，他轻轻拥抱着她，她身子都软了下来。第二天，她悄悄放了一千元在床头，离开了万杉寺。

桂香绊了伊人一跤

　　伊人在桂花下站了许久，头顶上是将近八月十五的大月亮，香气拍人，腿脚都软了。陕西师范大学长安校区的校门前广场实在设计有问题，平平的路突然起了台阶，也没有提示，伊人跌了一跤。好像是桂香绊了她一下子。已经定下第二天要去卧龙寺，她沮丧地说，可能去不了了。当晚买了云南白药气雾剂，连续用药。第二天一早她步履轻快，我开玩笑说："菩萨保佑的，她想见你，当然要让你赶紧好了呀。"

　　那几年访寺，西安樵夫兄总是担心我出家，过一段时间，他就会问问我心情与身体，好像一不留神我就剃度了。后来看我一切正常，才悄悄放心。他是国内著名的萧红研究者，撰写的《萧红年谱长编》已经交到出版社，几年前我写《落红记》时，网上偶遇，他倾尽所有资料，并对着我的初稿纠错，自此结下友谊。这次他安排先去卧龙寺，刚刚走到柏树林街上，他指着右手的房子道："这是高培支的旧居，1938年萧红参与编剧的三幕抗战剧《突击》在高培支的易俗社公演过十一场，她见过高社长。"樵夫推着大门，一个穿制服的人连连摆手说："不开放，不开放。"

卧龙寺前院里有一棵高高的桂花树，正在开花。花香累累，从高空降落下来，落在人们的肩膀上，怀抱里，所有进寺院的人都披着浓重的桂香出门，满脸笑容，好像菩萨答应了自己所求的一切，身子一轻，满心欢喜。

金刚殿里供的韦陀菩萨，是坐像（别的寺院都是站像）。樵夫说他听寺僧讲，宋朝时西安饥荒，卧龙寺的菩萨连夜从郊外拉粮进城救灾，天明前回到寺院，累极困坐不再站起，古城百姓念其功德，塑造的像就成了坐像。

吴道子曾经在洛阳与长安的寺院里画过无数的大型壁画，是唐玄宗的御用画师，他也在卧龙寺画过观音像，卧龙寺也因此称观音寺。他在大同殿上曾画了五条龙，"麟甲飞动，每欲大雨，即生烟雾"，言其真实可触。苏轼评价说："道子画人物，如以灯取影，逆来顺往，旁见侧出。横斜平直，各相乘除，得自然之数，不差毫末……盖古今一人而已。"吴道子的观音像原碑已经移往西安碑林，寺里的是复制品，但画里观音面颊微丰，露出圆润的长脖子，身上的衣带似有风动，盈盈若舞，我好像看到初秋的风穿过唐朝的旷野，从卧龙寺的青瓦上滑下来，在菩萨的衣袖间似站欲走。一双圆润的大脚赤着，似乎能感受到体温。细目含情不能太细看，只觉得他就要从青石上迈步下来了……

大雄宝殿前南北两院里有金色花朵，花冠犹如从地面涌出的一朵金色莲花，硕大、灿烂、奇美，仿佛来自仙界，大家惊叹着跑过去，拍了又拍。樵夫说这是地涌金莲，也叫地金莲，多生南方，北方几乎不可见，我也从没有见过。《普耀经》云佛祖初生刹利王家，放大智光明，照十方世界，地涌金莲华……此刻我才算明白，佛祖诞生时步步莲花，是地涌金莲，并不是我们说的水里荷花。

大雄宝殿廊上东头立着一块明朝圣旨碑，樵夫叫我们仔细看，碑上有数处石花，他说这是著名的"开花碑"。据寺僧言，刻碑是先把石料磨平再刻，这块碑也是这样，但刻好后，过了一段时间，此碑竟长出了花纹，凸出于碑平面，如同开花般。碑正面罩了玻璃，我们转到碑后，也有开花呢！用手仔细抚摸体会，不禁感叹道："原来石头真的能开花，佛法无边哦！"

出了卧龙寺，一行人又折入高家大院门前的兴隆巷，小巷很安静，国槐树高高地遮挡了阳光，地上晃动着光斑。临街的黑漆大门紧紧关着，轻轻一推，竟然开了，小院的竹影森森，空气都是绿的，门口一个照壁有砖雕"福"字，四角饰以蝙蝠图案。这时，门房里一个妇人追赶过来，说这是私宅，不让进来。我们涎着脸，说是报社的，看看就出去。妇人说你们真幸运，他（指高培支）侄子刚刚出门吃饭了，他如在断不会让你们进来。三合院里西北角，一株高大的芭蕉绿影晃动，让这院子顿时有了生气。这株芭蕉已经高过了院墙，几乎与屋顶齐了，宽大油绿的叶子衬着苍然的屋顶，绝妙一幅画。这时门吱呀一声，侄子进来，看到我们个个面带迷醉，看得认真，竟然开始给我们讲解。几只喜鹊也飞来，站在芭蕉叶子上喳喳地叫着，桂花瘦枝子映在门头砖雕"平为福"上，有一种天长地久的人世安稳。

出了高家大院门，樵夫一直感慨今日奇缘，作为西安人来卧龙寺多次，从来没有见过地涌金莲，这高家大院他也很多次想入内观看，都没有缘分。我们一会儿归功于菩萨，一会儿又归功于萧红，争论不定。

在街角看到一对斑鸠，樵夫才收了关中人的执拗，想起什么似的说："出门太匆忙，忘记给院子里的小鸟放小米，也忘记给水盆里加水。"原来他的院子经常来鸟，他闲来抛洒家里陈米，还在睡莲盆里不断续水。有时，在房间里，可以看到斑鸠带着一家人前来吃粮，吃完理理羽毛，站在盆沿喝水，每天都在上午九点，下午三点，非常准时。一想到鸟的妈妈，鸟的孩子，还有孩子的孩子，都在喝自己续的水，他的心都温柔起来了，像是与广大无边的世界有着联系。他说完，步子开始急了，走在青砖的路上，一阵阵秋风吹来，他宽大的衣服飘起来，又落下来，像一只振翅的斑鸠。

见 性

行 到 水 穷 观 云 起

吟松寺 ◎

想起京都，我就想起吟松寺的宁静

出了京都站，一路地铁公交，一条河闪着亮，是鸭川。车一直是向着山上，车内坐的都是白发苍苍的老人，日本人都老去了。这次旅行让我想起十几年前，当时我们带着女儿，她尚年小，紧拉着我，大眼睛里满含对这个世界的好奇。而这次是她在网上订民宿、订机票、订日本的地铁卡，而我只是跟着她的旅人，轮到我睁着惊惶的眼睛拉住她。

现在已经站在北山上了，女儿东张西望，向着山谷走下去，一条小溪，岸上一处小院，蜡梅开得正好。她对着手里地图，疑惑地摇头。然后沿山谷复又向西，一处青砖墙，青苔爬满，墙侧竖着一根石柱，上书"吟松寺"。我朝里望了一眼，看到了一处柴门，用矮的竹篱笆挡着。里面是高大的松树，隐约还有梅花。应该是一小寺院。寺院对门是墓地，不大，有四十多个墓碑，也都满是青苔。民宿就在旁边。一棵高大的落了叶子的槭树。开门的是一个英国老人，女儿叫他马尔·克姆，白胡子，白头发，腰板挺直，他和女儿熟稔地用英语打着招呼，带我们看了他二层别墅，别墅就建在纸屋川上（就是我们一路听着水声的小溪）。二楼是客厅，有三个客房，一个竹屋，一个樱屋，一个枫屋。一楼是茶室和禅坐室。推开窗子，就看到黛青色的溪水哗哗地流着，山上跌下来的小瀑布在溪水里激起细小的浪花。"夏天早晨会有长尾巴的鸟在溪边喝水。"他指着一楼的房间："原来都是客房，这座楼一共有十七间客房。2003年接手后，动手改造，只留三个客房，目的是首先给自己住，再顺带接点客人。"他带着我俩从一楼上二楼，走到二楼入户处，他笑指客厅门口："去年夏天有一只特别大的螃蟹，竟然爬在这里。"他用手比画着，"这么大，还是红的。"他吃惊地笑着，好像事情发生在昨天一样。

　　他把我们带进了竹屋。门是竹子门框，很粗的竹子，估计就是前山的，一间屋子，两个窗子，都是日式推拉，都临着溪水。吊顶是竹子，一幅牡丹竹子图挂在墙上。衣柜上覆的都是象牙白的纸。他蹲下高大的身子，做着示范推开关上。"尽量轻一点儿，这些纸都是三十年前的，现在买不到了。"他介绍说，他还有一个助手，外去有商务活动，现在只有他一个人，他在网上也只推出一间房子预订，担心自己忙不过来。

趁着天光尚早，我出门去了吟松寺，走过墓园时我探身张望了一下。心下羡慕这些亡人，太有福气，葬在寺院旁，小溪边，灵魂清安，可得超度。寺门竹篱虚掩，一推即开，走进去我吃了一惊，满地青苔，洁净如水洗，苍紫、青黛、葱绿、草绿、松花绿……是这一生中见到颜色最丰富的青苔，那些青砖缝里也冒出一簇簇的竹青松黄，毛茸茸地直扫到人心里去，小小院子里有松树五棵，梅树两棵，玉兰一棵，还有许多叫不出名字的小树。树身上皆着苔，如同披了一件青衫。特别有一个石槽，满是青苔，一池清水映照着枝桠，痴望一会儿，就觉得那里幽深无比，如一古井，想起松尾芭蕉的俳句：闲寂古池旁，青蛙跳进水中央，扑通一声响。

寺院只有一个主殿，但门落了锁，也无法窥见，靠近溪边是个矮小的边房，一株梅花正开到三分，我凑近拍花，听到屋子里有人哼了一声，看到一个老人的脸，他有着被冒犯的不耐烦，朝我挥手。我忙施礼，离开。站在院子里听到院墙外有窸窸窣窣的声音，隐约看到有人在旁边的墓院里扫地，过了一会儿，进来一清瘦妇人，她显然吃了一惊，我忙弯腰施礼，她微笑，亦弯腰频频，抿着嘴极快地回到屋里。正殿前的梅花落了一地。

第二天晚上正好元宵节，山谷里升起了大月亮，马尔·克姆带我们去自然保护区外的街上买吃的，走到门口，他穿上挂在门边的英格兰风格的格子呢休闲西装，戴上同色的帽子，系了一条暗花格围巾，完全一个电影里走下来的绅士。他说，他来日本已经四十二年了，刚刚来时当教师，后来迷上了茶道，自此发现了东方文化的沉静之美，最后定居在日本，后来通过朋友买下了鹰山自然保护区

青苔的腳步,是沿著鐘聲而行的
馮傑得的묘畫

内这家民宿，过起了半隐生活。"溪声便是广长舌，山色岂非清净身。"他突然背诵了一句苏轼的诗句，我们会心一笑。他屋下的纸屋川，别墅后山层层叠叠的杉树与桦林，前山那茂密青翠的竹林，不都是佛的法身么？住在这里的人，自然就宁静下来，最后和满地的青苔一样温和清凉。

从街上沿着斜坡下来，月亮一路亮闪闪地跟着，接近密林时，一个电牌指示：由此进入自然保护区。走到一处断木堆积处，马尔·克姆指着林底说："2003年，刚刚来到这里，一天晚上就是在这个地方发现了六只猫，抱回去养着，如养小儿一样，喂奶，铲屎，现在活下来的只有噜噜，其他都老死了。"推门时听到猫叫，他说噜噜刚刚动过手术，伤口还没长好。这下看清楚了，噜噜裹着毛毯，缩在角落里，另外一只黑猫和一只白猫高高地蹲在书柜上，俯视我们。他看我俩都喜欢猫，就带我们去他的猫屋，一间大屋子，二十多只猫形色各异，看到我们有的兴奋，有的羞涩，有的躲藏起来。马尔·克姆弯腰抱起一只，说："这只是在寺院门口捡的，来时耳朵烂了，许久才好。"每一只猫于他都是陪伴与过往。

早餐室是在客厅对面，也是临溪，面包用一个木篮子装，用红格子布搭着，餐布是小蓝格子，而包着刀叉的是小红格子布，英式与日式混搭。但又是那样和谐。马尔·克姆向我们介绍了他各种果酱，便关上门悄悄离开。红茶、伯爵茶、草莓酱、柚子酱、花生酱、橘子酱、苹果酱……十几种果酱，每种都清甜可口，吃一口，望一眼窗外，溪水不倦地流着，水岸上的樱花过一阵子就要开了，想起芭蕉另一首俳句：

对着牵牛花

吃早餐的我——

就是我啊……

一个痴人罢了。

　　走之前的清晨，我又去了吟松寺，进门与老妪迎面碰上，她持扫帚进门，我俩犹如熟人，点头微笑致意，回头看，那个住寮房的老头儿已经出门，他端着一碗饭，笑眯眯地迎向老妪，两人手拉着手，低头进屋。这个普通的场景让我非常感动，他们是夫妻？情人？兄妹？住在寺院里，是居士？是守墓人？是隐士？

　　正想着，一朵红梅花嗒地落在我的头发上，惊了我一下。

披满青苔的菩萨

法善寺 ◎

从上方浮世绘馆侧门出来，是一条青石板路，有些地方磨得滑溜溜的，在晨光里闪烁着。我坐在路边发呆，还沉浸在浮世绘里那些艺人的悲伤与欢喜里。他们风袖长舒，姿态艳异，或立或坐，都那样美好而生动。我脚下的这条青石板路上，原是道顿堀最热闹的演艺圈，可以想见，多少画中人在四百年前从这青石路上施施然而行，他们喝酒、聊天、散步，当然也有恋爱、眼泪和痛苦。现在都如风散去，但他们的美与姿态，被我看到，好像我也随着他们在这暗淡有着橘色灯光的街上，生活了一次。

就在我发呆时，我看到对着石板路一个木牌坊，上书法善寺。

法善寺是个历史超过三百八十年的古老寺庙，供奉着一位叫做"不动明王"的神。这是大阪最繁华的道顿堀商业圈，来自世界各地的人们在这里购物，享受美食与闲逸。市声喁喁，如雷甚嚣尘上。此刻，这像是龙卷风里风眼，是喧嚣里宁静。我跟着静静悄悄的日光小脚走进去。一个安静的队列在悄悄移动着，男女脸上都一样安静。沉着。菩萨坐在一个亭子里，满身青苔，是一段天然树木雕塑而成的，座下两个护法菩萨也是满身青苔，排队到跟前祈福的人都持长柄瓢舀水浇到菩萨身上。因了这不间断地淋水，木质菩萨青苔遍生，披着青衫，看上去安静温存，又无比庄严。

菩萨身上的青苔都长出了小茎，细弱纤小，我见犹怜。许多青苔上顶着硕大的露珠，在那里闪烁。尤其菩萨脸上的几株青苔竟然开出了小小粉花，好像观音一抹微笑，隐隐荡漾着。水珠滚落，青苔滋润，清凉世界，不落痕迹。一个小姑娘，大约不到二十岁，她倾斜着身子，几乎把半个身子都俯在水缸里，舀了满满一瓢水，浇在菩萨身上脸上，她脸上表情是郑重的，好像把自己也交出去了。浇完水，她深深鞠躬合掌。把脸贴在湿漉漉的菩萨上。她好像是把自己清洗干净，内外澄澈，也好像把心愿说给了菩萨，知道从此有位菩萨加持，深感安心。

旁边挂着巨大的招牌"夫妇善哉"，是一个传统日本甜点红豆汤馆，"善哉"是种小吃，即小红豆汤。日本小说家织田作之助的《夫妇善哉》中有写到法善寺内的"夫妇善哉"店："在道顿堀大街和千日前大街交汇的拐角处，摆放着一个破旧的阿多福人偶，那前面悬挂着的红色大提灯上写着'夫妇善哉'四个字，一看就是

鈴聲
滴落，有些可轉化成青苔
有些可轉成木魚聲了
中原馮傑記於艸堂

行到水穷观云起

一家夫妇俩同去的店。点餐之后，为求吉利，竟然给每人都送来两碗。"

法善寺小小的，大隐隐于市，如同一个真正的高人，即使在喧嚣的闹市也能立刻让自己禅定。而这座被称为"水挂不动君"的不动明王像，覆满青苔，因此少了许多威严，多了些面目模糊的温和……甚至有了卡通的快乐，后来知道法善寺主管恋爱成就与生意兴隆的，特别灵验。这两点对于每一个都市人都是致命的，一个事关精神，一个事关物质。少了哪一方面，人都不可能得到自由与快乐。

我和女儿在夫妇善哉店里要了一碗小红豆汤，坐下喝的时候，一只猫悄无声息地卧在我脚旁，不时张大眼睛望向外面，它的眼睛里，青苔菩萨是小小的灰色的，我也是小小的，它昂着头，蓬松的尾巴不时地扫过来，好像在说："我们都是小小的，一样的……"门外的披着青苔的不动明王菩萨，他满脸青色安静地微笑，似乎在向女儿说着什么……

大昭寺 ◎

文成公主与绿度母

　　白云，低低的，软软的，从四面的青山上压过来，漫过布达拉宫，漫过柳树梢头，漫到八廓街，大昭寺。到了拉萨，我被这天空所迷惑，我最喜欢的动作就是仰望。这样的蓝得澄澈的天，这样白得像棉花垛一样的白云，一堆堆随意地放在天边，让人疑心白云上面住着神仙、度母和菩萨。而那深邃宁静的蓝天，也让人觉得蓝色的深处还有无尽的世界，也许我们逝去的亲人、友人就住在那里。他们隔着海水一样深远的蓝色注视我们，无声无息，但却有一种幸福的泉水从天空流泻到我们心里。

　　去大昭寺那天是上午，一路我们都谨慎地抬步。通往大昭寺的路上，到处都是磕长头的藏民。他们衣衫褴褛，满面苍然，目光却坚定而澄澈，不论游人如何指指点点，或者对其拍照，他们都如入无人之境。也许，他们心里只有佛祖和面前一步步接近佛祖的长路。到大昭寺门口，我正在寻找文成公主亲手栽的柳树，却被面前的场面震惊了，广场上至少有六百多人，正在向着寺的方向顶礼膜拜。这些男男女女老老少少，双手合十，举过头顶，弯腰匍匐，再起身直立，如此往复着。不清楚他们是从何时开始的，也不知道他们会在什么时间结束。那棵柳树静静地站立在膜拜的人群中间，树叶低垂如眉。想公主那时在高原一定强烈思念中原风物，才手植柳树。也许亲人也是灞桥折柳相送，那一次次回头中亲人模糊的背影融进青青柳色，也溶进了公主默默的泪水里。

第一次真切地感受文成公主从教科书上变成一个活生生的女人是2000年去青海。车过日月山，停了下来，山顶上有文成公主庙。传说就是在这座山上，松赞干布带领随从从拉萨至此，迎接文成公主一行。日月山高四千二百多米，是藏区农耕区与游牧区的分界线，站在山头向东南看，还有玉米、油菜、土豆等农作物，再向西北就是天苍苍野茫茫的大草原了。

可以想象文成公主复杂的心情。从此，故乡难以再见，就连自己熟悉的中原植物也要从此作别了，相思无凭，思乡无据。一个中原长大的弱女子，从此要生活在一个文化风物都很陌生的国度，也许，从此一去千万里，再也见不到自己的亲人与朋友了。

不知道，一个古代女子的心要经历怎样的柔肠寸断，才会变得逐渐强硬而果敢的。当然，也许，信奉佛教的文成公主早已彻悟了生命的无常，本身就有一颗博大而慈爱的心，也少有普通女性的多愁善感。

这次到西藏，格外注意文成公主。我主要是想知道，藏民是如何看待一个中原来的汉族女子。在大昭寺、布达拉宫，我不止一次地看到文成公主与松赞干布，还有尼泊尔的赤尊公主，他们已经作为寺庙的供奉对象，与活佛与高僧一起接受佛教徒的膜拜。现在，寺庙里的文成公主叫绿度母，赤尊公主被叫作白度母。文成公主有着和所有佛像一样的莲花瓣的眼睛，微微笑着翘起的嘴角，细细弯弯的眉毛，丰满的脸颊，慈爱宁静的眼睛，头戴着金色的王冠。她与丈夫坐在一起，永久幸福地笑着。

过去很多人在磕长头来拉萨的路上，有年老体弱者中途就死去了，后面的人会将他的一颗牙齿拔下，到大昭寺后伴着酥油嵌进大殿的木柱缝隙中。或许，人没到牙齿到了，身体没来灵魂来了，也算了却这些朝圣者的心愿了吧！我在一个柱子上上下下寻找，看到了几颗白白的像牙齿一样的东西。

大殿后侧的紧邻之处，便是藏传佛教徒心中圣而又圣、供奉着释迦牟尼十二岁等身像的佛殿。凝视这尊佛像，颜色像熟金子，庄严而慈祥。资料上说，佛像的姿势是一只手做结定，另一只手做压地印，由于前面的供品太多无法看到。当初文成公主翻过无数高山峻岭，渡过无数江河急流，穿过无数狂风暴雪，历尽千辛万苦带到拉萨的原来就是这尊佛像！这给人一种时空穿越的似梦似幻的感觉。

佛经中说，度母慈悲心很重，向之祈祷即能急速感应，救度众生。度母其意是以慈母般的悲心视一切众生为爱子，把众生从诸恐怖畏中救度出来。在藏传佛教中，最受广泛崇奉的是绿度母和白度母。文成公主的确是像母亲一样，从中原到藏地，为藏地带来了唐朝的生产技术、医药建筑、历算艺文、法律和佛经典籍，特别是带来了释迦牟尼的十二岁等身金像一尊。最关键的是文成公主弘扬佛法，还参与了大昭寺的修建，还主持建起了供奉十二岁等身像的小昭寺。她热爱这块高远的天空，把故乡的柳树和杨树也移栽到这里的道旁湖边。至今，在路边的柳树还有一个名字，叫唐柳。她还把故乡的植物试种在高原，使这明亮的阳光下除了青稞，还有蚕豆和燕麦在摇曳。

如果不是松赞干布的强烈要求，文成仍然还是普通宗室女子，也许会嫁给一个门户相当的贵公子，过着安静而富贵的生活，那么历史上也就少了一个对西藏有着重大影响的汉族女性。一个人的命运就是这样因为偶然事件而改变，一个从小安分守己的女孩子，被皇帝赋予了两个民族和好的历史重任，也许她一开始也是不情愿的，家人更是感到大难临头，但以臣子的忠诚，马上就会让他们把西去视为荣誉。接着，唐太宗册封她为公主，然后踏上了西去和亲之路。

面对陌生，她是镇定的，也是充满智慧的。她与丈夫一道，利用汉族长期积累的智慧，为当地堪舆风水，把西藏的地形描述成一个女魔。她说，必须用寺庙来改变风水，镇压魔力。她所绘制的女魔地形图，现在还被珍藏在拉萨的布达拉宫里。不管怎样吧，松赞干布和赤尊公主完全照此办理。一时间，从北郊的果噶拉山麓到湖边工地，驮运土石的白山羊络绎不绝。这段路程比较远，驮的东西又重，不少山羊就倒毙在了路边。大昭寺建成的时候，松赞干布和两位公主非常感念白山羊付出的牺牲，雕出一只白色山羊安置在大殿的一角，使它也能享受到信徒香客的祭祀和朝拜。今天大昭寺顶的双羊轮——中间一个法轮，两边各有一只山羊，已经成了大昭寺的象征和标志，应该与此有关。

如果不是来大昭寺，怎么也不会想到，今天的"拉萨"名称就是从修建这座寺院演变而来的。最早时不叫"拉萨"，古书上是"惹萨"。"惹"在藏语里是山羊，"萨"是土地，意思是山羊建的地方。后来因为大昭寺供奉了释迦牟尼的十二岁等身像，又改成了"拉萨"，"拉"是"佛"，"萨"是土地，即佛地之意。就是从松赞干布和她开始，佛法在青藏高原开始真正兴盛，一个征战不休的民族因为佛教而变得顺从而忍耐。

据说，文成公主改变了藏族妇女生孩子的方式，使女人四肢着地在草原上的生产方式改成了在床上生产。同时，她也改变了藏族人对待女人的方式，她的智慧和美丽，不仅使松赞干布一生爱她，也使藏族人民热爱她，崇拜她，一直到现在。

从普通女孩到文成公主，从唐朝的公主成为一个民族的救世度母，一个女人的命运通过八千里路云和月最终成就了两个民族的传奇，尽管这些荣誉与热爱是以一生再也没有回到故乡、一生再也没有见到父母和朋友作代价，但对一个女性的生命来说，也是值得的。

当晚，我和一起去西藏的红又来到了大昭寺。月亮已经升到了

东山，白天金光闪闪的大昭寺在月光下有着暗沉沉的阴影，磕长头
的人已经倦了。他们三三两两的低声交谈着，其中一个长发女子在
柳树下静静地立着，月光把她的身子镶上了银边。她面向东方，不
知道在思念着何人，也许她什么都没有想。我走过她身边时，嗅到
她身上奇异的香气，不是沉香，也不是檀香，好像是月亮上飘下来
的香气，幽静深远。听到她正喃喃《绿度母心咒》："嗡……达
咧……嘟达咧……嘟咧……梭哈……"

石头里的秘密

巴戎寺 ◎

石头里的秘密

青色的石头，黑色的石头，红色的石头……全部唱起歌来，它们在那热带密林里跳舞，把那艳丽的花朵和浓得化不开的绿，泼洒得到处都是。然后它们凑在一起，窃窃私语，说着那些佚失了的秘密。花朵们瞬间长大了耳朵，月光下石头的声音像是从天庭里飘下来一样，幽幽的，像甘露一样向着万千花朵洒下来……

临去柬埔寨前，翻看了千江、晓梅、彩鸥还有摩梭人的博客。因为好友们的记录，那个石头城在我梦里竟然开起花来。密林里的石头城堡，终于来了。嗯，住的酒店大堂里都是低眉菩萨，特别是游泳池边，一个巨大的菩萨低着眼睛，慈悲地注视着我。一株巨大的绿萝调皮地沿着她的嘴唇、脸、额头一路攀援过去，好像在考验她的耐心，菩萨当然是安然无事，只是微笑着，那微笑被那绿叶衬了，好像凉凉的姜花。

在巴戎寺，斑驳着岁月的白斑和绿苔的穿门，到处都能看到吴哥的微笑。据说那些微笑的石像都是阇耶跋摩七世本人。每一座塔四周都是微笑的神像，有着东南亚人的特征：宽鼻、阔嘴、厚唇，笑容很和善。他们被掩埋在热带森林里四百余年，但却掩埋不了他们的微笑，那不见人烟的日子里，石像对着树林里的鸟、鱼、河马、猿猴笑，对着悠然飘过的白云、蓝天、大雨、洪水笑。后来，法国的博物学家在20世纪60年代发现了他们，于是人群向他们拥去，他们依然故我，神秘地微笑，充满对这个喧嚣的世界的和善、宽容和爱。一千多年里，石头们见证了吴哥王朝的繁华似锦，也目睹了吴哥窟被战争摧残后又重现人世的传奇。我的手指细细地抚过这些粗砾的火山岩和沙石岩，仿佛有一股阴凉从手尖钻进我的身体，那是时光的沙粒，带着热带雨水的气息，对每个来看他们的人私语：你终究活不过一块石头，学会柔软地对待这个世界吧。

像彩鸥一样惊见座座寺庙里的门与重重回廊，从这里看过去，宛若置身于时光的两岸，彼时气势磅礴的都城转眼间人去楼空，此时的衰草寒烟中又埋藏着怎样惊心动魄的过往？日行月随，哪里是永昼？何处有永夜？可有不朽的王座，承住一生权贵？可有不破的城池，保住一世权霸？阳光悄然洒入，石廊中人影依稀，我们虔诚地沿着古人的步履，轻易穿越了无限的沧桑。

石壁上的仙女浮雕体态婀娜、头冠华丽，每一尊的动作、衣着皆不相同，面上带着惑人的微笑，西方人称之为东方的蒙娜丽莎。浮光中翩翩起舞，玉臂凝香，一抹缥缈的春意殷殷缭绕，和着岁月的未知旋律，风韵流转。

可惜我没有水袖翩跹。若能在这里足底生花和风而舞，千年后，是否会有人寻着芳迹，揣想当年的惊鸿一影？

当然最精巧的是女王宫，那红色的砂岩石，刻满了繁密而精致的花纹，好像一个多愁善感的女子的心思，百转千回，难以自抑。谁是谁的相思，谁是谁的爱人。为什么这个宫殿远远离开中心城堡，为什么如此寂寞，如此低眉？难道是国王的爱妃，不能见于后宫，只能偏居一隅，低声叹息？不能报答于正名，只能用玲珑剔透的精美来安慰情人的心。门前的荷花池里睡莲正开，如一临水照花人，那当年情影可还沉在水底，是不是在大雨的夜晚还能沿着水声，再次在回廊间穿行。塔前的镇兽个个神情肃穆，形象却颇具喜感。但他们严肃的表情却让你相信，他们一定在守护着什么，纵然人面不再，桃花成泥，他们也从没有忘记自己的职责，盘膝一坐，弹指千载。

小吴哥寺是最后让进入的，其实每天都经过这里，看到黑色的塔倒影在河里，河边总是有孩子或者情侣在喁喁私语。去塔布隆寺那天，路过这里，正是清晨，河里莲花盛开，大家尖叫，停车拍摄。高大茂密的森林，清澈的河水，急雨一样的鸟鸣，水里幽幽城堡的黑色倒影，此刻真的亦真亦幻。河边的孩子们看到我们在拍照，一个个手持莲花跑来。我突然想起来带来的画笔和油笔，还有一大包旺仔小馒头，赶忙分给他们，最后向他们讨了三枝莲花，莲

石頭的微
笑是艸
的微笑是
眉的微笑
是蓮拳
的微笑也
是你的微
笑漢傑
望石中原

花粉红得像少女的脸一样，一路上幽香阵阵，带着河水的香甜。在圣剑寺，我将花献给了菩萨。千江看到的黄色和白色蝴蝶，我也看到了，疑心是从石头里飞出来的灵魂，这偌大的城堡，没有一朵花，偶尔有几棵草长在石缝里，如何会有这样多的蝴蝶，两个小女孩站在塔前的镇兽边大声喊："姐姐漂亮，有没有糖果。"我掏出笔给她们，两个人笑脸如花。在罗莱寺的路上，我把最后的笔全部给了路边的孩子，这时我看到了她，她穿着藕粉色的上衣，橘灰色的裙子，裙子上有大朵的花，她站在孩子们之外，自始至终没有见她挪动身子。她就那样看着汽车和人群，莫名的忧伤像一小片云一样落在她的眉心，她的眼睛那样明亮，就在她笑的时候，眼睛里也有着无法抹去的忧郁。她有妈妈吗？她上学了吗？她将来会不会嫁一个心疼她的人？我定定地看着她，出了神，在一个贫穷落后的乡村，这样早慧而美丽的女子，很难有一个好的命运，愿佛菩萨护佑她。

在洞里萨湖，我看到了更加奇异的生存。就像萧红《呼兰河传》里的男女，糊里糊涂地生，糊里糊涂地死亡。水上人家大都是越南人，他们一家最少有五六个孩子，大部分孩子小学没能念完就打鱼，或者在水上做危险的表演。导游正说着，船已经行驶在通过洞里萨湖的河道中，河水混浊，两边的小船上晾晒有被单和衣服，孩子们像鱼一样在船与船间自由来往，还有两个孩子就泡在水里，竟然有狗沿着船间的木杠自如地走动，看上去惊心动魄，像是玩杂技。一些飘浮的猪笼子紧挨着竹房子，几只肥头大耳的猪正你拱我攘，随着水波的晃动哼哼唧唧，摇头摆尾。儿童成群结队在水中嬉戏玩耍，全然不顾四处用英语、柬语书写的红色警告标志："小心鳄鱼！"这些小船都是一个个家庭。突然一个小快艇飞一样驶过来，一个五六岁的男孩脖子里挂着一个巨蟒，向大家伸手讨钱。驶进洞里萨湖，水清澈起来，远处红房顶是这个水上村庄的学校，另外一个高高像是挑在水面上的鸟笼，是村庄的教堂。

　　一个巨大的像岛一样的船群是水上家园，我因为要急着上洗手间，推开了一个木门，眼前的景象让我惊呆了：一个用被单绑进来的小吊床上，一个婴儿在波浪的摇晃中恬静地睡觉，地板上的毛巾被里，躺着一排大大小小的孩子。孩子们被猛然闯入的我给惊醒了，他们睁大眼睛，惶然地看着我。船尾是洗手间，两个十岁左右的男孩在玩鳄鱼，他俩晒得黑黑的，像水里钻出的泥鳅。我们看到他们捕鱼，看到他们悠闲地发呆，看到他们送孩子上学，看到孩子到河里洗澡、游戏。如此简陋恶劣的环境里生活的他们却依然追求着生活中的点滴美好事物，船头上盛开着鲜花，小小平台上的鸡鸭笼，还有船头船尾的狗狗猫猫。最可爱的是，船上供着菩萨，菩萨的四周摆满了开着花的绿植。这时，一只小船靠近了，船上一个年轻的母亲怀里抱着小婴儿，船上坐着两个小男孩，另外一个六岁左右的男孩爬上大船，对着我们含混地说：钱钱钱——我刚刚掏出几张钱，另外一个小船飞一样划过来，也是一个年轻母亲，带了一群孩子，她怀里的婴儿更小，应该刚刚满月。她的大儿子灵巧机敏地跨上大船，伸开了小手。

青苔覆盖了一切

塔布隆寺 ◎

塔布隆寺沉眠在丛林深处，犹如童话里睡美人的城堡。寺庙里的所有石头都是青色的，油桐树在这个寺院里茂盛得近乎疯狂，这些树几乎像是鬼魂附体，有着惊人的控制与破坏力量。那些树高得像与云天相接，它们的身子像吸尽天地的元气，树根都特别发达，尤其是那颗疯狂的油桐树，骑上寺庙的墙壁，盘根错节的树根像被施了魔咒般，探出长长的爪牙，缠上梁柱，深入石缝，裹起回廊，攀上门窗。它们毫无顾忌地占领了整个庙宇，日久天长的盘踞令两者结为一体，你中有我，我中有你，再也无法剥离。

最可怕的是那些石头，在这些强大的手掌里，开始破碎、分裂、分化，最坚硬的石头在此也只能俯首听命。那树好像有一种超越时间之外的力量，比时光更残酷无情，战胜了人类、历史、甚至于石头。我震惊无语。闭眼沉思的神像，悟到了什么？哪怕是石头堆砌的神殿在岁月面前也不堪一击，又有什么是天长地久？

荣格说，真正的美，其实是一种消失。在时间面前，没有永恒，可以认为万物皆美吗？好像错过鼎盛，看见倾颓也不是那么遗憾。激烈的鸟叫声让我从幽深中活了过来，在别的宗庙和宫殿里，都没有这样繁密的鸟鸣，高大的、密密的树看不见鸟群藏在哪里？这嘎嘎的叫声让颓败的寺院里更加寂静与幽深，好像随时都从回廊里钻出一个绿翅膀的精灵，在驱逐蜂拥而来的人群：石头属于密林，总有一天森林会收回这些石头。我竟然点起了头，好像已经看到突然有一天，当人群再次达到遏粒，没有了这些黑色，青色，红色的石头，只剩下无边的热带森林，植物再次吞没了一切……

最后的时刻来临了，我们涌进了最壮美、最完整的吴哥寺。我记得晓梅说王家卫执导的电影《花样年华》在这里取过景，梁朝伟对着斑驳的古墙倾吐着他陈旧的秘密，那炽热与辛烈的情感，那爱欲纠结的晦涩人生，仿佛在一瞬间找到了归属。往者已矣，却在某个角落植下一种无法吞吐的伤痛，一寸寸噬啮着你的心，直到释放的那一刻。

这里，是一个埋葬秘密的地方。其实，吴哥的每一块石头都埋藏着秘密，可怜的人类能勘破的只是片段，那些密谋、战争、爱情、繁华、宗教，都随着石头沉没在这热带丛林里，以它破败而残缺，把与人类的相遇归结为一种宿命的安排。

身前身后的事迹早已湮没在浩如烟海的历史洪流中，唯有这石佛上的微笑，如霞光过目，被永久敬仰永久铭记。莫非他早已洞悉了一切？石佛不语，宽厚的唇角微扬，眼帘低垂，为时光守护着那无法勘破的过往。

突然觉得这宏大的吴哥城与《红楼梦》本质是那样相像，曹雪芹写的这本书，从一开始说女娲补天剩下的一块顽石，被丢弃在青埂峰下，后来身入红尘，经历了悲欢离合，炎凉世态，一直到顽石归天，全书结束，就是写的一块顽石的故事。

而吴哥王城，形似鼎盛，鲜花着锦点缀着残石颓墙，难掩败象，好似红楼梦里家族最后的命运，白茫茫一片真干净。恰如被雨林荒草掩盖了四百余年的废墟，也许有一天被森林完全吞没，只留下白茫茫的天地和茫茫然的人类。

樱花开了又落 浅草寺◎

要去东京了，心里总是想着鲁迅与萧红。读过《鲁迅全集》，却只记得《藤野先生》里上野的樱花和日暮里的车站牌。最记得先生开篇的第一句话："东京也无非是这样。"这句话是有一种阅尽千帆的疲倦与怅惘，还有一点对世事沧桑的无奈与伤感。接下来的画面被无数个人所向往："上野的樱花烂漫的时节，望去确也象绯红的轻云，但花下也缺不了成群结队的'清国留学生'的速成班，头顶上盘着大辫子，顶得学生制帽的顶上高高耸起，形成一座富士山。"

鲁迅刚到东京时就读的弘文书院，后又转到仙台读医专。他在

《藤野先生》中写道："学年试验完毕之后，我便到东京玩了一夏天，秋初再回学校……"他只是没写到东京什么地方玩。浅草寺是东京最古老的寺庙，旁边就是"浅草公园"，那个时候景色也很好，他会不会去呢？

我们是春节前去的东京，时间约是二月十日，空气里有着峭拔的寒意，但一折进寺院，就看到一树早樱，孤单而又明媚，像是雪地里大风中穿着薄裙子静立的女子。导游说，大家太幸运了，一般早樱也开不了这么早，不知道为什么这株会这样，也许是菩萨保佑的吧。他嗫嚅着，自己也无法解释。我也相信万物有灵，应该是菩萨保佑的。早樱树后就是几尊石塑的菩萨，这些菩萨立在树下，身上穿着红衬衫，要么穿着红短裤，我拜的时候不敢看，怕自己忍不住会笑起来。

浅草寺有点像开封的大相国寺，都是在闹市区，那红尘里的宁静是那样稀薄，像盛开的杏花一样总是让人担心有风雨会挟持她们消失。我们站在寺院里，就能看到寺庙外的高楼、街区、东京塔上隐约的身影。我望着寺院里来往的人流，心里想的全是萧红，她刚来到东京，住在"东京趣町区富士见町二丁目九一五中村方"。这里离中央线饭田桥车站较近，从萧红的住处南下九段坂，现在是北之丸公园。萧红在信里写道："在我住所的北边，有一带小高坡，那上面种的或是松树，或是柏树。它们在雨天里，就像同在夜雾里一样，是那么朦胧而又那么宁静！好像飞在枝间的鸟雀羽翼的音响我都能够听到。"

萧红住在民房的二楼，一个有六张榻榻米大的房间（大约有十平方米的面积）。因为第一次住进日式的住房，所以她感到"像住在画的房子里面似的"。在第十四封信里附有萧红自己画的房间简图，角度是从内向外。正面有日式拉门，左边有挂着竹帘的纸拉窗，还有一张桌子和一把藤椅。

从九月起，萧红开始去东亚学校学习日语，这所学校是1914年由著名教育家松本龟次郎创办的。松本曾在弘文学院教过鲁迅。这所学校当时在神田神保町2-20，离萧红的住处有一千五百米左右。学生都是中国人，老师基本上用日语讲课。

萧红在东京还看了几次电影，好像没有到过银座等热闹的地方。过了两三个月，一个人坐了几次"高架电车"（中央线）找朋友。接到鲁迅逝世的消息时，为了确认事实，她去东中野见了唯一的熟人。有一次她迷路时，把"空中飞着的大气球"（离学校不远的一家商店的广告）当作坐标总算平安归宿。她很得意地向萧军报告了这个情况。她常常苦于头疼和腹疼，但是总的说来可以说是生活比较舒适。她最喜欢的是东京的安静。

在东京期间，萧红的心绪是不安宁的，她一直在担心着萧军和萧军对自己渐行渐远的爱情。浅草寺在东京很有名气，一是古老，二是因为据说很灵验。据传公元628年，一对以捕鱼为生的兄弟在隅田川打鱼时打到了观音像，认为是"观音显灵"。于是，人们在当地修建寺院，供奉观音。对萧军爱情没有把握的萧红是否到浅草寺抽签，占卜一下自己前途是吉还是凶？也许她来过这里，她只是没有在文字里向萧军报告。她也不是什么都告诉他的。

刚刚到东京时，萧红是孤独的，满街响着木屐的声音，她听着想起家乡的高粱地起着的风声。等她刚刚平复下来，开始进入创作时，鲁迅先生去世了。这一次，萧红被更深地打入到孤独中，她几乎是失神的。那个欣赏自己的人，喜欢自己的人去了，这怎么可能呢。那个长着粗硬头发和短胡子的老人，可是她唯一的亲人呵。

"我知道鲁迅先生是死了，那是二十二日，正是靖国神社开庙会的时节。我还未起来的时候，那天天空开裂的爆竹，发着白烟，一个跟着一个在升起来。隔壁的老太婆呼喊了我几次，她阿拉阿拉地向着那爆竹升起来的天空呼喊，她的头发上开始束了一条红绳。楼下，房东的孩子上楼来送我一块撒着米粒的糕点，我说谢谢他们，但我不知道在那孩子脸上接收了我怎样的眼睛。因为才到五岁的孩子，他带小碟下楼时，那碟沿还不时地在楼梯上磕碰着。他大概是害怕我。"

不久，萧军在信里告诉萧红自己有了一段"必须结束的恋爱"，萧红必须回来，才可了结此事。萧红本来是打算在东京待一年的，因了萧军的呼唤，她买了船票，匆匆地回上海了。

我写《落红记——萧红的青春往事》写了一年半，而寻找萧红，消化资料就用去了七年。我只是写出了她，她的痛苦、她的不甘、她的爱情、她的绝望的十分之一。但这本书也许有萧红的护佑，也许是有佛菩萨的保佑，出书正赶上了电影《黄金时代》在哈尔滨的首映式，在首映式上举行了盛大的首发仪式，接下来是哈尔滨媒体、南方报系和河南媒体对本书狂风暴雨式的报道。这本书的好运气让我忐忑不安，老以为有什么不好的事情如影随形。君子求缺，小人求满。我害怕十全十美，太完美要么是虚幻，要么就是灾

木魚殼開聲
木魚殼多眠結果
乙未秋天於聽荷草堂馮傑

难。就像诗人写的"好的友谊必须有基本的距离／好的爱情，须有适当的缺陷／我喜欢你／缘于你微笑时那细微的不对称"。

我在浅草寺的签筒里放入一百日元，抱着签筒使劲摇晃，然后随意抽出一支，是第四十签。浅草寺的签分成好几类，有大吉、吉、半吉、小吉、末吉、末小吉、凶，等等。我抽到的是小吉，签上写道："中正方成道，奸邪恐惹愆。壶中盛妙药，非久去烦煎。"大意是说我在新年里要行为中正，谨慎行事，还要耐心等待，一些烦恼的事情就会过去，最终会得到好的结果。小吉正好，不是大吉，也不是凶，处于中间状态。这让我自去年下半年以来那莫名的担忧消散了。

从浅草寺出来，只见一个穿红上衣的女子静坐于那株早樱下读书，她浓黑的头发，高的额头，白净的皮肤，恍惚间那么像一个人。像谁呢？我边走边想，突然，想到了萧红。急步回去再看树下，空无一人，只有老去的花瓣随着风悠悠飘落，地上一片樱花。

美丽总让人忧愁

金阁寺 ◎

听说我去日本，苏州的晓梅嘱我一定要去金阁寺。动身之前，以极快的速度看了三岛由纪夫的《金阁寺》，怀着对京都虚幻之美的想象踏上了旅程。去京都的一路上，我不断地梦到金阁寺，它具有音乐韵律细的廊柱，二层潮音洞那雕有花卉的花窗，究竟顶的展翅欲飞的金凤凰，镜湖地边开着紫花的燕子草在微风里散发着幽香。一个少年，形容如我高中时喜欢的男同学，他手持几朵将开欲开的燕子草还有墨绿的宽叶子的木贼草朝着我走来，我与他之间隔着一层水银一样的东西，虽近却遥远，他手里还举着尺八，像是在吹奏，我却什么也听不到。一急，醒了。

此夜我们住在富士山下爱知县的一宫镇，这是个小巧优美的温泉小镇，一条小河贯穿小镇，小河两岸长着粗的樱花树，可以想象再有一个月樱花开放时那满树放雪的震撼。推窗可以看到清晨的富士山，湛蓝无云的天空下，这座神奇而迷人的山正吐着白云，白云从山顶像盛大的梵香在静静地上升，然后随着微风向着东南漂浮着。突然堆积的白云好像无法承受重量而翻卷下来，富士山戴上了可爱的白帽子。帽子云和云爬坡是富士山最有趣的景象。而就在昨天下午，我们看到了云爬坡，白云从半山升起，像有人倾倒了整火车的棉花，这些松软洁白的云朵，在半山上盛开成了白莲。可以想象这是个活的山，她呼吸，微笑，既高入云天，又慈悲亲切，像个百变仙女。现在，她穿着晶莹剔透的雪衣，头戴着变幻无常的白云桂冠，时刻注视着我。在静冈县和山梨县的两天里，我几乎是目不转睛地看着这座变幻莫测的山，这一刻的美与下一刻的美完全不同，好像一眨眼之间，刚才那个头顶白帽的山变成了莲花满天的山，要怎样才能留住她的美呢，我几乎绝望了。

第二天从一宫镇穿清水山去京都的路上，突降大雪。导游说京都是个盆地，这东边的山和富士山有一比，就是突然会下雪，夏天也是这样子。说着雪如落花，窗外山林玉树琼枝，宛如童话。那些藏在山谷里的山村在大雪里也缥缈不定。我又想起三岛小说里写的金阁寺。

"从照片上或教科书里，我经常看到现实的金阁，然而在我心中，父亲所讲的金阁的幻影，远胜于现实的金阁。父亲决不会说现实的金阁是金光闪闪之类的话。按父亲讲述，人世间再没有比金阁更美的东西了。"

金阁寺，她要怎样的美，才让一个少年在生命里重重纠结，无法自拔，最后只有一把火烧掉才能苟活下去？美，在此，是不是人心里妄念？那些虚妄的爱与美，如果真要纠结于心，是不是渐渐有了重量，就像风里的尘土一层层地落下来，要把人掩埋。

正想着，导游叫道："大家快看，左手边就是京都的标志——金阁寺。"坐在窗边的我看到了三层重檐的建筑，在夕阳下金光闪闪，庭院的湖水里也有一个虚幻的金色建筑在闪光。一群归鸟翅膀上洒满了金粉，正绕着金阁寺的檐顶飞翔。但车子沿着鸭川飞驰，很快一拐弯什么也看不到了。我怅然若失，心里一阵黯然，好像看到惊鸿一瞥的美人之后，更加陷入了沉沉的相思。

在京都住下之后，我迫不及待地去看金阁寺，好像我这一次的日本之行，只有这一个目的，那就是看到金阁寺，触摸到金阁寺，让现实的美与内心虚幻的美对接。长时间的阅读与写作，已经让我经常无法分清虚幻与现实，梦境与白天。我在现实的刀刃上行走，心里怀着对虚幻的爱的向往，那些短暂的相见，温柔的悱恻，雨后的等待，只是占据了我生命中的一小段光阴，却在我内心留下冗长的回声。现实里每一天每一时刻，那些虚幻无凭的感情都会影响我的内心，让我在面对月亮的时候突然想掉下眼泪，面对湖水里倒映的树与花，产生投身湖底的冲动，好像那湖底里虚幻世界更值得我活着。

我站在镜湖的这边，金阁寺拖着长而宽大的影子与我对望，它一半在凋零的夕阳里，一半已经沐浴在月亮的清辉里。西斜的夕阳照射着金阁的正面。漱清亭在对岸左侧半隐半现。金阁精致的影子，投落在稀疏地漂浮着藻类和水草的池面上。那些水草好像是金阁寺上开出的花朵一样，一个鱼跃出水面，水里的金阁寺晃动不停，好像受到了惊吓。

日式庭院其实没有过多曲折，简单孤寂到简直令人伤感。金阁固然耀眼，但和东南亚明亮天空下的赤金全然不同，也和中国香火缭绕的寺院没有半点类似，一汪碧幽幽的潭水倒映着金晃晃的金阁。恍然明白三岛形容得真好，这不是矗立在真实空间的金阁，它似船过海，岿然划过时间长流，只在远方留下一弯波痕。

我恍然看到那个叫沟口的少年，他绝望于自身的丑，绝望于人性的丑，这个代表着美的极致的金阁寺成了他的怨敌。金阁寺，你为什么这样美，为什么一直美？柱子、栏杆、板窗、板门、花格子窗、宝形造型的屋顶……法水院、潮音洞、究竟顶、漱清亭……地面的投影、池心的小岛群……任何一部分的美都包含着另一种美的预兆。细部的美，其本身就充满着不安。它尽管梦想着完整，却不知道完结，唆使去追寻另一种美、未知的美。于是，预兆联系着预兆，一个一个不存在美的预兆，形成了金阁寺的主题。这种预兆，原来就是虚无的兆头。虚无，原来就是这个美的结构。这些细部的美在未完成之时，各自都包含着虚无的预兆，木质结构尺寸比例精细而纤巧的这座建筑物，就像璎珞在风中飘落似的，在虚无的预感中战栗——已经决心要烧掉金阁寺的少年在黑夜里再次感受到了金阁寺本身的梦幻之美，他手足冰冷，几乎要放弃这个罪恶的计划。但他突然想起著名的一段话："逢佛杀佛，逢祖杀祖，逢罗汉杀罗

汉，逢父母杀父母，逢亲眷杀亲眷，始得解脱。不与物拘，透脱
自在。"

他的身上有了力量，火焰吞噬了金阁寺，那些虚幻的压迫人心
的妄念也随之成为虚无。金阁寺屹立在此岸和彼岸之间湍急的河流
之上。此岸是我们的现状，彼岸是遥远的向往，金阁寺便是阻碍其
间的巨石阵。心灵澄澈的人定然会看见它发出万丈金光的模样，见
到的人刹那明了。所谓金阁寺是永恒存在于人心中的一念之间，是
常人遥不可及的耀眼盛大的光芒与美丽。

不知什么时候，夜色如水一样流进了庭院，夜鸟"嘎"的一声
把我从梦境里惊醒。金阁寺的二层楼上已经点燃了灯笼。夜色乌
蓝，金阁寺已经融进了远山，那些金沙样的夕阳好像从来都没有照
耀过它一样。我看到了它，触摸到了它，但就在这瞬间，一切再次
变得不真实起来，那暮色里隐约的金阁寺暗沉的轮廓，那湖水里跳
荡的灯火，那从蓝变墨的夜色，都像是从梦里见过。我把手里攥了
很久的山茶花，放在镜湖边，慢慢离开寺院。

同学顿珠的哥哥

塔尔寺 ◎

　　我坐在黄昏的草原，四周的群山都好像在微微呼吸，这座蒙古包坐落在青海省湟中县莲花山的山谷里，是我同学的家。她是我们兰州大学研究生同学中唯一一个藏族学生，她叫格桑顿珠。她像所有藏族女性一样，脸上有着两朵明显的高原红，清澈明亮的大眼睛随时都对这个世界有着好奇，两条又黑又粗的大辫子使她与众不同。我俩有时会一起到书店里看书，她看到喜欢的东西都要张大嘴巴，"啊——"，一起散步时，她会突然唱起来，她的嗓音真的好听极了，好像有一架马头琴放置体内，声音响起来时，体内的琴声也随着奏响。

　　她回到草原上的家就像变了一个人，脸上溢满笑意，她与脸色黑红的姐姐和妈妈亲热地说着藏语，我完全听不懂，只好像个呆子一样在她家里转悠。院子里静悄悄的，牛粪砌的墙散发着好闻的青草味，好像那些青草在牦牛肚子里并没有被消化。她家的马肚子鼓得像要爆炸了，毛油亮亮的。此刻这匹马不停地刨着土，鼻子里冒出咻咻的声音，夕阳映照在它大大有长睫毛的眼睛里，好像要流出泪水来。

　　"告诉你，我哥哥明天上午回家呵，我好开心就要见到他了。"顿珠又切换成汉语，"我哥哥是塔尔寺的僧人，每年结夏才能回家住一段。"

　　院子里的月亮亮得不像是真的，草原已经沉沉睡去，顿珠也已经响起了轻微的鼻息，月光从帐篷的窗子照进来，地上好像积了水银一样，飘浮晃动，草丛里的虫子在深夜的叫声切切察察，好像还有什么大的动物发出跑动的响声，突然还发出尖叫声，把我从恍惚的睡梦里惊醒。我想着她那个八岁就在塔尔寺学习的哥哥，恍惚中有人从月亮里飘然走下来，他满身都是蓝色和红色的花朵，像是一个仙童。

　　第二天醒来，太阳已经明亮地洒在草原上，顿珠和妈妈早就起来，在家门口挤牛奶，奶水像激流的泉水一样喷射出来，在木桶里溅起白花。

　　云朵在她们头顶上慢慢移动着，他们家的大黄狗在草丛里来回奔跑，一会儿追赶一只花翅膀的大蝴蝶，一会儿又追着家里两只大花鸡，那只公鸡愤怒地朝大黄瞪着圆眼睛，彩色的翅膀拍打着，向这只狂妄的大黄狗挑战。

就在这个时候，远远走来了一个人，我看见他的时候，他好像在花海上漂浮着，接着顿珠母亲松开了牛奶桶，迎着那个花海里的人跑过去。顿珠也啊地尖叫着，奔了过去。这时，黄狗也放过鸡，冲着重逢的人摇起了尾巴。

在餐桌上，我看清了顿珠的哥哥丹贝尼玛。他长得一点也不像顿珠，白净的圆脸，甜甜的笑容，眼睛弯弯的，时刻好像都在微笑，但我目光落在他手上的时候，顿时惊呆了。那是一双怎样的手，好像不是这个躯体上长出来的，是另外伸出来的怪异的手，骨节突出，呈青色，手上的皮肤好像在什么腐蚀性的颜料里泡久了，皲裂粗糙。

这双怪异的手此刻伸过去抓一个土豆吃，但手明显地不听主人的使唤，哆哆嗦嗦地拿不稳。看到我在盯着他的手看，他本能地缩进宽大的僧袍里，不再出来。"哥哥是塔尔寺的艺僧，在寺院里，除了诵经，还要学习《造像度量经》，还有比例学、色彩学，等等。平时，画图案、掌握各种藏族风格的边饰和藏传佛教八宝图、习练基本功。冬天，塑酥油花、学习雕塑等。"顿珠用汉语向我介绍。

顿珠说，哥哥原来的手纤长细白，手背上还有小涡，自从当了艺僧，捏制图案时他们的手要长时间浸泡在刺骨的冰水中，渐渐手指关节变形。

"哥哥邀请咱俩今年正月十五到塔尔寺看灯节，那天所有的酥油花都会抬出来供信众欣赏。"顿珠高兴地告诉我。

农历正月十五晚，当一轮明月从莲花山冉冉升起，百余名僧人

七顆潔淨的靈魂
泊在大地
坐上
乙未秋
潘傑記

抬着一盘盘固定在木板上香气浓郁的酥油花架，穿过人群，来到塔尔寺中心九间殿讲经院的门前。

丹贝尼玛从塔尔寺的上花院走出，当他看到妹妹和我出现在他面前时，他先是吃了一惊，然后就微笑了。他招呼我和顿珠向上花院走去。我们看到上花院里还堆着许多金蜡梅、银蜡梅的枝条，许多刻刀与各种颜料都堆放在角落，这里好像一个辉煌舞台的化妆间，充满零乱而喧哗过后的寂静。丹贝尼玛告诉我们，用上年拆除下来的陈旧酥油花作原料，掺和上细腻的草木灰，做成较韧硬的黑色胎料，再用各种树枝搭成的骨架上泥塑成形，先做初胎。完成雏形后，接着是敷面。将研细的矿物颜料和入白酥油，揉成各种彩色油料团，然后按需要，用手指一点一片细心地、轻轻敷到制好的雏形胚胎上去。

为了不使彩油因手温而融化掉，要在零度以下的低温房间内，还要把手指不时伸进结有冰块的冷水盆里，降低手温。他指着一个青色的大盆，说那就是自己的洗手盆。每天晚上都要把水盆放在室外，让它结冰。"如此精细制作的酥油花两年就要毁一次，多可惜呵。"我看到地上许多陈旧的酥油花都被推倒，低下身子叹息。"知幻舍离，空所空灭，生灭既灭，寂灭现前。这些好看的花朵人物在我手下活了一次，在人们的眼睛与记忆里活过了，就够了。"丹贝尼玛说。

有一朵酥油雕刻的牡丹花落在雪地上，真的好像暮春的洛阳城里，我看到落英满地的样子。"也知其理，但到了眼前手里，心里还是不舍，这是为什么？""得失随缘，心无增减。缘尽还无，故于诸有，息想无求。"他说着，走出了院子。

塔尔寺是藏传佛教格鲁派（黄教）创始人宗喀巴大师的诞生地，当年宗喀巴大师在西藏开祈愿大法会时，梦见一些飞禽走兽可以用酥油塑造，便召集僧侣用酥油捏塑所梦事物，供奉给佛祖。酥油花制作分为上下两个花院，展出前双方制作的内容严格保密。

顿珠显然来过许多次塔尔寺，她拉着我的手在寺院里熟悉地穿行，僧人们都去广场上看酥油花了，空空的塔尔寺里只有寺庙那沉沉的影子烙在地上，偶尔能听到夜鸟的唧哝声。大金瓦殿是以黄教创始人宗喀巴纪念灵塔为中心建起的大殿。据说宗喀巴诞生后，从落脐带血处长出一株白色的菩提树，并长出十万片树叶。十六岁时，宗喀巴只身前往西藏深造佛学，从此再未回过家乡。其间，母亲思儿心切，写信"盼儿务必返里一晤"，但宗喀巴一心求佛，决意不归。他用鼻血绘成自画像和狮子吼佛像各一幅，并回信："若在我出生之地以十万尊狮子吼佛像及菩提树为胎藏建一座佛塔，则如同亲晤儿面。"次年，母亲将白色菩提树用绸缎包裹，周围砌石加固建成一座莲聚宝塔。此后，由信徒化缘集资建成一座寺院。因先建塔、后建寺，故称"塔尔寺"。

外面的山坡上，雄浑的长号与悠扬的梵乐已经响起。此刻，满山坡的灯光闪闪烁烁，檀香、藏红花和柏叶的芳香，在殿内飘摇，浓郁的烟雾升腾到天上。人流都像是喝醉了一样，随着这飘摇的香气不停地旋转、游荡。而我完全被这香气、酥油花的灯光和清冷的月光所迷醉，觉得自己身子也越来越轻，好像再有一阵风来，我也会飘然而行了。

我的脚印踏着你的脚印

那烂陀寺 ◎

久居闹市，雾霾围城。先是厌倦这暧昧不明的天空，接着连自己也厌倦起来。每天在黏稠肮脏的空气里沉浮，觉得自己也像个游魂。起心动念决定去印度已经五年，但每每到了跟前，各种琐碎缠身，想走就走对我等凡人是多么奢侈呵。这天对着镜子，发现额头上的几根白发正倔强地钻出来，容光大减，红颜不再，时间面前我一退再退，没有后路。就任性一次吧。子瞻不是说"此间有什么歇不得处"，这个尘世少谁都是可以的。青红四人在微信上一约，决定西行。

心念一升，如瓢浮水，再也按不下去了。想起印度，就无法不想起你。你的家就住在离我不远的偃师。我为与你生活在同条黄河边而觉得荣幸。过黄河时，我在想，你的眼波也曾投向这里；车向洛阳、西安方向行进时，我都在想，你需要何等的勇气与胆识，才能在皇帝不允的情况下偷偷出关，你是偶然一次在长安见了印度的高僧，听他说那烂陀寺戒贤法师深谙百家佛学经典，于是立下西行求法的决心。那年，你刚好二十七岁。

在机场，红看到墙面上的广告，是富兰克林的话："懂得休息的人，比终日忙碌的人更伟大。"四人站在广告下拍照留念。好像因了伟人的鼓励，我们也马上伟大起来了。我们一群尘世里的女子，各自背负了无数的物质与念头，我们被各种世事裹挟，少有时间关注灵魂，更不要说追求真理。此刻，我们在你的鼓励下，准备踏你的脚印再走一遍。当然，追随你只是个好听的借口，你是匍匐于大地，一步步丈量，我们从上海转机直飞德里。你出长安，过凉州、瓜州，至伊吾，九死一生。公元631年，你穿越了二十多个国家的国土后，终于踏上印度国土，看到了那烂陀寺。而我们早晨还在郑州，晚上就到了德里。躺在异国的土地上，想起你，满面羞惭，我在灯光下打开你的书，被你文字所迷住。

《大唐西域记》的序这样评价你：暄寒骤徙，展转方达。言寻真相，见不见于空有之间；博考精微，闻不闻于生灭之际。廓群疑于性海，启妙觉于迷津。于是隐括众经，无片言而不尽；傍稽圣迹，无一物而不窥。周流多载，方始旋返。

去往那烂陀路的边上，卧满了悠闲的牛，花的、黄的、大的、小的，尾巴有节奏地甩着，一堆堆牛粪冒着烟。

有乌鸦大胆地站在牛身上，随着牛摇晃的节奏摇晃着。那烂陀寺在一条小街道的南边，有妇女头顶着沉重的米袋在阳光下怅怅然地走过，两只黄狗跟着她慢慢地走过，边走边嗅路上的味道。我们过了小门，就看到一群十七八岁的学生如泥石流一样滚滚流在校区的道路上，青红四人立刻被淹没其中。你在一千五百年前走进这处大门时是什么样子呢？你在印度各地游历时，你的名声早已传到那烂陀寺。当年你抵达那烂陀寺的情景十分隆重，那烂陀寺派出四位高僧前去迎接，并在一所农庄内休整。这座农庄据说就是佛陀十大弟子之一目犍连的出生地。有两百僧徒、一千多百姓抬着乘舆，手拿幢幡、华盖和香花前来迎接你这位从东土大唐来的圣僧。

据说你的师父戒贤大师已经年逾百岁，他早就预知从遥远的中国将有一位天才弟子前来受教，他说是观音、弥勒和文殊菩萨在梦中告诉他的，所以他竭力"忍死"（抵抗病魔）以等与你见面，好把自己平生的学问都传授给你。

那烂陀（Nalanda）地名的由来，其中的一个说法是，古代梵文里"nalam"意思是莲花，"da"意为给予，莲花在印度是智慧的象征，因此，那烂陀的意思就是"智慧的给予者"。那烂陀寺是古代印度佛教的最高学府和学术中心，曾经藏书九百万卷，僧人学者超过万人。

进了那烂陀寺的门洞，还是吃了一惊，那想象中的恢弘寺院不复存在，眼前是断壁残垣，红砖地基伸向远处。中间几座佛塔被雨水淋出暗苔，导游午马带我们走进一个院子，阳光亮得刺眼，右手断垣间依稀是一排排的宿舍，房子不在了，门洞还在，那冥想虚静的气息还在，踏在红砖的地面上，好像有人会轻轻地发出声来。

我蹲在一间小小的房间里，大概只有四平方米，砖缝里长满了青苔，有一枝小黄花从石缝里钻出来，好像在诉说着那过往的人的秘密。庭院中心有一水池，据说是学生淋浴的地方，还有一小院子，说是就餐的地方。

你会在哪里呢？你这个拼命学习的"留学生"，你在那烂陀寺一住就是五年。以超人的天赋与勤奋的汗水很快就跻身于受持五十部论典的十大法师之列，每日可以享受瞻步罗果一百二十枚、槟榔二十颗、豆蔻二十颗、龙脑香一两、供大人米一升，月给油三斗，乳酪不限使用。寺中还专门派了勤杂一人、婆罗门一人，供你差遣使用，出行则可以乘坐象轿，在万余人的那烂陀寺，享受这种待遇的仅有十人。

我徘徊在这些寂寞的红砖小路上——看到你身着蓝袍的背影，你在树下诵经，你在佛塔边冥想，你在宿舍里秉烛夜读，你与来寺院的高僧辩经……我一转身，你就在墙后，我再一转身，你又到了草地上。

我觉得你前世一定是个仙界天人，或者是阿罗汉，否则以你稀世的姿容，优雅的气质，如何会对尘世无有一点留恋之心，你少年出家，一辈子都在学习与翻译，从无厌时。你难忍能忍，难行能行，认定理想，不改初心。

我这个不坚定的人，在你面前，真要低到尘埃里去了。我愿意这样低下去，淋浴在你的精神光芒里。你曾经离开那烂陀寺，出游四年后，重返，戒贤派你为寺内僧众开讲《摄大乘论》和《唯识抉择论》。

公元641年，戒日王请你在国都曲女城公开演讲。应召而来的有十八位国王、三千多佛教名家、两千多婆罗门教及外道的信徒，还有那烂陀寺的全寺和尚。戒日王带了他的侍卫和嫔妃宫女来参加，并亲自主持仪式。先是请出真金铸就的大佛像，祭祷一番。然后，戒日王宣布请你主讲，专就大乘立论。从早到晚，没有一位听众敢出来和你辩论，第二天、第三天，天天如此。你一共讲了十八天，始终没有一个人敢出来应战。被印度僧众称为大乘天和解脱天。

这群红色砖石砌成的建筑，中心是一座残塔，原高七层，现只剩四层。每层有很多巨大石柱，上面雕有姿态万千、栩栩如生的佛像，周围有花纹刻饰。青红在那精美的佛塔前久久留恋，据说这里是印度曾经举行大型佛事的地方，也许，你与寺院的众僧人辩经就在这个讲堂里，这石柱上的佛像你是不是如我一样久久凝神，我此刻也站在这里，感觉离你是如此之近，近得仿佛听到你的呼吸声。这些长着青黑色苔藓的石柱与石塔，是不是还储存着你的微笑与声音，这些石缝里长出的青草，是不是曾经抚过你的鞋子。我蹲下来，有一种深切的冲动，我想匍匐在地上，感受你足下踩过的砖石的气息。我想搂抱住那些冰凉的石柱，闭上眼睛感受那些藏身在石头里精灵的私语。我什么也没有做，我只是呆呆地看着，如同入定。

玄奘纪念馆就在那烂陀寺不远处唐式建筑里，有两个印度人在守护着，院子里两只黄狗闭着眼睛，伏在地上，见我们过来，看也不看一眼。院边的竹子在风里慢慢地摇着，高大的纪念馆里，塑着你的像，右手的墙上，是你老师戒贤法师的像，左手是你的像。想了你一路，在这异国的土地上见到你，我长跪不起，泪流不停。你端坐不动，眼神坚定清澈，你的一生真正做到如如不动，一心向道。你在印度声名大起，戒贤任用你当校长，国王要给你供养几百座佛塔，但你拒绝了。你带着经卷回国，此年你已经四十六岁，太宗、高宗数次要求你弃缁还俗，许以高官，你都坚拒，你说："愿得毕身行道，以报国恩，玄奘之幸甚。"你凝神屏气，毕命山林，礼诵经行，专心译经。你翻译的经卷占去整个唐朝译经总数的一半以上。你在译完《般若经》后，自觉身体大不如从前，知道无常将至，时日无多，便向寺众和弟子欢喜辞别：玄奘此毒身深可厌患，所作事毕，无宜久住……知你往生去了净土，我当欢喜才是，但我竟是凡人凡识，怅然想到你会黯然离去，无法再见到你的仙容，如故人远走，我禁不住啜泣不止。

从天竺回来，一晃两月，窗外的柳树从一片枯枝到满树柳烟，日日枯坐，看树的颜色由鹅黄到浅绿，那明媚的新月渐渐圆满，刚满一日，就又开始消瘦，万物无常，人世究竟如梦。夜读虚云和尚的诗《山居》："山居无客到，竹径锁烟霞。门前清浅水，风飘几片花。"是夜，我在梦里，见到了你，你已经化身为石壁上的佛像，突然开口说话，你看着我，嘴一张一阖："自从你见到佛陀的四年后……"我等着听下文，你的嘴紧紧闭上了。接着又开始做梦，有一个声音一直在梦里回旋："自从你见到佛陀的四年后……"我醒了，一直在回想，四年后，会发生什么事情呢？

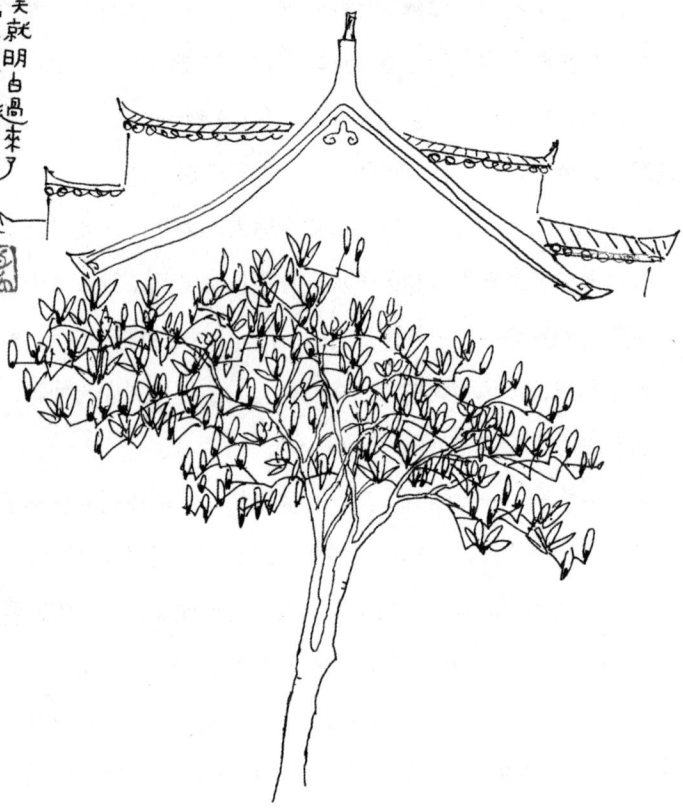

等一朵一轉身，春天就明白過來了
乙未中秋於聽荷草堂試氏巾也 渭傑畫記

大菩提寺 ◎

月亮从菩提树间升起来了

　　迦耶村，黄昏，新月升到屋顶，那颗明亮的金星坚定地陪伴在月亮身旁。十四岁的午马在做作业前，总会到阳台上，东北方向的菩提树下，那个有着两个酒窝的女同学会准时等候在那里，手里捧着一本书，黛青的暮色里，她修长的影子与菩提树融为一体。他看到她，心口就开始砰砰乱跳，他的卷发和夜色一起纷乱起来。他站在东北方向吹一声口哨，女生仰起脸，冲他挥手微笑。很多年后，当他躺在妻子身边，仍然经常梦到这一幕。好像自己经历过的爱情就是暮色、口哨与微笑。

　　导游午马大眼，白牙，头发卷曲。他在新德里做导游，家乡是菩提迦耶。车快到菩提迦耶，他就不再和我们说话了，眼睛直瞪瞪地望着窗外，马路上一片混乱，马车、推着水果的人力车、汽车、摩托车、牛、流浪狗都拥在路上，但却不堵车，混乱而有序，特别是一只牛妈妈带着自己的孩子，悠然地站在公路中央，大眼睛望着远方，好像要从混乱的人群里看出青草来。小午轻轻地"哦"了一声，我们随着看窗外，看到菩提树下一个姑娘正低头看书。难道他想起了年少时的她？

在我没有走向这棵菩提树之前，我无数次地想象过它。它会是怎样的葱郁茂盛，怎样的汇聚天地之灵，它在两千五百年前春夜的某个时刻，借着天空的明月，迦耶村上空的微风，那时候王子端坐在树下，就看见了三世因果，十方景象。等到启明星出现的时候，王子便妙契中道，智慧已了。就在那夜，这棵树窥视到悉达多跌跏趺坐，立下誓言："我坐此处，一切诸漏，若不除尽；若一切心，不得解脱。我终不从此坐而起。"就是这棵树陪着悉达多，在月光下呼吸着他的呼吸，惊喜着他的惊喜，看着他从一个王子修行成了佛陀。

我向着那棵佛教史上最著名的树走过去，我在想植物与人的关系。你此生与哪些树有很深的纠结，与哪棵树一生都保持距离，都是命中注定的。悉达多王子在走向这棵菩提树之前，已经在山上苦修六年，这种后来被称为菩提树的树，在古代的印度，叫毕婆罗树，在印度是一种极普通的树，普通的犹如我们的杨、柳、桐、槐。这六年中，悉达多一定已经在无数棵树下冥想、苦思，都没有发生电光石火的感应。最后，他放弃了苦修，在尼连禅河淋浴后，吃了牧羊女奉来的乳粥，在毕婆罗树下却获得灵感，悟道成佛，是不是应了苏子瞻所说的："着力即差。"

这一切都是因缘，上天选择了悉达多王子来承担开悟众生的使命，也选择了这棵菩提树来为人类这一伟大时刻作证。这棵树的命运从此与众不同，阿育王继位之初，尚未皈信佛法之时，受外道影响，率众要毁灭菩提树。他命令士兵把菩提树的根茎枝叶斩成小段，然后堆积起来，令事火婆罗门进行火祭来祠天。没想到在火光之中生出两棵枝叶繁茂的新树，阿育王见到这个瑞相，生起极大的惭愧悔过之心，于是以香乳灌溉所余下的树根，一夜之间，菩提树恢复如初。之后阿育王信奉外道的王妃重伐菩提树，阿育王见到被毁的菩提树无限感伤，至诚祈请，精心灌溉，菩提树再次得以恢复，阿育王于是立起十尺多高的围墙来保护菩提树，玄奘大师到时尚见到残垣。据说菩提树的树枝被移至各地种植，其中斯里兰卡那株最为茂盛，1877年开始对菩提迦耶进行考古发掘，因工人的不慎而将菩提树弄倒，现在这棵菩提树是从斯里兰卡那棵菩提树上移了一枝种在原地。

好了，现在我已经站在菩提树下了，就在正觉大塔的西边，像一大团绿云停留在寺院里。树下坐着各国前来朝圣的僧侣，他们着各色衣衫，大都静坐诵经，有人仰头望天，皆想捡得菩提叶。一位飘着白胡子的老者坐在正觉塔的一个角落里，闭着眼睛，紧紧地抱着塔身，好像拥抱久别重逢的情人一样忘情。他的右脸贴在塔身上，嘴里喃喃念诵，眼泪顺着脸无声地流着。我如同走入幻境，我与身边的人擦肩，觉得个个都是前世失散的亲人，他们都长着清澈的眼眸，和善的笑容，虔诚的身姿，从不同地方走向这里，这种因缘不可思议。大塔东南角，一百多名身着绛紫色藏袍的少年僧侣覆盖了路面，他们手捧经书，轻声诵读，地面上好像扬起一阵清澈的风，他们手里捧着粉色的莲花，随着这清风缕缕，清香醉了众人。一个长发女子正从胸前的口袋里掏出卢比布施给他们，他们小心地传递着卢比，一个细长眼睛的男孩拿到手察看了一下，是两张，他留下一张，把另一张认真地依次传递下去。他决不多要。这位长发女子姓李，是新加坡人，居士，她说来菩提迦耶是她平生的心愿。

绕塔三圈后，青红四人进塔内礼拜佛祖二十五岁等身像。站在塔外已经感受到了这座佛像夺目的光彩，他端坐正觉塔内，神态安详，面容宁静，双目低垂，默然含笑，特别那一双美妙的青莲眼，似乎看透了每一个人的心底，似在沉思又像在凝望，更显得相好庄严，慈和美妙。站在等身像边的僧人不停地从佛像身上揭下袈裟，又在诵经声中为佛像披上人们供奉的新袈裟。而一个利索帅气的小僧人，不停地从塔内向外运送大米、水果和鲜花，太多了，像奔向大海的滚滚波涛，每个人都想把最好的东西奉献。

我定定地凝望着这尊殊胜的佛像，想他苦修不觉得绝望，独坐菩提树下的决绝，还有明月之夜那突然觉悟的惊喜。我的眼泪再也无法止住，是无言法喜还是观照内心的伤感，我一时也无法分清。萍子带红、绿和我坐在菩提树下诵经——这是我们这次印度之行的功课，三遍《心经》，三遍《大悲咒》。她说，在佛祖修行过的地方诵经，功德是平时的无数倍，三人皆如小学生一样点头称是。

出了正觉塔，仔细地环视这个佛教的"祖庭"，就其气魄而

且聽月下松吟詩
己亥五月記之
馮傑

言，远不及任何一个中国的大寺，完整的建筑不及十幢，其余的是零碎的塔、台和地基的遗迹，散布的荒草杂树之间。夕照抹在寺院的一切物件上，远看金光闪闪，砖石上的青苔像长了脚一样蔓延，三三两两的僧人坐在树下交谈，还有人背着木板，在塔下磕着长头。

我这次到印度，带着玄奘著的《大唐西域记》，我们所到的几乎所有释迦牟尼的遗迹，都是按照玄奘书中所述的地理方位寻找的。大菩提寺也是由孟加拉国根据玄奘《大唐西域记》的描述，将其定位、发掘、修整，复原了金刚座和部分殿堂。回看菩提树下，大石头上一对超级大脚印子赫然在目：佛足印。据玄奘说，当年佛陀将要寂灭，北去拘尸那罗之前，途经华氏城，站在大石上南望摩揭陀国，对弟子阿难说："我要把足迹留在这块石头上，这是我回看摩揭陀的地方。百年之后，将有阿育王建都于此，匡扶佛教，役使百神。"预言之事当然不可信，但佛陀的这一回望令人心中一凛。那是什么样的眼神、什么样的心情呀。他回望的不是摩揭陀，而是这红尘世界，这一劫天地轮回。而他就要这样去了！虽然佛陀涅槃前告慰悲伤的众弟子："世皆无常，会必有离，勿怀忧恼。"但作为一个有情，在这个维度内的生命告一段落，爱之将离，生之将别，不由人不生出满腔惆怅。

月亮从菩提树间升起来了，正觉塔上灯光尚未亮起，暮色如雾一样弥漫着，众星正待擦亮。月亮温润如玉，一块发亮的玉，一朵高高开放的白玉兰，我已经被它的光亮与香气所袭击。感谢菩提迦耶的月亮，它曾经浸润悉达多王子的心房，现在它的清凉温柔的光芒照彻我的身体。被这样月光照耀的我还是不是从前的我呢？我恍兮惚兮，感觉自己好像内脏突然都消失了，只剩下软软的躯壳，里面装满了月光，回头看到导游午马大眼睛里也饱含着泪水。我轻声问道："怎么了？午马。""我看到她了，她带着两个女儿。我向她微笑，她已经不认识我了。我好难过。"我回身看左手，一个丰满艳丽的少妇拉着一高一矮两个女儿，三个人戴着红黄蓝三色纱丽，像三朵流动的花朵，在月光湿润的河流里载沉载浮。

附：

照破山河万朵[1]
——琳子、青青关于《访寺记》的对谈

　　琳子[2]：《访寺记》和《落红记》都是"记字辈"的，据我所知，《落红记》出版之后，你在全国各地做了二十多场读书会，收获了很多读者，《落红记》也几乎成为畅销书，我想知道它对你产生了怎样的影响。

1　柴陵郁禅师有诗曰："我有明珠一颗，久被尘劳关锁。今朝尘尽光生，照破山河万朵。"
2　琳子，著名诗人、画家，著有诗集《响动》《安静下来》，童话集《草手镯》等。

青青：《落红记》作为一本萧红的传记，赶在了电影《黄金时代》公映之前出版，可谓天时地利人和。

由于这本书在《黄金时代》哈尔滨首映式上举行了新书首发式，并在哈尔滨举行了大型读书会，之后，《南方日报》《南方都市报》《河南日报》《大河报》《文汇报》《中华读书报》都给予了大篇幅报道，该书也在《大河报》和《焦作晚报》连载，在济源举行了《落红记》研讨会。

这本书还在郑州、开封、厦门等地连续举行了近二十场读书会，引起了强烈的反响。

书出版一个多月后，就启动了第二次印刷，应该说还是很畅销的。

我断断续续写作了近二十年，一直都寂寂无闻，《落红记》把我推到了公众面前，我一方面是惶恐的，一方面也是欣喜的。

古语说，"文章憎命达"，我觉得保持适度的寂寞是一个作家最好的状态。声名与关注在某种程度上对一个作家不是个好事。欣喜的是自己付出终有回报，相当于星光乍现。

好比一个漫漫长路的独行人，坐下来，有人赏了杯热茶，心里暖暖的、热热的。再走路时，不觉得孤单，知道远方有与自己心性相投的人，他们和你一样，与书为伴，煮字疗饥，这样想着时，心下有大安慰。也好比一个人坐在月亮下，周围黑暗寂静，却也光明清澈。

琳子：《访寺记》是什么时候开始写作的？是什么事情触发你

动意写寺庙系列？开始时并不是有意为之的，对吗？

青青：这要从我的童年说起。童年的时候，我和祖母一起生活在豫西南的南阳盆地，小村庄就在湍河边。而奶奶的家在村子最西头的田野里，好像是被整个村庄所抛弃，如果不是房子前面那棵远远望去可以擎盖的大梨树，如果不是那院子西边几十棵槐树，如果不是院子后边那棵歪着身子的枣树，很难有人发现这是一户人家。

我从三岁到十八岁就生活在这里，好像就是一棵麦子，或者就是一朵田埂上的花朵。

那时父母都在遥远的洛阳，身边的叔叔与伯伯在不同的城市里求生，这个被大树与田野包围的房子里只有我与渐渐老去的奶奶，当然，还有阿黄，那只忠实的黄狗，大花，那只可爱的花猫，脖子里挂着两只肉铃铛的三只小山羊，一只褐色肥胖的母鸡带着一群叽叽喳喳的小鸡。一个小女孩歪在草丛里，好像在聆听土地的心跳，头顶上两只小鸟向着远方飞去。我那时就是这样经常歪在槐树林下草丛里，呆呆地看着天空，蒿草的香气包围着我，我慢慢睡着了。

那样的荒郊野地，经常会有人在黄昏的大路上看到高大的摇晃着走路的"路神"，也会有人在月夜里碰到"鬼"。在下雨的夜晚，老人们都会聚在我家院子里"喷空儿"，大都是讲鬼怪的故事，吊死鬼呵、狐仙呵、树精呵、山神呵……深夜，桌子上的茶已经没有了颜色，大家方渐渐散去。

他们留下的烟头忽明忽暗，好像还有鬼魂住在这里。那时，谷社寨的妹妹暑假都会来住，一到黄昏，她就紧紧地拽住我的衣襟，小声说："我害怕，我害怕。""怕什么！"我呵斥她。

她随手一抡，我随着她的手向远方看："无尽的田野正慢慢地溶进暮色里，成群的鸟正在拍打着翅膀归巢。从小河边和西大沟里慢慢地冒起来白雾，正如一条游龙滚动着向村庄涌来。"这是我习惯了的景色，下雨下雪，那原野上的景色个个不同。这有什么怕的。

但妹妹晚上也不敢睡，她把头藏在被子里，抽抽搭搭地哭泣着。她说她听到外面有鬼叫，有狼叫，有许多可怕的动静。奶奶听了笑笑，她拉着我和妹妹到客厅里，点燃了三炷香，拉我们跪下，口里念念有词，还深深磕了三个头。我知道，香案上有一个青瓷菩萨，不知道是哪个年代传下来的，奶奶每逢初一、十五都会上香揖拜。

"她会保佑我们的。"我觉得，那个端立安静的菩萨的确是一直在保佑着我。

我和祖母住在这样的荒野，一住十五年，我竟然从来没有碰上鬼神狐仙，也从来没有恐惧害怕过。现在想想，偌大一座房子，奶奶和我伴一梨树，一花猫，一黄狗，一菩萨，三只山羊，四面风声，八对蟋蟀，九颗星子，高悬头顶。其实就与一个庙宇无差。

长大之后，也经常到山水之间，特别是去那些泊在群山之中的寺庙，特别有亲切感。

那寂静的院落，寺庙里高大茂盛的树，空旷的大殿里阳光悄无声息地移动，这些景色如此亲切，我的身体像入水的茶叶舒展开来，几乎想睡过去。

后来到媒体之后，主持旅游版，经常有机会到全国各地，我更加频繁地进出寺院。这些寺院，有的藏在深山里，有的隐在闹市里，但它们都自成一统，隔断红尘，沉默不语，等待引渡有缘人。我像一个孤儿找到了母亲，在寺院里获得了无上的满足与安慰。我也不知道是什么安慰了我，是那水晶一样寂静的空气，是大殿里低眉微笑的佛像，是安静坐在蒲团上读经的僧人，还是如童年院子那寂静无人的荒芜。

我想还是自己童年经历触发了我写作这个系列，我越长大，发现自己出发的地方其实一直没有改变，那就是豫西南那个小院子、大梨树、青瓷菩萨、无边的原野、滚动着白雾的庄稼地。就是那寂静与苍凉让我与众不同，我藏身在人群里，表面上与大家一样过着生活，但我知道我有一个不同的内心，那里蕴满了孤单与寂静，幻想与梦境。

寺院是一个让人产生幻觉的地方，好像我们走入其中，已经与天上的神灵有了暗语，身体里纠结的一切都纷纷解散，谁非过客，花是主人。

这个世界没有什么是放不下的。其实在很早之前，就断续地写过寺院，那时是不自觉的抒写，直到去年夏天，我被一段虚妄的感情所纠结，我不知道是该开始还是该结束，就在那天，我去了月山寺。

博爱城外明月山，山的半腰有个寺院，我凭借过去的印象，觉得上到半山就到了，可是没有。我绕着那条长满睡莲的渠走了很久，到了一个寺门，有许多碑，以为是到了，可是没有。一条小径，涨满了蟋蟀的叫声，牵引着我继续上山，又走了约两公里才到寺院。

那天，本来是要问恒湛法师许多问题的，但他沏了茶，絮絮谈了半天，最后我什么也没有问，头脑清澈，身体轻盈，好像在寺院的禅房里，我放下了所有的纠结。回来后，我写下了访寺记的第一篇——《山中一日》。开始是无意的，但写了七八篇之后，我觉得这个系列其实早在我心里生长着，我只是忽略了它，现在，它像一枚春天的种子，膨胀着，要发自己的芽了。

我管不了啦，只有看着它顶着稚嫩的芽瓣，一天天地长大起来。

琳子：《访寺记》里有自己的经历，也很有现场感，你为什么会不厌其烦地在寺庙盘桓，说说你这种特殊的情感好吗？为什么会对寺庙有这么强烈的、持久的留恋？

青青：这个世界众生喧哗，几乎找不到安静的地方。也许是天性，也许是童年的经历，我更喜欢独自待着，或者是和植物和小动物待在一起。在大自然里，我还原成了一个小女孩，一个野丫头，我与植物们心意相通。我完全能听懂风里那些树叶或者花朵的话语，还有那些可爱的小动物，它们都与我相亲，好像我身上带了动物的味道。无论我走到哪里，小猫和小狗，甚至小羊都会莫名其妙地跟着我，好像我是它们的同类。与其说我喜欢寺院，不如说我喜欢大自然。

寺院因历史文化原因，保存着最古老的树木，生长着最自由的花草，还有那些斑驳的碑刻。除了节会，大部分寺院都是空寂无人的。

也许就因为寂静，那些树木植物成了主人，它们恣意茂盛，自由自在，向我呈现了生命最本真的状态。那些寺院里的小猫更是如高僧入定，对来人不理不睬，一任你来来去去。我不停地去寺院，其实是不停地回到童年，触摸寂静本身，通过寂静找到了自己。

琳子：你写到第几篇感觉你的访寺记文本要成书了？你是怎么样给自己这本书定位的？

青青：大概十篇的时候，因为写作激发了我的记忆，感觉这些寺院全都活生生直立起来，要求我写下它们。我当时想，那就写吧。

但也特别奇怪，有些寺院，我去过很多次，就是无法下笔，而有的寺院，却是激烈地冲撞着，几乎要离开我自己跳出来，独立说话了。我把这些都归结为缘分，佛家讲成事都是因缘和合而成。

所以，我通过寻访寺院，与隐士高僧交谈，让疲倦的自己安静下来，走进那白云清风，明月山寺，坐在杏花盛开的僧院，小心拂去案几上的落花，看青苔一点点伸出石缝，听鸟鸣一滴滴地落在树林间，正如东坡居士所说："世上没有歇不得处。无事此静坐，一日似两日。若活七十年，便是百四十。"展开此卷，犹如偷闲，张伯起的《谭辂》记，天下有大盗……其竟皆不免祸。计世间唯一闲字可盗，语云"偷闲"，偷即盗之谓也，盗此庶几无祸。

"因过竹院逢僧话，偷得浮生半日闲"，亲爱的朋友们就和我一起来偷闲养心吧。

琳子：不管是你的第一本《白露为霜——一个人的二十四节气》还是《落红记》，实质上你是一个不受文体类别限制的作家，《访寺记》毫无疑问更体现了你的这种写作气质，你说是吗？

青青：我的文体意识很差，或者说我是个具有自由精神的人。这个当然还是与我童年的经历密不可分。

大自然就是自由自在，空山流水，花开花落，老梨树想开花就开花，想结果就结果。今年春雨好，就开得繁密一些，如果天气过冷，就开得少一些。那些小鸟儿、小蜂子，想飞到哪里就飞到哪里，想和谁恋爱就和谁恋爱。天上的云彩也是想变成什么形状就变成什么形状，想下雨就下一场雨。

我童年时，没有姐妹，因为与村子离得远，也没有伙伴，我天天就在植物中打滚，和小羊、小猫睡在一起，和草丛里的七星瓢虫说话，和柳树上的花天牛还有椿树上的花豆娘玩。玩累了，就躺在菜地里睡一觉，大黄狗总是来拱醒我，蝴蝶们都落在我的头发上，醒来我照样在原野上玩。

这样的经历其实造就了我，我是个地道的野丫头，心性自由宽广，对自然怀有母亲般的感情。表现在写作上，我也是这样子。内心需要倾诉时，什么顺手就用什么，《白露为霜——一个人的二十四节气》这本书里有一些片段就像是小说，一些读者看完说，你写童年那几个人都好灵动，你完全有写小说的天赋。而这次在《访寺记》里，我也完全放松，想到什么就写什么，看到什么就写什么，几乎达到了行云流水的自如与自由。

琳子：你对禅宗与佛教怎么看？你信佛吗，又是怎么信的？

青青：我奶奶是个多神论者。她信老天爷、玉皇大帝、佛祖。她也信山神、土地神、路神、树神甚至花神。

她经常给我讲她的梦。她梦到她的婆婆了，她穿着花的衣服，头发怎样打的髻，她们聊了许多。"魂都是怕光的，天色将亮，她就走了。"奶奶惆怅地说，她很享受与她在一起的时光。"我听到她的脚步声了，从大梨树下走到后院了。"奶奶望着窗外，独自出神。

小时候，槐树营村东有个白塔，寺院早就没有了。但初一、十五人们都会去烧香，奶奶也会拉着我去白塔那里烧香。她把香灰还包回来，我肚子痛或者头疼时，就把香灰放入水里让我服下。她对我影响很大，我也是个多神论者，但这几年喜欢佛经，《金刚经》是那样入心，好像一个亲人在亲切地谈话，她明明智慧很高，但却是蹲下来，絮絮叨叨，诲人不倦，让人感动得要流泪。而《六祖坛经》却是如一个完美的跨文体写作。从中我们得到了智慧，也得到了美。

宗教都是安顿人的灵魂的，佛教更是。佛是觉悟了的人。释迦牟尼佛，当年的悉达多王子，他端坐在菩提树下，就看见了三世因果，十方景象。

等到启明星出现的时候，王子便妙契中道，智慧已了。这时候他便与世界融为一体，自己成了世界，世界成了自己，进入了自由而永恒的境地。

这就是觉悟成佛了。

这之后，已经成佛的王子从入定之中出来，就连自己也为这样的发现而感到惊奇。

于是他就情不自禁地说了一句话，这句话既是他对他自己说的，也是对众生说的，佛陀往后所说的一切，都是从这句话里生发出来的。

后来这句话就留在了《华严经》的第三十七品里：

> 奇哉奇哉，一切众生皆具如来智慧德相；皆因妄想执着，不能证得。

佛陀在这里就告诉我们说，心灵的这种能量，本来就是我们大家都具有的，我们每一个人的心灵本来都是智慧的、清净明妙的。

而这种力量之所以不能显现出来，则是因为我们的心里始终都充满了各种各样的念想，这些念想本来是随因缘而生灭的，并不具有实在的性质，所以也不妨称作妄想；但这些妄想却弥漫在我们的心里，紧紧地抓住了我们自己，就像浮云遮蔽了天空、污垢遮掩了明镜似的，使我们清明的内心不能显现出来，因此也就不能如实地映照世界。

一旦我们离开了这些妄想，不被它们所蒙蔽，那么这心灵的本来面目，便立即就显现出来了。

看了这个故事，我们就可以明白，佛教是充分相信我们每一个人，尊重每一个人。

佛说，人人皆有佛性，人人皆可成佛。只要我们放下我执，明心见性即可。他说出了生命的本质，不由人不起敬意。一个有信仰的民族是不可战胜的，同样，一个有信仰的人也是不可战胜的。

我暗自祈望自己这本书也算一个方便法门，读过的人如果对佛教或者禅宗起了好奇心，或者有一点清净心，我也就深感欣慰了。

琳子：《访寺记》里有大量的神人合一场景，你写得出神入化又那么自然通透，让人惊异，这些神迹真的发生过吗？

青青：佛教说这个世界是心的幻相。《楞严经》云："诸法所生，唯心所现。一切因果，世界微尘，因心成体。"爱因斯坦早就断言："所谓物质、世界、时间和空间，只不过是人类的幻觉。"觉悟了的佛祖和伟大的科学家对这个世界的看法其实是一致的，而普通人只信任肉眼所看到的一切。而中国人的圣人孔老夫子也"不语怪力乱神"。人类对自己的世界永远是无法全部了解的，前世与今生是否存在，灵魂到底去了哪里？我们每天所偶遇的人，有的转身而去，有的从此与你开始了漫长岁月中的友情或者爱情。为什么你会对这个人起了相思而不是对另外一个人？

我的博友蔷薇村庄有一文，名字就叫《寺庙是让人产生幻觉的地方》。我这些年访寺，的确有这种感觉，多年不见的故人，突然会在寺院里相遇。我们就站在寺院的大树下说一会子话，有时坐下来喝一杯茶，然后各自走开。像在泉州草庵，因弘一法师在那里三次长住，下山时已经黄昏，我一回头，明明看到一个穿灰蓝长袍的僧人走在石阶上，我不敢说话，屏住呼吸，生怕自己一转身，一切都将消失。我写的兰州五泉山下的浚源寺，那是我在兰州学习生活时经常去的寺院，就在那里，那群猫与我玩了一下午。后来，一度我经常到那个寺院里去，几乎治好我的轻度抑郁症。这些场景类似神迹，让人难忘。

我在写作这本书的过程，也发生了许多类似神迹之事。我春天决定去终南山访寺时，给博友青山一封私信（她曾经在终南山山居），希望她介绍几个佛友或者居士。她写了一个天律法师的电话，言说可能在也许不在。一切都是那样幸运，天律不仅在，还带我与楚人去了他驻锡的百塔寺，喝了一晚上茶，还听到了子夜的寺院钟声，感人至深。而去闽南访寺也有巧遇，我通过藏羚羊认识了云良兄，在纸的时代做完《落红记》的读书会后，云良听说我要去泉州访寺，主动提出驾车前往，这样才得以去了洛阳桥与草庵。而身边的故人在洛阳桥边突然从包里掏出"洛阳亲友如相问，一片冰心在玉壶"的书法，说是前天本来送一朋友的，不知道为什么会遗落在包里，也不知道为什么竟然在洛阳桥边突然伸手掏包，翻到了它。随即送给了云良。这些事情想想还真奇妙，又是多么美好。

琳子：《访寺记》的语言非常纯粹，每一篇都像晶莹剔透又圆润无比的美玉，不管是纯净的忧伤的还是温暖的光明的，全都写得干净脱俗，让人一读就手不释卷。你是怎么做到这些的？

青青：许多作家说，你一开笔的第一句话，基本奠定了整本书的情绪、气质和走向。我写第一篇时这种感觉就来了，且很强烈，我笔下的文字圆润清净，典雅安宁，好像这些文字都被露水洗得干干净净，藏身在寺院的大树上，只等着我走进去，找到她们，拉起她们的手，走回家去。在我已经出版的五本书里，我对本书的语言最满意，也算是菩萨保佑吧。

琳子：我注意到访寺记里不少篇章使用了传说和故事，寥寥几笔情态毕现，引人入胜。

比如你写滑县道口明福寺塔的故事，就连我这个道口人都不知道，你这些好东西都是从哪里来的？

青青：寺庙是中国传统文化最稳定的载体之一。寺庙里的建筑、碑刻、塑像、经卷，甚至脚下的青砖，瓦上的瓦松，都是有生命的，神秘的。

为了写好这个系列，我看了《五灯会元》等，这些书里集有偈颂、公案、古则、机语、传记等记录。我还看了《高僧传》，当然也大量阅读了佛经。这些都丰富了我对寺庙的认识与理解。

琳子：《访寺记》写了众多寺庙，在我看来，天下的寺庙都一样。写一两篇问题不大，可要写四五十个就不敢想象了，你是怎样做到一口气下来不厌倦不重复？

青青：应该是白露前几天，当我写完最后一篇时，我突然有了留恋之心，如果不是出版社催促，我真愿意这样写下去，永远不要停留。

写寺庙的时候，我的心境是安静的，寺庙里僧人的偈语，居士的只言片语都是那样明心见性，让人久久回味。

我写下这些美好而寂静的文字，我的心也如清水洗尘，一片明净。

寺庙和人一样，表面上看来，面目大都一样，但当你走近时，每个寺庙都有着自己的历史、个性，甚至树的样子，气味都是不一样的。况且我在写作时，有一个老师提醒说，你不要都是前门进去，与人聊天后，从后门出去。我明白他的意思，就是要挑战自我，创新写作方式。

说实在的，有时候，实在不知道该如何写了。我就会放下笔在树林或者湖边走一阵子，然后回到桌子边屏心凝神，对着那一片虚空，呼唤灵感。

让自己的心沉静，再沉静，一遍遍地回味那些寺庙的风声、黄昏，落花和细雨，忠实地记录下自己灵魂的沉浮。

琳子：你写的四十七个寺庙你都走过吗？用了多少年？你去这些寺庙是出于佛陀的指示还是内心的引导？你最喜欢的寺庙是哪个？去过最远的寺庙是哪个？

青青：这个是一定的。这四十七个寺庙当然都去过，还有很多寺庙去过了但找不到写作的感觉。书里写到的一部分寺庙是当年在《河南日报（旅游版）》做主编时去的，也有在《甘肃日报》做记者时去过的，还有一部分是内心的引导莫名其妙地走进去。

我去过最小的也是我最喜欢的寺庙，应该叫隐士的小屋，是王屋山里的清虚庵，最多四平方米那么大，在天坛山神道边的山谷里，著名的不老泉就是从这个山谷里潺潺流出。隐士离开了，小屋还在，门楣上的对联好像还有主人的手温："独坐蒲团细剪山云缝旧衲，客来丹室轻敲石火试新茶。"还有他的落款，龙门弟子："舒高阳。"那天，满山谷的清雪，还有阳光，山茱萸在雪里红得耀眼明亮，紫微宫的仙女盛理兴穿着蓝布棉袍一直走在我们前面。这画面到现在还让我神往。我想，也许有一天我会住在某个山谷里去的。最远的寺庙应该是西藏的桑耶寺吧，但这次遗憾没有写出她。

琳子：一下子写四十七个寺庙的作家全世界有几个呢？这样的写作是一种挑战也是一种难度，需要专注持久和强大的内心，你的内心和寺庙的映衬是什么样？

青青：应该也有吧。我的博友青山就是一个富贵闲人，她曾经在终南山山居过两年，之后一直过着闲散的读书云水生活，平时在家读书，倦了就到山里行脚，她走的寺庙比我多，也写下了许多文字。但她不像我这样执着，她更接近禅意，她想写就写，不想写就不写，文字大多都很短，吉光片羽，灵光四射。而我更加执着吧，就这样一口气写了几十个寺院，确实对我自己的写作是一个挑战，我想每一篇都不一样，都要有新的感受，这的确是难的。

现在再读这些文字，我仍然感动，感动于那些寺院赐予我的寂静与安宁，感动于写作中指点迷津的人。有了这段难得的写作经历，我的内心的确也有了变化，我更加沉潜安静，任窗外云卷云舒，花开花落，我自有自己的生命秩序，那就是全神贯注地做自己喜欢的事情。

琳子：写到最后你是什么样子？

青青：我好像与这些青山寺院产生了不舍的情感，好像落入情网了。我不愿意这一切结束，我愿意继续去这些寂静的寺院里坐坐，闲散地与寺院里僧人搭话，听院子里的竹叶飒飒地响着，喝一口茶，再看一会儿天上的云朵。真的，我这个人真的容易陷入痴迷状态，写《落红记》时，我不愿意结束，好像我写慢一些，萧红就可以跟着我多活几天似的。

唉，人间亦有痴如我，岂独伤心是小青。这人间痴人，我算一个。

琳子：我认为《访寺记》比《落红记》好看，你这样认为吗？

青青：那是你偏爱罢，书对于作者，都像自己生的孩子，这两本我都喜爱。这两本书有相似的地方，那就是都是手脑脚并用的作品，以寻访为主线，挑起历史与现实。

但不一样的是《落红记》重史料的选择，爱与痛的切身感受。《访寺记》更加似梦如幻，自由穿越历史与现实。她们都是从我内心流出的文字，是带有我体温的文字。我相信，大家阅读之后都会感受到这一点。

琳子：《访寺记》会出现什么样的插图？

青青：《访寺记》的插图让我惊喜，插图作者是著名诗人、作家、文人画家冯杰。

他是获得台湾文学奖最多的大陆作家，他曾经为《落红记》作过插图，是那本书的亮点。

这次，又为《访寺记》插图，素净简洁，幽深灵动，与文字可谓相映成趣。书中还有他写的二十多幅禅诗的书法，都是可以久久把玩之作。

琳子：《访寺记》的出版过程和以前的有什么不同？在祝贺你的同时更加期待这本书面世，我相信这是一本更适合检阅我们内心、修得福报的文本，让我们尽快和她结缘吧。

青青：这次与我结缘的出版社是贵阳的孔学堂书局，这是一家新的专门出版传统文化图书的出版社。他们于10月16日至18日举行全国首届国学图书博览会，《访寺记》这本书将在会上作新书推介。出版社还约了国家宗教事务局原局长叶小文先生为本书作序。

书出版了，就像女儿嫁人了，我又是欣喜，又是失落，好在，她有她的命运，祝福她。

重版后记

时隔三年，《访寺记》要出修订版。今年三月，年轻的策划编辑蒋红涛到郑州来，谈此书再版诸事宜。他和我素昧平生，言谈之下，才知他老家竟然是许昌，也是有缘人。《访寺记》的大部分篇章写于2014年至2015年期间，那个时段自己整日介神思恍惚，好像随时有出世之念。书出版后三年多来，我又有意或者无意寻访了几十家寺院，写出了十五个寺院。

这些寺院，多数是与友人一起，并肩携手，云水之思，荡涤尘襟。特别是己亥年春节，我与女儿去日本关西旅游，住在京都吟松寺旁边英国人开的民宿里。每天早晨与黄昏我都到寺院里，与一对住在寺院的老人相视、微笑。那个老妇人每天早晨都打扫庭院，还在院子外边的墓地整理清扫，她清瘦、洁净、一身青衣，与我相遇时她走得很快，有种被窥视的不安与羞涩，我这个闯入者，顿时感到了自己的鲁莽。隐士们看到猛兽也许并不惧怕，但惧怕的却是人类呵。而在大阪所遇的法善寺却是大隐隐于市，隐在最繁华的道顿堀商业街的一角。走进角门，喧嚣落下，身后如雷鸣的市声突然隐去，好像这一道不高的围墙，如同空门，人只要一转身，就万般皆被放下。

这个佛菩萨竟然是木头雕成，香客以水当香，每个人都持长柄瓢舀水浇到菩萨身上，这菩萨生了一身青苔，如青衣美人，站在亭子里，散发清凉。每颗看到它的心便会自然沉静下来。

寺院在世界的每一个角落等我回去。我与寺院之间也真有奇妙的缘分，所行之处，总是遇到，我愿意独自进入，在其中徘徊流连，如见故人，不忍匆匆离去。在寺院独自待着，这个世界静且美，这也是尘世里片刻的享受，正是有了这些小小的时光，那更长久的喧嚣光亮，我才能忍受吧。

所以从这个意义上来说，访寺无始无终，可能陪伴着我的后半生，而访寺游记，也许会在我有生之年不断地写下去，会写到多久呢？我也不知道，且不管他，只管走着写着，与佛菩萨亲近着，即使总是独自上路，也不觉孤独。

最后，我还是要感谢孔学堂书局，感谢老友艾云、海燕、袁培力、长青、麦子，还有我的家人，且让我对世上所有的爱与美好怀有好意，在苍茫人世缓缓归去。

青青

己亥端午于竹影居